Le collier sacré de Montezuma

DU MÊME AUTEUR

CHEZ PLON

Dans le lit des rois, 1983.
Dans le lit des reines, 1984.
Les Loups de Lauzargues :
  1. Jean de la nuit, 1985.
  2. Hortense au point du jour, 1985.
  3. Felicia au soleil couchant, 1987.
Le Roman des châteaux de France :
  1. 1985.
  2. 1986.
  3. 1987.
La Florentine :
  1. Fiora et le Magnifique, 1988.
  2. Fiora et le Téméraire, 1989.
  3. Fiora et le pape, 1989.
  4. Fiora et le roi de France, 1990.
Le Boiteux de Varsovie :
  1. L'Étoile bleue, 1994.
  2. La Rose d'York, 1995.
  3. L'Opale de Sissi, 1996.
  4. Le Rubis de Jeanne la Folle, 1996.
Secret d'État :
  1. La Chambre de la Reine, 1997.
  2. Le Roi des Halles, 1998.
  3. Le Prisonnier masqué, 1998.
Les Émeraudes du prophète, 1999.
Le Jeu de l'amour et de la mort :
  1. Un homme pour le Roi, 1999.
  2. La Messe rouge, 2000.
  3. La Comtesse des ténèbres, 2001.
La Perle de l'Empereur, 2001.
Les Chevaliers :
  1. Thibaut ou la Croix perdue, 2002.
  2. Renaud ou la Malédiction, 2003.
  3. Olivier ou les Trésors templiers, 2003.
Les Joyaux de la sorcière, 2004.
Marie des intrigues, 2004.
Marie des passions, 2005.
Les « Larmes » de Marie-Antoinette, 2006.

AUX ÉDITIONS JULLIARD

Les Dames du Méditerranée-Express :
  1. La Jeune Mariée, 1990.
  2. La Fière Américaine, 1991.
  3. La Princesse mandchoue, 1991.
Les Treize Vents :
  1. Le Voyageur, 1992.
  2. Le Réfugié, 1993.
  3. L'Intrus, 1993.
  4. L'Exilé, 1994.

AUX ÉDITIONS CHRISTIAN DE BARTILLAT

Cent ans de vie de château, 1992.
Un aussi long chemin, 1995.
De deux roses l'une, 1997.
Reines tragiques, 1998.
Tragédies impériales, 2000.
Elles ont aimé, 2001.
Des maris pas comme les autres, 2004.
Suite italienne, 2005.
Les Chemins de l'Aventure, 2006.

CHEZ PERRIN

Le Sang des Kœnigsmark :
  1. Aurore, 2006.
  2. Fils de l'Aurore, 2007.

Juliette Benzoni

Le collier sacré de Montezuma

LE GRAND LIVRE DU MOIS

A Alied-Béatrice du Bois Van der Poele
Ma chère amie belge
Qui a voué sa vie à la culture
Et à la distraction de ses compatriotes

PROLOGUE

TENOCHTITLÁN-MEXICO 1521

Eclairée par les feux des derniers incendies que reflétait l'eau noire des canaux empuantis de cadavres, la nuit d'été était sinistre, lourde, étouffante même à l'altitude de ce haut plateau. Partout les ruines de ce qui avait été des palais ou de riches demeures, effondrées sur les fleurs et les senteurs des jardins disparus ; partout du sang ; partout la douleur et la mort ! Seuls restaient debout, de part et d'autre d'une large esplanade, le palais de l'empereur et le grand *teocali*, la pyramide au sommet de laquelle le feu sacré brûlait encore près de la pierre des sacrifices. Là était le sanctuaire de Uitzilopochtli, le dieu suprême représentant le soleil à son zénith. Ses prêtres en tuniques noires s'y pressaient autour de l'autel couvert de sang séché. Epouvantés par l'énormité du sacrilège, ils se taisaient, se contentant de contempler la scène affreuse qui se déroulait en bas, au pied des marches du palais obscur gardé par quelques sentinelles. Devant la masse confuse du peuple survivant, le conquistador Hernan Cortés faisait torturer par le feu le jeune empereur Cuauhtémoc. Pour la plus vile des raisons : le contraindre à faire livrer l'endroit où Montezuma, son beau-père, avait enfoui la majeure partie de son trésor. Un trésor dont on avait eu un avant-goût quelques mois plus tôt, quand, après la mort sans gloire de Montezuma, Cuauhtémoc et le peuple révolté avaient chassé vers la côte les Espagnols, tellement alourdis par leurs pillages que nombre d'entre eux s'étaient noyés dans les canaux ou dans la lagune, tirés au fond par leur charge d'or.

Depuis, ils étaient revenus, mais cette fois la ville qui les avait accueillis jadis avec des présents et des fleurs leur avait fermé ses portes. Il avait fallu assiéger – siège singulièrement rude. Le jeune empereur avait opposé une défense farouche et malheur aux prisonniers qui tombaient entre ses mains ! Ils finissaient sur la pierre des sacrifices, la poitrine ouverte et le cœur arraché pour être offert tout fumant à Uitzilopochtli, après quoi les corps dégringolaient jusqu'en bas du *teocali*, cependant que les têtes allaient orner les raides degrés de la pyramide...

Maintenant c'était lui le captif, le beau guerrier aux armes d'or et d'obsidienne que l'on reconnaissait dans les combats à son cimier fait des plus belles plumes vertes de l'oiseau quetzal, et, après avoir feint de le recevoir avec les honneurs dus à son rang et à sa vaillance, Cortés venait de le livrer à ses bourreaux.

Un autre subissait le même sort : son cousin, le roi de Tlacopan, l'une des cités vassales naguère posées comme autant de fleurs aux berges de l'immense lagune bleue de l'Anahuac dont Tenochtitlán-Mexico était souveraine. Celui-là était âgé, malade et, sous la morsure des flammes, il hurlait, gémissait, pleurait mais sa voix usée allait s'affaiblissant. Ignorant tout du trésor de Montezuma, il n'avait pas grand-chose à avouer, sinon la cachette de sa propre fortune, mais on ne l'entendit pas longtemps. Son cœur lâcha, ne laissant plus aux tourmenteurs qu'une dépouille inerte... L'odeur de chair brûlée était suffocante !

Cuauhtémoc, lui, ne criait pas. Ses dents serrées ne laissaient pas échapper la moindre plainte tandis que l'on plongeait ses jambes dans le feu. Seules, les gouttes de sueur coulant sur son beau visage devenu gris trahissaient sa souffrance...

A trois reprises déjà, on l'avait remis dans les flammes puis retiré et chaque fois deux hommes se penchaient sur lui : un moine qui l'adjurait de renoncer aux biens terrestres pour se tourner vers la miséricorde d'un dieu qu'il n'avait jamais voulu connaître et l'autre, un certain Julian de Alderte, qui était le trésorier royal et ne cessait de poser sa question, toujours la même :

— Où est le trésor ? Où est le trésor ? Où est le trésor ?

Mais Cuauhtémoc ne répondait pas. Comme le supplice allait reprendre, il cracha au visage d'Alderte.

— Brûle donc, imbécile ! éructa celui-ci en lui allongeant un coup de pied.

— Ne recommence pas ou crains ma colère ! gronda Cortés debout, à quelques pas, encadré d'une dizaine de ses officiers en cuirasse comme lui.

En dépit de l'uniformité de leurs tenues, il se distinguait d'eux par une prestance qui le désignait comme le chef de tous. Grand, brun, mince, étrangement pâle au milieu de ces figures cuites par le soleil, il avait de larges épaules et des bras longs. On le sentait doué d'une force peu commune et bien qu'il n'eût guère plus de trente ans, il donnait une impression de maturité. Enfin, une balafre mal dissimulée par sa barbe lui coupait la lèvre inférieure et le menton. Il suscitait instinctivement l'admiration et c'était là, sans doute, le secret de cet hidalgo qui, avec seulement une poignée d'hommes, avait su asservir un empire... Qu'il fût égoïste et sans scrupules ne changeait rien à son charme. On lui obéissait de bon cœur, tout en sachant parfaitement que l'on n'était pour lui qu'un instrument... C'était le cas de Malinali, la belle et noble Mexicaine offerte en hommage à Cortés par les gens de Tabasco. Intelligente, cultivée, elle s'était révélée une aide précieuse que tous avaient su reconnaître. Baptisée Marina, elle était devenue « Doña » Marina car il ne serait venu à l'esprit de personne, fût-ce le plus bas truand, de lui manquer de respect. Elle était la voix du chef, sa traductrice et, surtout, elle l'aimait...

Elle n'était jamais loin de lui. Sauf peut-être cette nuit où elle n'avait pas caché sa désapprobation.

Le feu ayant faibli, on y remit du bois avant d'y ramener le supplicié, quand soudain un cri éclata, à la fois strident et désespéré :

— Non !...

En même temps, une femme jaillissait du palais où les sentinelles surprises n'avaient su la retenir et se jetait à genoux devant Cortés qui eut un mouvement de recul. Elle était toute jeune en vérité – quatorze ou quinze ans peut-être ! – et d'une beauté rare en dépit de la douleur et des larmes qui déformaient son visage. De haut rang aussi, sa longue jupe et son *uipili* [1] étaient brodés de fines plumes bleues et de fils d'or – bien que sans le moindre bijou. Repliée sur elle-même, la tête à la hauteur des bottes de l'Espagnol, elle répéta le mot à plusieurs reprises. C'était sans doute le seul qu'elle connût dans la langue des envahisseurs puis, toujours courbée, elle y ajouta en nahuatl une phrase suppliante que, naturellement, il ne comprit pas.

— Elle te supplie d'épargner son époux qu'elle ne peut supporter de voir souffrir...

Doña Marina venait de se matérialiser auprès de Cortés et se penchait sur la jeune forme prostrée que secouaient les sanglots, essayant de la redresser.

— C'est l'une de ses femmes ?

— Elle est l'unique et c'est aussi la fille de Montezuma qui l'aimait beaucoup. A dix ans, elle a été mariée à son oncle, qui aurait dû succéder à l'empereur, mais le mariage n'avait pas été consommé parce qu'elle n'était pas pubère. Ton noble prisonnier l'a aimée et, pour l'avoir, il a tué le vieux mari. Comme tu peux t'en rendre compte, elle l'aime aussi...

1. Sorte de corsage-chemise voltigeant au-dessus de sa jupe étroite.

Relevant la tête, la jeune femme parla de nouveau. On put voir qu'elle serrait contre sa poitrine un objet entouré d'un tissu sombre.

— Que dit-elle ?

— Elle t'implore d'épargner l'empereur et t'offre en échange ce qui a été le plus grand trésor de son père et le talisman dont il ne se séparait jamais. Quand il a compris que tu étais l'homme envoyé par les dieux et qu'il ne pouvait te combattre, il le lui a offert au moment de son mariage avec Cuauhtémoc afin qu'il lui apporte le bonheur.

— On dirait qu'il n'a guère de pouvoir ? ricana le conquistador.

— Tu te trompes. C'est parce qu'elle vivait avec lui un amour absolu qu'elle te l'apporte en échange de sa vie ! Parce que sans lui...

— Voyons cela !

Doña Marina prit le paquet de tissu et en sortit une cassette d'or qui, ouverte, révéla un vrai trésor en effet. La lumière d'une torche fit scintiller les cinq plus belles émeraudes que l'on eût jamais vues. De la taille d'un abricot et d'une eau verte sans défaut, elles étaient ciselées avec un art admirable. L'une en forme de rose, une autre en forme de cloche avec une grosse perle en guise de battant, une troisième en forme de poisson, la quatrième en forme d'étoile et la dernière représentant une coupe, avec un rebord en or. Entre chacune d'elles alternaient des feuillages d'or où de minuscules perles figuraient la rosée. La beauté du joyau coupa le souffle aux Espagnols quand, avec un respect infini, Doña Marina le prit entre ses mains et l'éleva tandis qu'elle s'agenouillait comme si elle en faisait hommage à la nuit.

— C'est une merveille ! murmura Cortés en l'enlevant à la jeune femme tandis que son œil sombre s'illuminait. Il ne ressemble à aucun des bijoux que nous ayons trouvés ici...

Le trésorier royal se précipitait déjà pour s'en emparer, en disant qu'il le réclamait au nom de l'empereur Charles, seul digne de posséder un objet aussi rare, mais Doña Marina l'escamota sous son nez pour le remettre dans sa cassette.

— C'est surtout un objet sacré que seules des mains pures peuvent toucher. Ce sont les émeraudes de Quetzalcóatl. Nul ne sait si elles sont son œuvre ou si le dieu les avait apportées avec lui. Dans notre langue, d'ailleurs, émeraude se dit *quetzalitzli*.

Les yeux allumés, Alderte voulut passer outre mais, brutalement, Cortés lui ordonna de se tenir tranquille :

— Si elles doivent aller à notre empereur, c'est à moi qu'appartient l'honneur de les lui remettre !

— De toute façon, grogna Alderte, cela ne saurait constituer la totalité du trésor de Montezuma ! Active ton feu, bourreau ! Nous allons reprendre...

— Non. C'est terminé. Pour ce soir, du moins... Ce ne sera peut-être plus nécessaire. En menaçant cette femme de brûler son époux à petit feu, on aura une chance qu'elle nous indique où est le reste.

Cependant, la petite princesse s'était traînée sur les genoux jusqu'à Cuauhtémoc devant lequel elle était à présent prosternée, murmurant d'incompréhensibles paroles au milieu de ses sanglots. De toute évidence, elle implorait son pardon. Suivi de Marina, Cortés s'approcha. Le visage de granit aux yeux clos du jeune empereur ressemblait à un gisant de cathédrale mais, soudain, il s'anima :

— Tu as obtenu d'une faible femme ce que tu n'aurais jamais obtenu de moi. Mais ne te réjouis pas. Un crime t'a mis en possession des pierres sacrées. Avant toi, l'empire d'Anahuac était heureux et puissant. A toi et à ceux qui s'en empareront par force, les émeraudes de Quetzalcóatl n'apporteront désormais que la ruine et la mort. Au nom de tous les miens, je les maudis et te maudis avec elles... Seul le retour aux dieux pourrait faire cesser la malédiction A présent, écartez-vous ! Je veux parler à Tahena.

On lui obéit et, pendant de brèves minutes, ils purent s'entretenir à voix basse mais c'était surtout Cuauhtémoc qui parlait. Penchée sur lui, Tahena ne pleurait plus. Elle avait pris la main de son époux et la tenait appuyée sur ses lèvres et si jamais visage avait exprimé l'amour, c'était bien le sien. Celui de Cuauhtémoc fut empreint un instant d'une étrange douceur. Puis il referma les yeux et reprit son immobilité de statue tandis que Doña Marina emmenait la jeune femme dont les larmes coulaient encore sur un visage que maintenant une lumière intérieure pacifiait...

Quelques jours plus tard, après avoir demandé en vain de mourir sur la pierre des sacrifices, son cœur arraché offert au dieu solaire, le jeune empereur était vilainement pendu à la face de son peuple... Tahena vite baptisée Isabel était donnée en mariage à un familier de Cortés qui la convoitait. Quant au trésor de Montezuma, son père, il fut enfin retrouvé dans le petit lac du palais où sa fille avait connu un court bonheur...

PREMIÈRE PARTIE

CINQ SIÈCLES PLUS TARD...

1

Un beau mariage

La basilique Sainte-Clotilde, rue Las-Cases, n'était pas – et de loin – la plus réussie de Paris. Un assez mauvais pastiche du style ogival tardif, bâtie par Ballu sur les instances de la reine Marie-Amélie qui, si elle avait posé la première pierre, ne devait jamais voir sceller la dernière en 1857. Cette église avait un petit quelque chose d'à la fois frivole et protocolaire dû, sans doute, à ce qu'elle était l'une des plus mondaines de la capitale, battant d'une courte tête ses voisines, Saint-Germain-des-Prés et Saint-Sulpice, ainsi que la Madeleine, Saint-Philippe-du-Roule ou Saint-Honoré-d'Eylau, la cathédrale Notre-Dame se situant naturellement au-dessus de la mêlée. Pour ceux que l'on y enterrait, c'était le dernier salon où l'on cause, et pour ceux que l'on y unissait, l'antichambre d'une existence de faste et d'élégance. Elle voisinait avec l'Archevêché et ses organistes, de César Franck à Charles Tournemire, étaient de ceux que l'on écoute avec dévotion.

Ce matin d'hiver, Sainte-Clotilde avait revêtu ses atours de fête en l'honneur d'un grand mariage. Un dais blanc protégeait les marches d'entrée et le tapis rouge coulait jusqu'au ruisseau.

Peu avant midi, de longues voitures brillantes déversèrent aux pieds de deux suisses rouge et or, coiffés de bicornes à plumes et armés de lourdes hallebardes, belles dames et messieurs rivalisant d'élégance. Un festival de fourrures précieuses, de robes de couturiers en vogue, de jaquettes coupées par des artistes, de chapeaux huit-reflets et de bijoux plus ou moins vrais peut-être mais tous magnifiques. On se saluait, on échangeait paroles et sourires avant d'entrer avec solennité dans l'église brasillant de mille cierges allumés et fleurie comme pour la Fête-Dieu. Ce mariage était l'événement de ce mois de février et y assister représentait une sorte de privilège, les invités ayant été triés sur le volet, donc moins nombreux qu'on ne s'y attendait. D'où un agréable sentiment d'importance. Sous le dais, un maître de cérémonie se faisait montrer les invitations. Quant à la presse, elle était parquée avec le menu peuple derrière les grilles protégeant la façade de l'église. Il faisait un froid de gueux mais l'air était sec et un soleil pâlot faisait ce qu'il pouvait.

La dernière voiture à déposer son monde fut une antique mais superbe Panhard & Levassor brillant de tous ses cuivres et de sa carrosserie qui semblait faite de laque noire. Un chauffeur âgé mais d'une tenue admirable la conduisait en majesté. Le valet de pied commis à cet effet se précipita pour ouvrir la portière mais déjà l'un des trois occupants avait sauté à terre et se retournait pour aider ses compagnes à descendre. Il y eut un frémissement chez les journalistes :

— Tiens ! fit l'un d'eux. Voilà Aldo Morosini !

— Le prince expert en joyaux anciens ? Tu es sûr ? s'exclama, excitée, une très jeune femme qui accomplissait son premier stage au *Matin* sous la houlette de Jacques Mathieu.

— C'est lui, le témoin, la renseigna celui-ci, et si tu veux tout savoir c'est parce qu'il est là que l'on est en train de se geler les pieds. Loin de dire que là où il passe l'herbe ne repousse plus, je peux t'assurer qu'au contraire il y a toujours quelque chose à glaner. Si Michel Berthier du *Figaro* n'était pas en voyage de noces, il pourrait t'en apprendre davantage : nous avons « couvert » ensemble les crimes de Versailles au printemps dernier !

— Ce qu'il est chic ! soupira l'apprentie reporter qui répondait au nom de Stéphanie Audoin. Il est marié ?

— Plutôt, oui ! Il a épousé Lisa Kledermann, la fille du banquier suisse. Une sacrée belle femme et une sacrée fortune ! Ils ont deux ou trois gosses, je crois !

Nouveau soupir :

— Il y en a qui ont vraiment tout et certains pas assez ! Mais elle n'a pas l'air d'être présente ? Qui sont les deux autres ? On dirait qu'elles se sont trompées de siècle !

— Hé ! Doucement ! Quand on prétend faire la rubrique des mondanités au journal, il vaut mieux savoir à qui l'on a affaire ! C'est le dessus du panier, cette vieille dame : la marquise de Sommières, la grand-tante de Morosini. Elle était à Versailles, elle aussi, et je peux t'assurer que c'est quelqu'un. Tu as vu son allure ? Elle pourrait s'habiller comme au temps d'Henri IV que personne ne s'aviserait de la trouver ridicule.

— Il faut dire qu'avec une pelisse, une toque et un manchon de chinchilla, ça friserait la mauvaise foi ! Tu as raison : elle est superbe ! Et l'autre ?

— Sa demoiselle de compagnie et aussi une cousine. Mlle du Plan... quelque chose. En tout cas, ce qui est sûr, c'est que ces trois-là ne semblent vraiment pas être à la noce, si j'ose dire !

En dépit des règles sévères du savoir-vivre, c'était évident pour qui savait discerner un sourire naturel d'un sourire de commande et cela tenait en peu de mots : aucun membre du trio ne voyait ce mariage d'un bon œil – trop rapide, trop mal assorti et pour tout dire vaguement inquiétant...

En recevant, un mois plus tôt à Venise, une lettre de son ami Gilles Vauxbrun lui annonçant son prochain mariage et lui demandant d'être son témoin, Aldo avait d'abord cru à une plaisanterie. D'un goût douteux d'ailleurs. Comment imaginer, en effet, qu'après avoir vu, six mois auparavant, les portes de la prison de la Petite-Roquette se refermer sur la dame de ses pensées, l'antiquaire de la place Vendôme ait pu s'enticher d'une nouvelle au point d'être prêt à la conduire à l'autel et à aliéner pour elle une fastueuse vie de garçon à laquelle il semblait tenir ? Exposé à Lisa, sa femme, le problème perdit beaucoup de son mystère. Elle avait commencé par en rire :

— Veux-tu me dire de combien d'affriolantes créatures ton ami Gilles Vauxbrun est tombé amoureux en seulement deux ans ?

— Eh bien, mais...

— On va compter ensemble. Au moment de l'affaire de la perle, il délirait pour Varvara Vassilievitch, la danseuse tsigane du « Schéhérazade ». Cela fait une. Quand tu courais après les joyaux de Bianca Capello aux Etats-Unis, il a pris feu pour Pauline Belmont, Américaine, veuve d'un baron autrichien et sculpteur de talent. J'admets qu'il y avait de quoi, remarqua la jeune femme en évitant de regarder son mari, mais cela fait deux. L'an passé, il t'a embarqué dans l'exposition de Trianon qui s'est transformée en hécatombe parce qu'il était fou de lady Crawford, née Léonora Franchi, une pulpeuse Italienne mariée à un Ecossais qu'il a fallu retirer de la circulation. Et de trois ! J'ouvre une parenthèse pour te faire remarquer qu'avant la Tsigane, le cœur inflammable du bon Gilles devait bien battre pour quelqu'un ?

— Pour autant que je m'en souvienne, il s'agissait d'une cliente... danoise dont j'ai oublié le nom...

— ... ce qui est sans importance. Etant donné l'âge de notre Casanova, elle ne devait pas être la première. Ce qui est remarquable d'ailleurs, c'est le côté caméléon de ce cœur d'artichaut dont les feuilles prennent tour à tour les couleurs de nationalités différentes. C'est quoi, aujourd'hui ?

— Sang et or ! La brûlante Espagne ! Doña Isabel de Vargas y... quelque chose. La descendante de grands d'Espagne émigrés avec Cortés.

— Le contraire m'eût étonnée. Dès qu'une fille de la torride Ibérie débarque sur le marché du mariage, c'est toujours celle d'un grand, jamais d'un petit. En fait d'Espagne, je pencherais plutôt pour le Mexique. Où l'a-t-il trouvée ?

— A Biarritz, en novembre dernier. Il y était allé à une vente de château. Il ne m'en a pas dit plus mais, de toute évidence il plane dans les nuages. Le mariage est fixé aux 11 et 12 février.

— Ce n'est pas un peu rapide ?

— Il est pressé : elle n'a que vingt ans et il a peut-être peur qu'elle ne change d'avis. Je ne te cache pas que je n'aime pas beaucoup ça !

Lisa se leva pour venir glisser ses bras autour du cou de son époux :

— Parce qu'elle n'a que vingt ans ? murmura-t-elle après avoir posé sur ses lèvres un baiser léger. Une certaine différence d'âge n'est pas forcément incompatible avec le bonheur. Encore moins avec l'amour et...

— ... nous en sommes la preuve ? Comme c'est élégant, princesse, de me rappeler les seize ans qui nous séparent !

Noyant ses mains dans la somptueuse chevelure fauve de sa femme, Aldo posa un baiser sur le bout de son nez puis sur chacun de ses beaux yeux d'une rare nuance de violet, enfin sur ses lèvres où il s'attarda de façon rien moins que conjugale, heureux de sentir le corps élancé se serrer contre le sien.

— Je n'y pense jamais ! protesta-t-elle quand ils se séparèrent... un assez long moment plus tard. En outre, admets qu'entre treize et trente, cela fait une sacrée différence !

— Oh, je sais ! Quoi qu'il en soit, nous devons y aller. Et avec les jumeaux ! Gilles veut qu'ils soient page et demoiselle d'honneur !

Cette idée avait enchanté les intéressés, Antonio et Amelia, cinq ans, mais pour des raisons différentes. Amelia parce qu'elle allait porter une belle robe longue et Antonio parce que, se faisant d'un page une idée personnelle, il était persuadé qu'une épée était l'obligatoire complément du costume. Sa sœur ayant adhéré pleinement à un projet qui la séduisait, les essayages sur fond de revendications à deux voix s'en trouvèrent pimentés, cependant qu'Aldo devait tenir sous clef les coffres et vitrines où il gardait ses armes anciennes. Quand les jumeaux avaient quelque chose en tête, ils en poursuivaient la réalisation avec une constance et une force de caractère nettement au-dessus de leur âge.

Et puis, deux jours avant le départ, leur mère, ayant pris froid en sortant d'une représentation de *La Traviata* à la Fenice, dut garder le lit avec une grosse bronchite et une forte fièvre. Le médecin se montrait rassurant mais il ne pouvait être question de la faire voyager avec la température polaire qui régnait alors sur l'Europe. C'était la catastrophe.

— Dans ces conditions, déclara Morosini, on ne part plus ! Je vais téléphoner à Vauxbrun...

— Tu ne peux pas faire ça ! protesta Lisa entre deux quintes de toux. Tu es son témoin... et il serait vraiment trop déçu ! Tu y vas tout seul, voilà tout !

— Et nos deux terreurs ? Comment crois-tu qu'ils vont prendre la nouvelle ? Je peux peut-être les emmener..

— Pas sans moi ! Ils feraient devenir chèvre la pauvre Trudi et mettraient la maison de Tante Amélie à feu et à sang. Quant à leur déception, je m'en charge : Luisa Calergi va donner un bal d'enfants pour la mi-Carême. On transformera la robe d'Amelia et Antonio aura son épée.

— Génial ! apprécia Aldo. Mais ils vont être désolés rue Alfred-de-Vigny...

— Tante Amélie et Marie-Angéline doivent venir pour la fête du Rédempteur. Tu sais... dans un sens, je ne suis pas vraiment peinée de ne pas t'accompagner. Je ne sais pas pourquoi, ce mariage précipité ne me dit rien qui vaille. C'est une simple impression mais elle ne me lâche pas.

— Gilles a peut-être fait ce qu'il faut pour qu'il faille se hâter ? Quand il est amoureux, il ne se possède plus, hasarda Aldo.

— Tu rêves, mon chéri. Souviens-toi de ce qu'il a écrit : une pure jeune fille... une infante et presque une madone ! Et mexicaine par-dessus le marché ! Les privautés prénuptiales ne sont pas de mise avec ce genre de fiancée, ou gare à l'entourage !

Aldo en convint, se rangea finalement à l'avis de sa femme et s'embarqua sur la branche du Simplon-Orient-Express qui desservait Venise... en compagnie des deux ravissants tableaux de Guardi qu'il avait choisis comme cadeau de noces. Il savait qu'ils feraient plaisir à Gilles. Et après tout, c'était ce qui comptait. Si le cher garçon trouvait le bonheur dans ce mariage un peu disproportionné, ce n'était pas à ses amis de faire la fine bouche. C'était un homme solide, une autorité dans la profession, et même si ses coups de cœur successifs avaient tendance à le mettre dans un état second, du moment qu'il allait jusqu'au mariage, il fallait que les circonstances fussent exceptionnelles. Ainsi qu'Aldo avait pu s'en rendre compte dans la lettre et au cours d'un bref coup de téléphone, Gilles était vraiment très épris. Cela s'entendait au son grave, solennel, de sa voix, à son style plus sobre. Aldo n'y avait pas retrouvé le grain de folie qui accompagnait ses précédentes aventures. Peut-être parce qu'il allait épouser une vraie jeune fille, qu'il en était conscient, ce qui faisait la différence.

Il en eut confirmation à la gare de Lyon où l'heureux fiancé était venu l'attendre et faillit ne pas le reconnaître dans le long personnage entièrement vêtu de noir – pardessus d'alpaga et chapeau à bord roulé – qui s'avança vers lui, un sourire extatique aux lèvres. Un Vauxbrun sérieusement amaigri, ce qui ne lui allait pas si mal et accentuait sa vague ressemblance avec Jules César. Ce dandy toujours à la pointe de la mode, habillé à Londres, d'ailleurs, n'eût jamais – avant ! – endossé ce genre de tenue, plus adéquate à des funérailles qu'aux courses du petit matin pour venir à l'aube réceptionner un vieux copain dans les courants d'air d'une gare parisienne. Il ne put s'empêcher de s'étonner :

— Tu vas à un enterrement ?

— Non. Pourquoi ?

— Ce noir ? Je le trouve un brin tristounet pour un fiancé !

— Oh ça ?... (Puis avec un rire pudique :) Isabel trouve que cela me sied ! Que cela m'affine !

Décidément, c'était Gilles Vauxbrun repeint par le Greco ! Autant s'y faire tout de suite !

— Eh bien, parle-moi d'elle ! Tu es heureux, j'imagine ?

— Tu ne peux pas savoir à quel point ! Aucune jeune fille au monde n'est plus belle, plus noble, plus sage ! Je n'arrive pas encore à croire à ma chance. C'est une reine que j'épouse, tu sais ?

— Ben voyons ! fit Aldo, indulgent. Moi, je trouve qu'elle a autant de chance que toi et j'espère qu'elle s'en rend compte !

— Que veux-tu dire ?

— Que tu es, toi aussi, un roi dans ton genre et que j'espère qu'elle t'apprécie. Qu'elle est aussi amoureuse que tu l'es...

— Naturellement elle l'est et j'en suis sûr mais...

— Mais quoi ?

— Une jeune fille de son rang – elle descend à la fois de Charles Quint et de Montezuma ! – ne saurait se montrer expansive ou faire étalage de ses sentiments ! Un sourire, un regard en sont les seuls témoignages que peut s'autoriser une vierge de sa condition. Doña Luisa, sa grand-mère, y veille de près...

Aldo eut soudain l'impression d'assister à une représentation de *Ruy Blas* et d'entendre les interdits de la Camarera Mayor : « Madame, une reine d'Espagne ne regarde pas par la fenêtre !... Madame, une reine d'Espagne ne reçoit pas de fleurs... » et faillit se mettre à rire mais la mine extatique de son ami lui en fit passer l'envie. Il poursuivait :

— Elle sera pour moi une épouse exceptionnelle, la plus noble des compagnes ! Une châtelaine...

— Une châtelaine ?

— Oui, j'ai acheté un château mais je te raconterai plus tard. Elle m'attend au Ritz et je t'y conduis. J'ai évidemment retenu ta chambre puisque c'est là que tu descends d'habitude.

Morosini s'arrêta au milieu du quai, ce qui obligea Vauxbrun à en faire autant, ainsi que le porteur de ses bagages. Puis, dardant sur son ami un regard inquiet :

— Tu te sens bien ?

— Mais... naturellement ! Qu'est-ce que tu as ?

— C'est à toi qu'il faudrait poser la question. En dehors de Lisa et des enfants dont tu ne m'as pas demandé de nouvelles, tu te souviens peut-être de ma Tante Amélie – la marquise de Sommières !

— Forcément, puisque je l'ai invitée. Elle va bien, j'espère ?

— Je te le dirai tout à l'heure quand tu m'auras conduit chez elle, rue Alfred-de-Vigny, où j'habite lorsque je viens à Paris !

Vauxbrun eut un petit rire et se frappa le front :

— Quel imbécile je fais ! Comment ai-je pu l'oublier ? Toutes mes excuses, mon vieux ! Depuis que nous sommes plongés dans les préparatifs du mariage, je mélange tout ! Bien sûr, tu vas rue

Alfred-de-Vigny !... Mais là, je vais te mettre dans un taxi, ajouta-t-il en consultant sa montre. Isabel m'a donné rendez-vous pour quelques courses de dernière minute et je ne veux pas la faire attendre...

Il était fébrile à présent, pressé de gagner la sortie vers laquelle il allait s'élancer. Aldo le retint :

— Une minute, s'il te plaît ! Commence par me débarrasser de ça ! fit-il en tendant la valise spéciale contenant les deux Guardi qui avaient voyagé avec lui.

— Qu'est-ce que c'est ?

— Notre cadeau de mariage, à Lisa et à moi. Avec tous nos vœux de bonheur !

— C'est un tableau ?

— Deux. Les Guardi que tu aimes tant. Nous espérons que ta fiancé les aimera aussi !

Soudain ému jusqu'aux larmes, Gilles embrassa son ami :

— Merci ! Mille fois merci ! Je sais déjà où les mettre... mais pour l'instant il faut que je me hâte. Tu comprends, n'est-ce pas ?

En fait, Aldo comprenait de moins en moins et, dans le taxi qui l'emmenait au parc Monceau sur lequel donnait l'hôtel de Tante Amélie, il s'efforçait de mettre de l'ordre dans ses idées assez sérieusement perturbées par le comportement de l'heureux fiancé. S'il ne l'avait si bien connu, il aurait pu douter avoir affaire au même personnage. En quelques mois, cet homme enthousiaste, passionné par son métier, insoucieux du qu'en-dira-t-on et crachant feu et flammes dès qu'il était question de la bien-aimée du moment, toujours flamboyant et cultivant plus volontiers le style mousquetaire que le genre hidalgo coincé, s'était mué en une espèce de mystique prosterné aux pieds de son idole et prêt à lui sacrifier la terre entière...

L'impression revint en force quand on se retrouva le lendemain après-midi à la mairie du VIIe arrondissement pour le mariage civil... et en très petit comité : les deux fiancés et les quatre témoins. Pour Doña Isabel, son oncle et son cousin, et pour Gilles, qui n'avait aucune famille, son assistant et fondé de pouvoir Richard Bailey, un Anglais d'une soixantaine d'années dont Aldo appréciait la courtoisie parfaite, la culture et le sens de l'humour. Sa jaquette anthracite et son pantalon rayé – comme ceux d'Aldo lui-même ! – tranchaient sur le noir absolu arboré par les Mexicains. A l'identique de la mariée – longue pelisse de velours ourlée de renard noir et toque assortie, elle n'arborait d'autre couleur que le blanc laiteux des perles en poire de ses oreilles. Quant à Vauxbrun, naturellement, il s'était conformé à la majorité et semblait se fondre dans l'ensemble.

Cela constaté, Aldo ne s'y attarda pas, confondu par la rare beauté de la jeune fille devant laquelle son ami semblait en adoration perpétuelle. Plus qu'à un fiancé heureux, il ressemblait à un croyant devant la statue d'une sainte, figée elle-même dans une vie intérieure inaccessible au vulgaire.

Avec ses longs yeux noirs dont les paupières se relevaient rarement, le visage d'Isabel, que semblait tirer en arrière la masse d'une épaisse chevelure brillante coiffée en bandeaux et nouée en un épais chignon sur la nuque, évoquait quelque divinité féline par sa forme légèrement triangulaire. Le teint était d'ivoire, légèrement rosé aux pommettes, la bouche d'un beau corail clair était bien dessinée, pulpeuse juste ce qu'il fallait sous la noblesse fière d'un petit nez parfait, soulignée aux coins des lèvres d'un pli orgueilleux. Quant au sourire, impossible d'en juger : consciente peut-être de la gravité de l'instant, Doña Isabel ne l'offrit à personne. Ni à son fiancé, ni au témoin de celui-ci quand on le lui présenta. Elle se contenta de le regarder rapidement en se déclarant enchantée, sans qu'il soit possible de déchiffrer la moindre impression dans l'insondable profondeur du regard... Si insondable que l'on pouvait se demander s'il n'était pas vide.

Ses parents n'étaient pas plus récréatifs. Don Pedro Olmedo de Quiroga, l'oncle, ressemblait au portrait d'Olivarès par Vélasquez. Quant à son fils, le cousin Miguel, il ressemblait à Isabel en plus viril. Son nez était carrément arrogant et sa lèvre méprisante. Seule concession à la festivité du jour dans leur vêture funèbre : les épingles de cravate. Don Pedro avait choisi un joli diamant et son fils un rubis. Manquait la grand-mère, Doña Luisa de Vargas y Villahermosa, qui n'avait pas jugé utile de venir se geler les pieds dans une mairie républicaine. L'église du lendemain lui suffirait.

Autre entorse à la tradition, aucune réunion, aucun partage du sel et du pain n'était prévu pour les deux familles, même s'il était d'usage, en France – et ailleurs ! – de faire suivre le mariage civil d'un déjeuner ou d'un dîner. Quant à l'habituel enterrement de vie de garçon, Vauxbrun n'en avait pas soufflé mot. C'eût été pourtant la moindre des choses pour les noces du plus brillant célibataire de Paris. Les fiancés dûment unis selon la loi, on se sépara en échangeant des saluts compassés. La colonie « mexicaine » augmentée de Vauxbrun regagna le Ritz. Richard Bailey n'étant pas d'un naturel bavard, Morosini n'essaya pas de lui demander ce qu'il pensait de l'événement. Il en sut assez quand le digne Anglais, en le saluant, leva les yeux au ciel avec un soupir. Il retournait veiller sur les destinées du magasin d'antiquités de la place Vendôme – à cinquante mètres du palace – et Aldo, de plus en plus perplexe, rallia la rue Alfred-de-Vigny.

— Jamais rien vu de pareil ! déclara-t-il, tandis que Cyprien, le vieux maître d'hôtel de la marquise, le débarrassait de son manteau, de son chapeau et de ses gants. Il faut vraiment que Gilles soit mordu pour se jeter tête baissée dans cet Escurial ambulant ! Tiens ? Tu es là, toi ?

L'apostrophe s'adressait à son ami et compagnon d'aventures habituel, Adalbert Vidal-Pellicorne, égyptologue de renom et, à l'occasion, agent secret et même cambrioleur mondain quand la nécessité s'en faisait sentir. Ce qui lui valait une place de choix dans l'amitié de la marquise de Sommières.

— A ton avis ? fit-il en dépliant sa longue silhouette pour atteindre la bouteille de champagne dans son rafraîchissoir et en verser une coupe à l'arrivant. Dis-nous plutôt comment est la demoiselle !

— Aucune de vous ne l'a encore jamais vue ? demanda-t-il tandis que son regard se posait sur les occupantes du jardin d'hiver où Tante Amélie aimait à tenir ses assises au milieu des plantes vertes, des fleurs et des meubles en rotin blanc à coussins de chintz. Octogénaire depuis peu mais droite comme un I dans des robes princesse à guimpe baleinée sous une collection de sautoirs précieux, coiffée d'une couronne de beaux cheveux blancs où s'attardaient quelques mèches rousses, la marquise ne manquait ni de majesté jointe à une certaine grâce, ni d'une solide dose d'humour dont elle jouait pour déguiser ses sentiments intimes.

Auprès d'elle se tenait Marie-Angéline du Plan-Crépin, lectrice, cousine et âme damnée, si l'on pouvait ainsi qualifier une aussi pieuse personne assidue à la messe de six heures à l'église Saint-Augustin d'où elle tirait une foule de renseignements lui permettant de ne rien ignorer de ce qui se passait dans le quartier, voire plus loin. Sous une toison d'un blond terne qui lui donnait l'apparence d'un mouton monté en graine, la noble demoiselle – elle ne laissait ignorer à personne que ses ancêtres avaient « fait » les croisades – cachait une culture quasi encyclopédique, des talents surprenants, un cœur grand comme Saint-Pierre de Rome et une tendance marquée à se mêler de ce qui ne la regardait pas. Ce qui lui avait permis par le passé d'apporter une aide non négligeable à ses deux héros préférés, Aldo Morosini et Adalbert Vidal-Pellicorne.

— Où veux-tu que nous l'ayons vue ? fit la marquise en haussant les épaules. Elle vivait à Biarritz, si j'ai bien compris, et nous avons appris son existence en même temps que le mariage il n'y a pas trois semaines ! On a l'impression que cette passion est tombée sur le crâne de ce pauvre innocent de Vauxbrun comme une cheminée un jour de grand vent !

— Il y a de ça, approuva Aldo, songeur. Une chose est certaine : il n'est plus le même. Dieu sait que je l'ai déjà vu tomber amoureux, mais jamais à ce point ! C'est plus que de la dévotion ! On dirait qu'il vit prosterné devant elle. Il est vrai qu'elle est assez exceptionnelle !

— Ah, il était temps ! soupira Marie-Angéline. Avec toutes ces digressions, je me demandais si nous allions un jour en arriver là. Et si vous consentiez à être un peu plus explicite ?

— Que pourrais-je dire ? Evoquer les plus beaux Goya, les plus beaux Titien, les plus beaux Boldini ne servirait à rien parce qu'elle est différente. La beauté la plus pure avec une teinte d'exotisme...

Mme de Sommières fronça les sourcils :

— Eh bien ! Voilà de l'enthousiasme ! dit-elle d'un ton mécontent. Si je te comprends, elle représente un danger pour tous les hommes qui l'approchent ?

Devinant l'inquiétude qu'elle n'exprimait pas, Aldo lui sourit et se pencha pour poser un baiser sur sa joue poudrée :

— Pas pour moi !

— Et pourquoi, s'il te plaît ? Tu es si enthousiaste !

— Parce qu'elle n'a pas l'air de vivre...

On se retrouva devant Sainte-Clotilde le matin suivant et, comme Gilles Vauxbrun n'avait aucune famille à l'exception de lointains cousins qu'il ne voyait jamais, le maître de cérémonie conduisit le groupe au premier rang, côté droit de la nef, Adalbert comme les autres, bien que le fiancé et lui ne fussent pas liés par une grande amitié. Il y avait déjà affluence et le bedeau, armé d'un balai en paille de riz, s'activait à faire disparaître du beau tapis rouge les quelques traces de pas encore visibles. Assistance ô combien élégante ! Le célèbre antiquaire faisait partie du Tout-Paris et nombre de personnalités étaient présentes. Certaines venaient de Versailles et la famille Morosini retrouva avec plaisir ceux avec qui l'on avait vécu l'exposition de Trianon et les aventures des « larmes » de Marie-Antoinette. Il y avait là lady Mendl, Mme de La Begassière, le général de Vernois en grand uniforme, sa femme entortillée de chantilly chocolat et le couple Olivier et Clothilde de Malden, toujours aussi charmants. Cette réunion était un plaisir et on échangea quelques propos à voix contenue, tout en observant ceux qui arrivaient. Parmi eux, plusieurs figures nettement hispaniques que nul ne semblait connaître. Sur le côté gauche de l'église, les chaises et les prie-Dieu réservés à la famille de la mariée demeuraient vides.

— Dis-moi un peu, chuchota Vidal-Pellicorne à Morosini, c'est bien toi le premier témoin ?

— Exact.

— Comment se fait-il que tu sois avec nous ? Ne devrais-tu pas accompagner l'heureux époux ?

— Non. Il a préféré venir seul. Comme le déjeuner et la réception ont lieu chez lui, dans son hôtel de la rue de Lille, il voulait être seul pour donner les derniers ordres et le dernier coup d'œil. Tu sais à quel point il est minutieux, précis et...

— ... et d'une exactitude d'horloge, acheva Adalbert en tirant sa montre. En ce cas, il devrait être en train de poser le pied sur le tapis rouge. Il est midi pile !

— Tiens, c'est vrai ! Mais voilà le cousin Miguel ! Je suppose que la douairière qu'il escorte est la grand-mère Doña Luisa ? Elle ne manque pas d'allure !

— A condition d'aimer l'art olmèque, elle est parfaite, chuchota la marquise. Elle me rappelle ces énormes têtes de pierre posées à même le sol que j'ai vues lors d'un voyage au Mexique il y a déjà pas mal d'années. C'était à...

— Villahermosa ! souffla Marie-Angéline. Ce n'est pas tellement étonnant puisqu'elle s'appelle ainsi !

— Ça vous paraît une raison suffisante, Plan-Crépin ? fit Mme de Sommières. Je n'ai jamais vu quelqu'un portant le nom d'un site archéologique ressembler aux vestiges qu'on y découvre !

— Pour cette fois, c'est le cas, sourit Aldo qui connaissait lui aussi les têtes en question. Heureusement, le visage de sa petite-fille est aux antipodes du sien ! La dame a une allure d'impératrice mais Dieu qu'elle est laide !

C'était indéniable ! Sous la mantille de dentelle noire haut relevée par un peigne endiamanté et planté dans un épais chignon gris fer, la lourde figure aux joues pleines légèrement tombantes avait quelque chose d'implacable, avec sa bouche épaisse, très ourlée au point de sembler boudeuse, le nez droit dont les narines s'épataient en brochant sur l'ensemble des yeux gris aussi froids que du granit, soulignés par des poches. La peau avait la couleur de l'ivoire vieilli. Quant au corps épais, il était somptueusement vêtu d'une robe de faille noire à col montant dont le devant était brodé de jais, sous une grande cape ourlée et doublée de renard. Un triple collier de perles s'étalait sur la poitrine et d'autres perles brillaient sous la dentelle noire des poignets.

Appuyée d'une main sur une canne à pommeau d'argent et de l'autre au bras de son petit-neveu, Doña Luisa avançait majestueusement, sans rien regarder de ce qui l'entourait, fixant l'autel illuminé mais suivie des yeux par l'assistance entière. Adalbert souffla :

— C'est fou ce que certaines Espagnoles peuvent enlaidir en vieillissant. Celle-ci ressemble à l'infante Eulalie !

Aldo, lui, avait déjà oublié Doña Luisa. Il était un peu plus de midi et Gilles n'était toujours pas là !

— C'est insensé ! Qu'est-ce qu'il peut fabriquer ? Dans un instant, la mariée va arriver et il devrait être prêt à l'accueillir ?

— Calme-toi ! chuchota Tante Amélie. Il ne va sûrement plus tarder ! Il est réglé comme une pendule.

— J'ai tout de même envie d'aller voir...

Il avait à peine fini de parler que les grandes orgues entamaient la *Marche des fiançailles* de Richard Wagner. Là-bas, tout au bout du tapis rouge, une limousine noire était arrêtée dont la portière arrière venait de s'ouvrir sur un nuage blanc. La mariée arrivait.

— Par tous les saints du Paradis ! gémit Aldo. Mais qu'est-ce qu'il fabrique ?

Cependant, un murmure admiratif passait comme une risée sur la foule élégante. Au bras de son oncle, Doña Isabel, les yeux baissés sous l'immense voile de dentelle et de tulle que retenait un petit diadème de diamants, commençait sa lente marche vers l'autel. Elle était d'une beauté à couper le souffle dans une robe de satin « duchesse » à longue traîne qui eût été austère si la coupe savante n'avait étroitement épousé les lignes d'un corps de statue. Un boléro doublé et ourlé de vison blanc la protégeait du froid. Un bouquet d'orchidées blanches et d'asparagus retombait de son bras droit. A l'exception du diadème, elle ne portait pas le moindre bijou.

— Seigneur ! émit en sourdine Mme de Sommières. Je commence à comprendre ce pauvre Vauxbrun ! Elle est sublime !

Elle l'était même au point d'accaparer les regards au détriment de l'homme qui la menait à l'autel. Il en valait pourtant la peine. Avec sa crinière grise rejetée en arrière et ses épaisses moustaches, il ressemblait à un lion vieillissant. De taille moyenne mais trapu, il donnait une impression de force. Fils d'une sœur défunte de Doña Luisa, il offrait une certaine ressemblance avec elle en réussissant cependant l'exploit d'être beaucoup plus beau. Et quel orgueil se lisait dans son regard sombre ! Sans compter le fait qu'il n'avait pas l'air content : ses yeux fixaient sans dévier le fauteuil et le prie-Dieu entre lesquels l'époux aurait dû se tenir debout, tourné vers celle qui venait à lui. Et toujours regrettablement vides !

A présent le couple gravissait les trois marches du chœur tandis que l'orgue, réglé comme une horloge, achevait l'hymne wagnérien. Don Pedro fit prendre place à sa nièce, derrière laquelle une jeune femme vêtue de velours noir disposait la traîne et le voile puis, après une rapide génuflexion devant l'autel, il rejoignit la « famille » de l'absent, s'inclina brièvement devant Mme de Sommières et attaqua Morosini :

— Voulez-vous me dire où est ce rustre ? Pourquoi n'est-il pas là ?

Le ton, l'épithète plus encore eurent le don d'irriter Aldo.

— Je n'en sais pas plus que vous, Don Pedro ! Pour que Gilles Vauxbrun ait du retard, il faut qu'il se soit passé quelque chose. Il est toujours d'une scrupuleuse exactitude.

— Quoi, par exemple ?

— Un accident de circulation ou Dieu sait quoi ? Veuillez prier Doña Isabel de prendre un peu patience. Je reviens !

Et sans attendre de réponse, il s'élança, dévalant le chœur et la nef tout en indiquant d'un geste au maître de cérémonie de redonner la parole à l'orgue. Arrivé dans la rue, il y avait foule aussi bien sur les trottoirs que dans le square en face de l'église. Le couple de journalistes accourut pour obtenir des explications.

— Je n'en ai pas pour l'instant...

— ... mais on va essayer de s'en procurer ! coupa Adalbert qui arrivait après avoir récupéré sa voiture, une petite Amilcar rouge décapotée. Grimpe ! On va chez lui !

Pour gagner la rue de Lille où l'antiquaire possédait un hôtel particulier, on choisit le chemin qu'aurait dû suivre le marié, quitte à prendre un sens interdit. La voiture faisait un bruit d'enfer mais elle était rapide. En quelques secondes on était à destination sans avoir rencontré personne. Adalbert embouqua le portail grand ouvert et stoppa devant le perron depuis lequel Servon, le maître d'hôtel, surveillait un arrivage de fleurs.

— Monsieur aurait-il oublié quelque chose ? demanda-t-il en descendant vers les deux hommes.

— S'il a oublié quelque chose, c'est l'heure ! fit Morosini. La mariée est déjà à l'autel mais pas lui !

Le serviteur eut un haut-le-corps.

— Il n'est pas encore arrivé ? Mais c'est impossible ! Voilà près d'une heure qu'il est parti. La voiture était là à onze heures et demie. Il était prêt ; il est monté dedans et... Mon Dieu ! Qu'est-ce qui a bien pu se passer ?

Au service de Vauxbrun depuis la guerre qu'ils avaient faite ensemble, Lucien Servon lui était très attaché et, tout de suite, se montra inquiet :

— Où peut-il être ? Il ne faut pas si longtemps pour aller à Sainte-Clotilde ?

— C'est aussi notre avis, dit Morosini. Il n'a pas reçu de lettre ou de coup de téléphone avant de partir ?

— Non, Excellence, aucun. Il était... je dirais rayonnant ! En partant il m'a tapé sur l'épaule en disant : « Allons sauter le pas, mon bon Lucien ! J'y aurai mis le temps mais cela en valait la peine ! » Et puis ce fut tout ! Puis-je demander ce que vont faire ces messieurs ?

— On va d'abord retourner à l'église, voir s'il n'est pas arrivé entre-temps et puis...

— C'était quoi, la voiture qui est venue le prendre ? demanda Adalbert.

— Une Delahaye, Monsieur, comme toutes les voitures du cortège à l'exception de la Rolls-Royce de la mariée. Pour ce que j'en sais, du moins !

Avant de regagner Sainte-Clotilde, on fit deux fois le tour complet des rues susceptibles d'avoir été suivies par le mari, ce qui ne faisait pas beaucoup, en gardant l'espoir, en arrivant, de voir Vauxbrun aux côtés d'Isabel dans le chœur illuminé. Hélas, il fallut bien constater que les choses en étaient toujours au même point. A cette différence près que le curé sous sa chasuble avait fait son apparition et s'efforçait, à la fois, de calmer la fureur de Don Pedro et de distribuer quelques bonnes paroles à la jeune épousée qui, d'ailleurs, n'avait pas l'air de se tourmenter outre mesure : sagement assise dans son fauteuil, elle caressait d'un doigt distrait les fleurs de son bouquet. Dans la nef régnait une légère agitation. Le retour des deux hommes fut salué d'un « Ah ! » de satisfaction. L'oncle fonça sur eux comme un taureau qui charge :

— Vous pouvez constater qu'il continue de briller par son absence ! Qu'avez-vous à dire ? aboya-t-il.

— Que vous pourriez faire preuve d'un peu de retenue, riposta Morosini, sévère. D'abord parce que nous sommes dans un lieu consacré ; ensuite parce que, Gilles Vauxbrun ayant quitté la rue de Lille voilà plus d'une heure avec la voiture qui est venue le chercher, nous redoutons qu'il n'ait eu un accident.

— Vous avez trouvé des débris ? fit, dédaigneuse, la vieille Doña Luisa depuis son siège.

— Si c'était le cas, Madame, j'aurais commencé par le mentionner. Malheureusement il n'en est rien !

— Vous regrettez que votre ami ne soit pas en route vers quelque hôpital ? ricana-t-elle.

— Presque ! Quand un ami disparaît sans laisser de traces, j'avoue ne pas apprécier !

— Vous craignez qu'on ne l'ait enlevé ? intervint le curé. Pour quelles raisons, mon Dieu ?

— Elles ne manquent pas. Sans compter le fait que M. Vauxbrun est très riche, il a pu, en épousant Mademoiselle, en indisposer plus d'un. Il suffit de la regarder pour le comprendre.

— Il est certain, fit la douairière du haut de sa tête, que les soupirants ne manquent pas à ma petite-fille et que, dans la famille, nul n'a compris qu'elle choisisse ce... ce commerçant défraîchi !

— On peut se demander pourquoi, en effet ? grinça Mme de Sommières en toisant la dame à travers son face-à-main. Son sort ne semble pas la tournebouler ?... Sans aller jusqu'à se ronger les ongles, elle pourrait manifester un brin d'émotion...

— Mesdames, Mesdames ! intervint l'abbé. Veuillez vous souvenir de l'endroit où vous vous trouvez ! Je propose que nous attendions encore un moment... par exemple en priant pour que rien de fâcheux ne soit advenu. Ensuite...

— Ensuite, je préviendrai la police ! coupa Aldo froidement. Gilles Vauxbrun est trop profondément épris de sa fiancée pour imaginer une fugue inspirée par Dieu sait quoi !

Don Pedro persifla :

— Dans quel milieu sommes-nous tombés ! La police, à présent ?... Eh bien, cher Monsieur, vous l'attendrez seul. J'estime que nous nous sommes suffisamment couverts de ridicule pour ne pas souhaiter prolonger l'expérience. Venez, mon enfant ! Nous rentrons !

Et le quatuor mexicain en bon ordre redescendit d'un pas indigné le chœur et la nef sous l'œil malgré tout surpris des invités. Le retard du marié était certes déplaisant mais pouvait sans doute trouver une explication simple. Une attente un peu plus longue eût été de mise et non cette sortie un rien fracassante jugée de mauvais goût à la quasi-unanimité. D'autant que l'on avait tourné le dos au prêtre comme à l'autel sans même un signe de croix. Quant à la mariée, elle n'avait pas levé les yeux une seule fois et sur quoi que ce soit : elle s'était contentée de laisser tomber son bouquet sur les souliers de l'abbé avec une moue de dédain...

— Eh bien, murmura Adalbert à l'intention d'Aldo, la messe est dite ! Il serait peut-être temps de prendre la parole ? C'est à toi qu'il incombe de présenter des excuses ! C'est toi, le témoin...

— Tu as l'habitude de faire des conférences. Moi pas ! Tu devrais t'en charger... et je ne vois pas l'autre témoin.

C'était exact : la place de Richard Bailey, près de Marie-Angéline, était vide. Adalbert s'avança au bord des marches :

— Mesdames et Messieurs, ce qui vient de se produire et dont vous venez d'être spectateurs nous plonge non seulement dans un extrême embarras mais aussi dans l'inquiétude. Même ceux d'entre vous qui connaissent peu Gilles Vauxbrun ne peuvent ignorer ses qualités d'exactitude et de courtoisie. Pour qu'il ne soit pas parmi nous en ce jour qu'il considérait comme le plus beau de sa vie, il faut qu'un grave empêchement se soit produit...

A ce point de son discours, l'abbé Mauger le rejoignit et le relaya :

— Dans une circonstance tellement inhabituelle, voire inquiétante, je voudrais vous proposer ceci : vous êtes venus dans cette église prier pour le bonheur d'un couple ami et, avant de nous séparer, je vous propose d'entendre au moins une messe basse. Nos amis ici présents sont inquiets et je serais désolé que vous vous sépariez sans que nous ayons prié ensemble et demandé à Dieu que cette même circonstance n'ait pas de conséquences trop graves, mais je n'en voudrai pas à ceux qui préfèrent se retirer... Bien entendu il n'y aura pas de sermon.

— C'est une bonne idée, Monsieur le curé, dit la marquise. Je vous remercie au nom des miens.

Tandis que le prêtre retournait dans la sacristie pour effectuer quelques changements, la « famille » de l'absent put constater que l'église se vidait aux trois quarts. Montrant, semblait-il, une certaine hâte, on quittait sa place, on faisait une vague génuflexion en se signant et on gagnait la sortie aussi vite que l'on pouvait.

— Pas beaucoup d'amis dans le tas, commenta Adalbert. Je suis sûr qu'il en serait resté beaucoup plus si l'on avait ajouté que le déjeuner prévu suivrait !

Avec satisfaction, Aldo et lui notèrent que le « clan » des Versaillais tenait bon. Ils étaient six au total : le général de Vernois et son épouse, le couple Olivier et Clothilde de Malden, Mme de La Begassière et lady Mendl, bien que celle-ci ne soit pas de confession catholique. Ils restèrent sagement à leur place. Mme de Sommières posa sa main sur le bras de sa lectrice :

— Plan-Crépin, dites à Lucien d'aller à la maison et de prévenir Eulalie que nous serons dix à table. Ces courageux ne méritent pas qu'on les renvoie dans leurs foyers le ventre vide...

Marie-Angéline partit comme une flèche tandis qu'Aldo, Adalbert et Tante Amélie quittaient le chœur pour s'installer avec ceux que l'on pouvait vraiment appeler les « fidèles ». L'instant suivant, l'office commençait et l'on se leva à la nouvelle entrée du prêtre qui n'avait pas gardé d'enfants de chœur. Ce fut une messe pleine de ferveur et d'émotion. L'organiste avait renvoyé les choristes mais resta à l'orgue avec Bach et Mozart pour l'accompagner en sourdine.

Chose étrange, ce fut la pieuse Marie-Angéline, l'habituée de l'office de six heures à Saint-Augustin, qui suivit avec le plus de distraction : elle retirait puis remettait ses gants, cherchait son mouchoir ou son missel, levait la tête pour examiner la voûte, bref s'agita tant et si bien que Mme de Sommières la fusilla du regard en murmurant :

— Tenez-vous tranquille, Plan-Crépin ! Qu'est-ce qui vous prend ?

— On perd du temps !

— La dignité n'est jamais du temps perdu ! Priez, que diable ! C'est vous, la spécialiste !

— Je n'y arrive pas !

L'*Ite missa est* la précipita vers le porche tandis qu'Aldo et la marquise remettaient une généreuse offrande au prêtre en compensation d'une quête qui aurait dû être fructueuse, après quoi tout le monde se retrouva dans la rue où la marquise renouvela son invitation. Elle fut acceptée avec un plaisir d'autant plus vif qu'on allait se retrouver entre amis au cœur du problème et apprendre les dernières nouvelles.

— Ne m'attendez pas pour commencer à déjeuner, dit Aldo. Il faut que quelqu'un prévienne chez Vauxbrun. Adalbert va m'emmener.

A cet instant, Richard Bailey reparut. Il s'était rendu au magasin pour voir s'il s'était passé quelque chose mais il n'en était rien. Tout était bien fermé et l'intérieur était en ordre. On le convia aussitôt à déjeuner rue Alfred-de-Vigny et l'on se sépara.

Rue de Lille, d'où avaient disparu les voitures de livraison du traiteur, une surprise attendait Aldo et Adalbert. Celui-ci n'avait pas encore serré ses freins que le maître d'hôtel accourait, visiblement dans tous ses états :

— Ah, Messieurs, je suis tellement heureux que vous soyez revenus. Je ne sais plus à quel saint me vouer et vous arrivez à point nommé !

— Calmez-vous, Servon ! fit Aldo en s'efforçant à une tranquillité qu'il était loin d'éprouver. On va certainement retrouver très vite M. Vauxbrun...

— Je l'espère sincèrement, Excellence ! Parce qu'ils sont venus s'installer il y a déjà un moment !

— Qui ça, « ils » ?

— Mais... la fiancée de Monsieur et sa famille. Ils sont en train de déjeuner et...

— Quoi ?

Un même mouvement fit sortir de leurs sièges les occupants de la petite Amilcar qui se ruèrent à l'intérieur de l'hôtel où il leur fallut se rendre à l'évidence : assis autour d'une table ronde dressée dans le salon donnant sur le jardin les – trois ! – Mexicains en étaient au homard Thermidor... Aldo en fut tellement suffoqué qu'il lança sans y penser :

— Bon appétit, Messieurs !

Entendant Adalbert glousser derrière lui, Aldo se rendit compte de ce qu'il venait de dire mais ne jugea pas utile de rectifier. Déjà Don Pedro était debout et, sans lâcher sa serviette, fonçait sur eux :

— Que voulez-vous ? Qu'auriez-vous à objecter à notre légitime présence en ces lieux ?

— Légitime ? Je crains que vous ne connaissiez pas la signification de ce mot. Vous êtes chez Gilles Vauxbrun, regrettablement absent pour le moment. Ce qui ne saurait durer !

— J'admets votre surprise encore que je vous eusse cru plus au fait de la loi française. Depuis hier, ma nièce est Mme Gilles Vauxbrun le plus légalement du monde. Nous sommes donc ici chez elle autant que chez lui. Ce qui nous fait un devoir, étant donné les circonstances, de rester auprès d'elle afin de la soutenir. Elle est trop jeune et trop fragile pour affronter la solitude d'une maison étrangère. Quoi qu'il en soit, nous devions nous installer ici pendant le voyage de noces en Egypte et mon fils Miguel est allé au Ritz pour régler la note et reprendre nos bagages. Cela nous évite les curiosités malsaines et, dans cette maison, entourée des siens, ma nièce supportera mieux une épreuve ...

— ...qui n'a pas l'air de lui couper l'appétit ? remarqua Adalbert. Ne devrait-elle pas être morte d'inquiétude, en larmes et livrée aux soins d'une femme de chambre armée de sels et d'eau de Cologne ? Cela se fait quand on aime quelqu'un...

En effet, comme s'ils n'étaient pas là, les deux femmes poursuivaient leur dégustation sans plus s'intéresser à eux... Simplement, une expression d'intense antipathie était peinte sur le visage de la douairière. Quant à Isabel, qui avait troqué sa toilette de mariée contre une robe de fin lainage bordeaux dont le col, drapé en écharpe, était retenu par une agrafe de perles fines, son attitude était la même qu'à l'église : elle gardait les yeux obstinément baissés, se comportant comme si elle n'était pas concernée.

Cependant, le ton relativement paisible dont avait usé Don Pedro envers les intrus ne résista pas à l'ironie de l'archéologue :

— Chez nous, fit-il sèchement, les filles de bonne race apprennent dès le berceau à ne rien montrer de leurs sentiments intimes. C'est donc moi qui vais traduire sa pensée : Mme Vauxbrun ne souhaite pas que nous prolongions cet entretien !

L'envie démangea Aldo de demander à la belle inconsciente ce qu'elle en pensait, mais il était plus sage de remettre à plus tard les questions auxquelles il faudrait bien qu'elle réponde. Il se contenta d'un :

— Elle pourrait le dire elle-même ! Quant à moi, je n'aurais jamais cru être traité en importun dans la demeure de mon plus vieil ami mais je me bornerai donc à espérer le revoir avant la nuit prochaine, sinon...

Un dédain quasi palpable arqua, sous la moustache, la bouche épaisse du Mexicain :

— Sinon ?

— J'ignore ce que sont vos coutumes lorsqu'une personne disparaît. Chez nous, on trouve plus simple d'en informer la police. C'est peut-être idiot mais il arrive que la chose donne des résultats. Mesdames, recevez mes hommages !

Dieu qu'il était difficile de rester courtois ou même simplement poli en certains cas ! Aldo bouillait de colère. Une fois dans la voiture d'Adalbert, il éclata :

— Mais qu'est-ce que c'est que ces gens-là ? Et qu'est-ce qui a pris à Gilles de vouloir épouser cette statue ? Elle est belle, j'en conviens...

— ... et il n'y a rien à ajouter ! émit Adalbert sur le mode apaisant. Tout est là : elle est venue, il l'a vue et il a été vaincu ! Il faut admettre qu'elle est sublime ! Trop peut-être ! C'est une œuvre d'art et, si tu veux mon sentiment, je me demande si Vauxbrun, saisi par une terreur sacrée, n'a pas préféré prendre la fuite au dernier moment ?

— Tu dérailles ou quoi ?

— Absolument pas ! Tu connais l'histoire de notre roi Philippe Auguste et de sa seconde épouse Ingeborg de Danemark ? Elle était si belle qu'il n'a même pas osé la toucher pendant la nuit de noces et le lendemain, l'ayant prise en horreur et les Danois ayant refusé de la reprendre, il l'a envoyée dans un donjon en l'accusant de lui avoir jeté un sort et noué l'aiguillette !

— Je sais, mais c'était au Moyen Age et Vauxbrun a derrière lui un assez beau palmarès en matière de femmes !

— Philippe Auguste aussi, n'empêche qu'il s'est retrouvé tout bête et d'autant plus furieux ! Prenons un autre exemple : ça ne devait pas être facile de coucher avec la Joconde.

— Idiot ! Le portrait est... quasi divin mais le modèle ne m'aurait jamais tenté ! Et quant à l'épouser...

— Et... la jeune Isabel ? En admettant qu'elle ne soit pas liée à un vieux copain, tu pourrais en avoir envie ?

— Non, reconnut Aldo, catégorique. Non, tu as raison ! L'émotion qu'elle pourrait éveiller en moi est purement esthétique... Quand on se souvient des derniers coups de cœur de Vauxbrun, c'est franchement incroyable qu'il ait voulu l'épouser, si tu ajoutes la différence d'âge. D'ailleurs, depuis mon arrivée, j'ai l'impression qu'il a beaucoup changé. Il a maigri ; il est... fébrile. Il est venu me chercher à la gare mais, dès qu'il m'a récupéré, il s'est comporté comme s'il avait hâte de se débarrasser de moi. Il n'a pas demandé des nouvelles de Lisa ni des jumeaux qui devaient constituer à eux deux le service d'honneur de la mariée. Si tu ajoutes que ce bon vivant n'a pas pensé à enterrer dignement sa vie de garçon et si tu additionnes, tu as un joli paquet de bizarreries... et tu n'imagines pas comme je suis content que Lisa ait attrapé une bronchite !

Vidal-Pellicorne démarra mais dut s'arrêter quelques mètres plus loin : la sortie était bouchée par une autre voiture devant laquelle patientaient Jacques Mathieu et sa jeune collègue. Immédiatement Adalbert prit feu :

— Auriez-vous l'obligeance de nous laisser passer ? On a déjà suffisamment d'ennuis sans que la presse s'en mêle ! Allez, ouste !

— Ne vous fâchez pas, Monsieur Vidal-Pellicorne ! Nous ne sommes que deux !

— Mais vous êtes aussi encombrants que si vous étiez cinquante...

— Au fait, dit Morosini, qu'avez-vous fait de vos collègues ? Vous étiez plus nombreux devant l'église ?

— On nous a proprement renvoyés dans nos foyers et nous avons obtempéré... mais ayant déjà eu l'honneur de vous fréquenter l'an passé, je vous ai suivi d'autant plus facilement que je connaissais l'adresse privée de M. Vauxbrun ! A propos, je vous présente Stéphanie Audoin, ma stagiaire.

Morosini ne put s'empêcher de sourire à ce frais visage qui, avec ses cheveux blonds ébouriffés sous un béret bleu, lui rappelait Nelly Parker, la petite journaliste du *New-Yorker* qui lui collait aux basques mais qui, cependant, lui avait sauvé la vie :

— Content de vous connaître, Mademoiselle, et je vous souhaite une belle carrière... mais, dans l'état actuel des choses, je ne vois pas ce que nous pourrions vous apprendre.

— Toujours pas de nouvelles de M. Vauxbrun ? demanda Mathieu.

— Aucune. C'est incompréhensible !

— Il doit tout de même bien y avoir une explication, logique ou pas ?... Et, est-ce vrai que les Mexicains ont emménagé ici ?

— Eh oui, étant légalement mariée, Mme Vauxbrun en a entièrement le droit et il est naturel que ses parents souhaitent l'entourer ?

— Hum !... C'est pas un peu rapide, cette histoire ? Ils auraient pu attendre avant de faire de l'occupation. On n'est pas si mal au Ritz ! Et que devient la jeune mariée en ce moment ?

— Elle mange ! lança Adalbert. Et si vous consentiez à nous laisser partir on serait contents d'en faire autant.

— Elle mange ? reprit Stéphanie. Et ça vous paraît normal ?

— Rien n'est normal dans cette histoire, Mademoiselle, et si vous voulez le fond de ma pensée, je trouve indécente cette hâte à envahir une demeure pleine de meubles et d'objets plus précieux les uns que les autres.

Ce n'était que trop vrai ! Spécialisé dans le XVIIIe siècle français, Gilles Vauxbrun, nanti d'une confortable fortune, ne revendait pas, tant s'en fallait, toutes ses trouvailles. Il était ainsi entré en possession de plusieurs meubles aux signatures prestigieuses en provenance de Versailles ou des Trianon, avait décoré son hôtel du faubourg Saint-Germain avec un goût sans défaut. Marie-Antoinette, Louis XV le raffiné ou la Pompadour s'y fussent sentis chez eux sans peine.

— Il va falloir éclaircir ce mystère ! dit Mathieu. On vous trouve où, prince ? Chez M. Vidal-Pellicorne ou chez Mme de Sommières ?

— Chez Mme de Sommières... Et si vous pouviez en savoir un peu plus sur la famille de Doña Isabel, je vous en serais infiniment reconnaissant parce que, moi, je ne sais rien !

— Vraiment rien ?

— A part que M. Vauxbrun les a rencontrés à Biarritz, absolument rien ! Cela dit, j'ai l'impression qu'il faudrait que vous songiez à dégager ! Voilà un arrivage !

En effet, deux taxis encombrés de bagages venaient de s'arrêter dans la visible intention de pénétrer dans la cour.

— On y va ! cria Mathieu en sautant dans sa voiture.

Il démarra. Adalbert embraya à sa suite mais stoppa quelques mètres plus loin pour observer l'entrée des arrivants. La silhouette arrogante de Miguel Olmedo occupait le premier véhicule, puis le cortège disparut. Derrière eux, le concierge referma le portail de l'hôtel.

Aldo avait beau savoir que c'était seulement momentané, il éprouva un bizarre pincement au cœur : le sentiment d'être définitivement retranché de son plus vieil ami, celui qui lui avait mis le pied à l'étrier lorsque, à son retour de la guerre, il avait décidé de transformer son palais vénitien en magasin d'antiquités. Et c'était douloureux...

2

Dans le brouillard...

— Pouvez-vous m'en dire davantage ?

Tandis que les invités de Mme de Sommières prenaient congé de leur hôtesse, Aldo avait emmené Mr Bailey dans le petit salon spiritualisé par deux bibliothèques d'ébène où il avait demandé qu'on leur apporte un supplément de café et une fine Napoléon dont il savait l'Anglais friand... Il fallait voir avec quelle sollicitude il chauffait entre ses mains le ballon de cristal.

— Davantage sur quoi ?

— Sur tout ! fit Morosini avec un geste d'impuissance. Et d'abord sur ce mariage dont je ne sais strictement rien. En dehors de sa lettre d'invitation reçue il y a environ un mois, je n'ai pu obtenir aucune explication. C'est à peine si nous avons échangé trois paroles en gare de Lyon et à la mairie ! Gilles ne se ressemblait plus. Il était une sorte de litanie vivante à la beauté intangible de sa fiancée et à l'exception des hautes vertus de la demoiselle, tout ce qu'il a consenti à m'apprendre est qu'il l'a rencontrée à Biarritz... et aussi qu'il a acheté un château ! C'est maigre, non ?

Le vieil Anglais reposa son verre, toussota et, les coudes appuyés sur les bras de son fauteuil, joignit les bouts de ses doigts tandis que ses traits distingués s'accordaient un semblant de grimace, comme s'il venait d'absorber une potion amère. Ce qui n'était évidemment pas le cas.

— Si, soupira-t-il. Et vous me voyez terriblement embarrassé parce que je crains de vous décevoir. Je n'en sais pas beaucoup plus que vous... sinon qu'à l'automne dernier M. Vauxbrun s'est rendu là-bas à l'occasion de la vente d'un domaine, qu'au lieu de deux ou trois jours il y est resté trois semaines, qu'à son retour il ne s'était pas contenté d'acheter une ou plusieurs « pièces » mais le château entier, qu'il allait se marier sous peu... et qu'il n'était plus le même homme...

— Pouvez-vous expliquer ?

— On aurait dit qu'il avait vu je ne sais quelle lumière. Saint Paul arrivant à Damas devait avoir ce genre de physionomie...

— Après sa rencontre sur le chemin, saint Paul était aveugle et l'est resté quelques jours, corrigea doucement Aldo.

— M. Vauxbrun avait dépassé ce stade-là. Il rayonnait positivement mais ne s'occupait plus guère de ses affaires. Quand il n'était pas au téléphone, il écrivait de longues... je dirais même d'interminables lettres à sa fiancée. Ou encore, il écumait les magasins à la recherche de jolies choses à lui offrir. Chères de préférence ! Et je ne peux vous cacher plus longtemps que je suis inquiet.

— Ses affaires en souffrent ?

— Pas vraiment. Quand un client important se présentait, il savait toujours s'en occuper. Ce n'est qu'à ces seuls moments qu'il redevenait ce qu'il était. Pour le reste, je suffis amplement. En outre, nous disposons d'une réserve considérable... mais j'avoue que je serais plus heureux si cette folie d'achats se calmait au moins un peu !

— Où était prévu le voyage de noces ?

— En Méditerranée. On a loué un yacht qui attend dans le port de Monte-Carlo...

— Peste ! émit Morosini après un petit sifflement. Il épouserait une princesse royale qu'il ne se conduirait pas autrement !

— C'en est une pour lui. Une infante !...

— Mais peut-être désargentée ? Si j'ai bien compris, il n'y a pas eu de contrat de mariage : ce qui signifie pas de dot !

— Assurément, mais la fortune de la famille – si fortune il y a –, c'est la grand-mère qui la posséderait. Elle consisterait surtout en terres dans je ne sais plus quelle province. Une de ces haciendas vastes comme des Etats. L'oncle Pedro serait, lui aussi, en possession de biens dont hériterait son fils...

— Autrement dit, Isabel a ce que l'on appelle des « espérances » mais, dans la circonstance, j'espère que ces Crésus ont fait l'effort élémentaire d'un beau cadeau ?

Richard Bailey regarda Morosini d'un œil à la fois curieux et ironique :

— Vous n'avez pas l'air d'y croire beaucoup, à ces richesses ?

— Disons que j'ai des doutes. Je trouve bizarre que des gens aussi riches se hâtent de quitter leur hôtel pour s'installer chez un homme qui est sans doute leur petit gendre, leur neveu et leur cousin aux yeux de la loi française mais ne leur est rien devant Dieu. Et j'ai toujours entendu dire que, pour les peuples hispaniques, c'était le plus important. Ils devaient garder la maison pendant le voyage, comme si les domestiques de Vauxbrun n'y suffisaient pas...

— De toute façon, émit Adalbert qui venait d'entrer dans le salon depuis un moment et avait donc entendu, je crois qu'il est plus que temps d'en référer à la police ! Comme tu le dis si justement, tout cela est pour le moins bizarre...

— On y va de ce pas ! conclut Aldo en se levant.

— Essaye de prendre le temps de te changer ! conseilla Mme de Sommières, qui venait d'arriver. Et vous aussi, Adalbert ! Je vous vois mal débarquant quai des Orfèvres en jaquette et chapeau haut de forme !

Le commissaire divisionnaire Langlois était sans doute l'homme le plus élégant de toutes les polices de France, même si, depuis un sérieux accident d'auto, il usait d'une canne à pommeau d'écaille qu'il réussissait à convertir en accessoire de mode tant il en jouait avec naturel. Grand, mince, le cheveu poivre et sel, le regard gris, c'était un cerveau et aussi un fidèle serviteur d'une loi dont il lui arrivait parfois d'arrondir un peu les angles quand sa stricte application lui semblait injuste. Au fil des années, il était devenu pour Morosini et Vidal-Pellicorne un véritable ami, même s'il lui arrivait d'observer d'un œil prudent mais toujours intéressé les activités des deux compères.

Quand un planton les introduisit dans son bureau, il les accueillit d'un :

— Ne perdez pas de temps à m'expliquer ce qui vous amène ! Je le sais. M. Vauxbrun a disparu.

— Comment est-ce possible ? demanda Morosini en lui serrant la main.

— Les journaux n'ont encore rien imprimé ? fit Adalbert, même jeu.

— Pour un événement mondain de cette importance qui déplace en général des personnalités et par conséquent un certain nombre de parures tentatrices, j'ai l'habitude d'envoyer un ou deux observateurs discrets. C'était d'autant plus le cas, aujourd'hui, qu'il s'agit d'un de vos amis et que vous étiez présents.

— Vous nous considérez comme à ce point dangereux ?

Le commissaire eut un demi-sourire :

— Vous personnellement, non, mais ce qui est curieux c'est votre étrange faculté à attirer les histoires sombres, compliquées, voire les catastrophes.

— Si catastrophe il y a, c'est bien Vauxbrun qui, cette fois, s'en est chargé. Ce mariage tellement disproportionné, si dissemblable ! Enfin, ce n'est pas le moment d'ergoter et, puisque vous êtes au courant : avez-vous des nouvelles, commissaire ?

Langlois n'eut pas le loisir de répondre. Un coup bref, frappé à sa porte aussitôt ouverte, et un jeune homme d'environ vingt-cinq ans faisait irruption en claironnant :

— Cela se confirme ! C'est effectivement un enlèvement ! Il a eu lieu rue de Poitiers et...

Constatant la présence de visiteurs il s'interrompit net :

— Oh pardon ! Je ne savais pas...

— Vous ne pouviez pas savoir. Inspecteur Lecoq, Messieurs ! Il était ce matin à Sainte-Clotilde. Lecoq, voici le prince Morosini et M. Vidal-Pellicorne que vous avez dû remarquer à l'église. A présent, parlez !

— C'est le même processus que pour le général Koutiepov [1] l'an passé, à cette différence près que c'est le contraire.

— Si vous essayiez d'être clair ? soupira Langlois.

L'inspecteur Lecoq possédait encore la juvénile faculté de rougir mais ne se troubla pas :

— C'est juste pour renforcer l'impression, Monsieur ! Le général, donc, était à pied et une voiture s'est arrêtée le temps de l'y jeter. Là, M. Vauxbrun était en voiture. Trois hommes qui bavardaient sur le trottoir lui ont barré le chemin, ont assommé le chauffeur, dont l'un d'eux a pris la place, pendant que les autres maîtrisaient la victime...

— Vous avez de ces mots ! ronchonna Adalbert – ce qui lui valut un regard sévère du jeune policier :

1. Enlèvement d'un Russe blanc important qui a fait couler beaucoup d'encre à l'époque (1930).

— Quand on enlève quelqu'un, c'est rarement pour l'emmener au bal ! (Puis, revenant à son chef :) Le concierge du 5 balayait devant sa porte. Il a pu enregistrer la marque de la voiture mais n'a pas pensé au numéro !

— C'est sans importance puisqu'il s'agit d'une voiture de grande remise. Il suffira d'appeler le garage de la location mais il probable qu'on la retrouvera abandonnée quelque part. Faites le nécessaire pour que les patrouilles soient averties ! Dans tous les commissariats de Paris et de banlieue !

Lecoq sortit avec un regret si visible qu'il amusa Langlois :

— C'est un excellent élément mais il a encore besoin d'être tenu en bride. Revenons à ce qui nous occupe ! Que pouvez-vous m'apprendre ?

— Pas grand-chose sinon qu'à peine sortis de l'église, la mariée et les siens se sont installés rue de Lille.

— Quoi ? Tout de suite ?

— Ils n'ont même pas dû prendre le temps de respirer. Tandis que le beau cousin Miguel galopait au Ritz régler la note et récupérer les bagages, le reste de la famille déjeunait confortablement, lâcha Aldo, rancunier. Ils sont peut-être dans leur droit mais côté élégance j'ai déjà vu mieux !

— Moi aussi, mais c'est peut-être de bonne guerre. Sans leur présence, je vous connais suffisamment pour savoir que vous auriez passé l'hôtel au peigne fin.

— Sans aucun doute. Malheureusement, on s'est dépêché de nous faire comprendre que nous étions indésirables. Une attitude, convenez-en, étrange... à moins que ces gens ne soient impliqués dans l'enlèvement de Vauxbrun ?

L'idée venait de lui traverser l'esprit, et elle lui semblait si énorme qu'il pensa une seconde s'en excuser. Déjà Adalbert prenait le relais :

— Ce qui expliquerait bien des choses. Tu pourrais avoir raison...

— Un instant, voulez-vous ? fit Langlois sur le mode apaisant. N'importe comment, on ne saurait refuser de répondre aux questions de la police judiciaire comme cela a été le cas pour vous. Vous avez porté plainte ; désormais l'enquête est lancée et c'est à moi et à mes hommes de jouer. Je vais rue de Lille dès maintenant avec une commission rogatoire. Je vous tiendrai au courant... En attendant, essayez de ne pas trop vous tourmenter ! ajouta-t-il plus doucement. Je passerai ce soir chez Mme de Sommières... Ah, pendant que j'y pense : savez-vous qui est le notaire de votre ami ?

— Maître Pierre Baud, boulevard Latour-Maubourg mais je ne me souviens plus du numéro. Peut-être le 7.

— Vous ne le connaissez pas personnellement ?

— Non... Puis-je demander pourquoi vous voulez le voir ? Gilles n'est pas encore...

Il n'alla pas plus loin, reculant devant le terme comme Adalbert renâclait tout à l'heure devant le mot victime.

— Un peu de calme ! Je veux seulement savoir si votre ami a changé son testament depuis... mettons six mois.

Ce fut avec soulagement qu'Aldo retrouva la rue Alfred-de-Vigny et l'atmosphère si particulière qu'y entretenaient Tante Amélie, Marie-Angéline, et leurs vieux serviteurs sur lesquels régnaient Cyprien, l'admirable maître d'hôtel, et la fabuleuse Eulalie, cordon-bleu susceptible, voire atrabilaire, que la moindre seconde de retard dans la dégustation de ses soufflés mettait hors d'elle. Il y avait là un vrai foyer, aussi chaleureux que celui de son palais vénitien, et une manière de QG de campagne grâce aux innombrables relations de la marquise et aux talents aussi multiples que protéiformes de Plan-Crépin, descendante de croisés aventureux et lectrice inconditionnelle de sir Conan Doyle et de son inimitable Sherlock Holmes. En outre, Vidal-Pellicorne habitait rue Jouffroy, de l'autre côté du parc Monceau, et y venait en voisin.

Comme d'habitude, les deux hommes trouvèrent Mme de Sommières et sa « suivante » dans le joli jardin d'hiver où la marquise se tenait l'après-midi, au milieu d'un fouillis de plantes plus ou moins fleuries, de meubles en rotin laqué blanc et garnis de coussins en chintz aux couleurs tendres, le tout englobé par une vaste cage de vitraux à sujets japonais représentant la cueillette du thé, des bouquets de roseaux et quelques geishas coiffées de ce qui semblait être d'énormes pelotes de laine noire piquées d'aiguilles à tricoter de couleurs variées. La vieille dame y occupait une sorte de trône en rotin dont le haut dossier en éventail lui conférait une aura blanche du plus bel effet. Elle y dictait son abondant courrier, y recevait ses intimes et, à partir de cinq heures, se faisait servir une ou deux coupes de champagne destinées à remplacer le *five o'clock tea* mis à la mode par les Anglais et qu'elle traitait de « tisane infâme ».

Elle en était là quand les deux hommes la rejoignirent. Assise devant une petite table, Marie-Angéline faisait une réussite. Elles levèrent la tête à l'unisson.

— Alors ? interrogèrent-elles d'une seule voix.

— C'est bel et bien un enlèvement ! soupira Morosini en se laissant tomber sur une chaise. Un concierge de la rue de Poitiers a vu des hommes arrêter la voiture de Gilles, monter dedans sous la menace d'armes et disparaître après l'avoir neutralisé, ainsi que son chauffeur.

— Seigneur ! s'écria Marie-Angéline en jetant ses cartes. Cela ressemble aux affaires Koutiepov et Miller !

— Vous devriez rencontrer l'inspecteur Lecoq, le bras droit de Langlois, grogna Aldo. Il a eu la même idée. Encore qu'il admette que c'est le contraire ! Merci, ajouta-t-il en refusant la coupe qu'on lui offrait. Un bon café ou un chocolat bien chaud feraient mieux mon affaire : je suis gelé !

— Exécutez, Plan-Crépin ! intima la marquise. Et vous, Adalbert ?

— Ayant aussi froid, j'opterai pour le chocolat ! Cela dit, on en vient à se demander si la nouvelle famille de Vauxbrun n'aurait pas fait ses classes chez les Soviets !

— Et toi, Aldo ? Tu partages cet avis que ces gens si parfaitement distingués encore que peu aimables puissent y être mêlés ? J'ai peine à le croire. Je pencherais plutôt pour un rival ! La jeune Isabel est trop séduisante pour ne pas traîner à sa suite une cohorte d'amoureux – un suffirait, d'ailleurs ! – outrés de se voir préférer un presque quinquagénaire en voie de défoliation mais fort riche. Un parfait galant homme au demeurant ! ajouta-t-elle en voyant se froncer le sourcil de son neveu.

— C'est possible, admit celui-ci. Et même probable mais, en ce cas, pourquoi avoir attendu que le mariage civil ait eu lieu ?

— Parce qu'on peut être amoureux fou... et fauché comme les blés. Je ne t'apprendrai pas la piété extrême des Mexicains. Le mariage religieux célébré, tout espoir s'écroulait. A moins de recourir au crime et de faire une Mme veuve Vauxbrun.

— J'espère qu'elle ne l'est pas déjà, soupira Aldo qui ne parvenait pas à éliminer l'angoisse qui s'était emparée de lui depuis que Lecoq avait annoncé le rapt...

C'était comme si un voile noir lui était tombé dessus, dont il n'arrivait pas à se dépêtrer. Marie-Angéline, ayant effectué l'aller et retour à la cuisine et revenant avec les chocolats demandés, en fit la remarque :

— N'exagérez pas, Aldo ! Je refuse de croire que la situation soit si dramatique. Il suffit de voir les faits plus calmement.

— Et vous les voyez comment, Plan-Crépin ? intervint Mme de Sommières, une lueur ironique dans son œil vert.

— Voilà ! Je pense qu'en avançant l'hypothèse d'un amoureux désespéré... ou peut-être un peu trop malin, nous avons eu une excellente idée, dit-elle avec un sourire approbateur pour celle à qui elle ne s'adressait jamais qu'en employant le pluriel de majesté. Et moi je vois les choses ainsi : un jeune homme pauvre mais follement amoureux est réduit au désespoir par ce mariage. Mariage qui a sans doute été imposé à Isabel par une famille moins fortunée que nous ne l'imaginons...

— Pourquoi « sans doute » ? interrogea Adalbert.

— Il suffisait de l'observer ce matin dans l'église. Vous avez le sentiment qu'elle rayonnait de bonheur ? Elle semblait absente. On l'aurait menée au marché qu'elle aurait rayonné davantage. Je n'ai pas assisté au mariage civil mais Aldo y était et je voudrais savoir quelle mine elle arborait ?

— La même que ce matin. Les yeux obstinément baissés tant qu'a duré ce que l'on peut difficilement appeler une cérémonie...

— Là ! J'en était sûre ! Essayez d'oublier que Gilles Vauxbrun est un ami cher et voyez les choses froidement ! Il a de l'allure, il n'est pas laid, il est aimable, cultivé, élégant, tout ce que vous voudrez mais il approche de la cinquantaine ! Ce n'est plus un jeune éphèbe, ni, en dépit de sa fortune, le prince charmant à qui une jouvencelle peut accrocher ses rêves...

Adalbert ne put s'empêcher de rire, avec un coup d'œil à son ami :

— Ça fait toujours plaisir à entendre !

— N'essayez pas de m'embrouiller ! En cette matière, chaque cas est particulier et aucun homme ne ressemble à un autre ! Où en étais-je ?

— Toujours au même point ! émit Mme de Sommières. Un grand amour contrarié ! En passant, je me demande si vous ne lisez pas en cachette les *Veillées des chaumières* et les romans roses de Delly. Mais poursuivez !

— Cela coule de source. Afin de rendre à sa belle la fortune que les siens n'ont plus, on laisse la parole à M. le maire mais on évite soigneusement M. le curé en escamotant le fiancé.

La voix brève d'Aldo l'interrompit à nouveau :

— Pour en faire quoi ?

— Les hypothèses sont nombreuses : l'embarquer sur un bateau pour une destination lointaine dans le style Koutiepov... l'emmener au fond d'une province reculée...

— Il n'y a pas de provinces reculées chez nous ! grogna la marquise. Et on n'est plus au Moyen Age. Donc renoncez aux bonnes vieilles oubliettes !

— Je jurerais bien qu'il en existe toujours ! Il y a aussi la maison de fous...

Aldo se leva, visiblement agacé, et fit quelques pas :

— ... grâce à un aliéniste véreux acheté à prix d'or par un garçon sans ressources ? Je vous ai connue plus logique, Angelina ! Que vous le vouliez ou non, il faut en venir au tombeau ! Certes, en l'« absence » de son époux légal, Isabel peut jouir de ses biens, mais pour qu'elle hérite il faut en passer par là et surtout que l'on retrouve le corps.

Sinon, pas d'héritage ! Cela dit, j'espère que vous admettrez que la conduite de ces gens pressés d'occuper l'hôtel de Gilles n'a rien de normal !

— On pourrait pourtant la voir ainsi.

— Ah, vous trouvez ?

— Mais oui, si l'on considère qu'ils ne sont pas riches. Le Mexique actuel, allant de révolution en révolution, n'est guère propice aux grandes fortunes et en a ruiné plus d'une. Or, le Ritz coûte cher. En outre, ajouta-t-elle en opposant une main à la riposte qu'elle sentait venir, un palace, même nanti du personnel le plus discret qui soit, même si les journalistes n'y sont guère admis, n'en reste pas moins un lieu public. Donc pas l'endroit rêvé pour une jeune fille dont on a annoncé les épousailles à son de trompe et qui vient de se faire plaquer par son fiancé en face d'une église pleine de gens du monde. Chez M. Vauxbrun, il est beaucoup plus facile de la protéger !

— Ça tient debout ! admit Adalbert, songeur.

— Evidemment que ça tient debout ! Pour parler de cette famille, vous n'avez à la bouche qu'un seul terme « ces gens » ! La noblesse mexicaine est peut-être plus espagnole que la vraie dont elle descend. Elle est aussi valable que la nôtre ! Nous devons les respecter !

— Peut-être mais la réciproque me plairait assez ! Ils ne sont même pas polis !

— Dans ce genre de situation, c'est presque naturel : ils doivent se sentir tellement humiliés !

— Ils n'en avaient pas vraiment l'air, glissa Adalbert ! Quelle morgue !

Mais Marie-Angéline tenait à son idée :

— Un rideau de fumée ! Un paravent pour cacher la honte ! La vieille dame et l'oncle s'en sont fait une cuirasse... seulement je peux vous assurer que j'ai vu de la douleur dans le regard de ce charmant Don Miguel !

Ayant dit, au lieu de sonner Cyprien pour qu'il enlève les tasses, elle s'empara du plateau et disparut en direction de la cuisine, suivie du regard effaré des trois autres.

— Ce... charmant ? répéta Vidal-Pellicorne.

Aldo lui ne dit rien, mais Mme de Sommières soupira :

— Eh bien ! Il ne nous manquait plus que cela !...

Le dîner fut anormalement silencieux. Sensible à la tension apportée par le surprenant plaidoyer de Marie-Angéline, Adalbert avait regagné les eaux paisibles de son domicile où Théobald, son valet de chambre-cuisinier-maître d'hôtel et homme à tout faire, s'entendait à entretenir le calme, l'ordre et la sérénité nécessaires au développement harmonieux des grandes idées, sans dédaigner pour autant les coups tordus. Bien qu'Adalbert fît pratiquement partie de la famille, il avait jugé plus convenable de laisser celle-ci traiter sans lui des états d'âme de la chère vieille fille.

En fait, on ne traita de rien. Avant de passer à table, Aldo s'était rendu chez Jules, le « portier » de la marquise, afin de demander qu'on lui appelle Venise au téléphone. Cet engin, en effet, n'avait pas droit de cité dans les appartements de Tante Amélie, toujours hostile à une sonnerie d'appel qui lui donnait l'impression d'être une domestique dans sa propre demeure. Le délai d'attente étant d'environ trois heures, il avait largement le temps de dîner.

S'il avait été moins soucieux, il se fût amusé sans doute de la mine lointaine arborée par Plan-Crépin. Entre le potage et le vol-au-vent, elle laissa son regard s'évader dans les ruines de Rome, peintes par Hubert Robert, qui décoraient en face d'elle le mur de la salle à manger, suspendues au-dessus de la tête d'Aldo, s'y tint fermement accrochée jusqu'à ce que Cyprien apporte le chef-d'œuvre de pâte feuilletée renfermant des ris de veau, des truffes et toutes sortes de choses délicieuses qu'elle aimait particulièrement. Sa mélancolie n'y résista pas et elle concentra son attention sur son assiette, accepta un léger supplément qu'elle absorba avec le même appétit, reposa son couvert selon l'angle réglementaire, essuya ses lèvres, vida son verre de chablis et rejoignit les ruines de Rome et le XVIIIe siècle. Elle en revint pour apprécier à leur valeur quelques feuilles de laitue accompagnant un brie de Meaux juste à point que – Dieu sait pourquoi ? – elle assaisonna de deux soupirs.

Elle allait retourner dans ses nuages quand, dans ce silence quasi religieux, la voix de la marquise s'éleva :

— Si tu veux allumer une cigarette, Aldo, je t'accorde volontiers la permission ! Tu n'as presque rien mangé et ça calme les nerfs ! Pendant que tu y es, tu devrais m'en donner une !

Un tel manquement au savoir-vivre saisit Plan-Crépin en plein vol. Avec un hoquet d'horreur, elle se tourna vers la marquise :

— Nous voulons... fumer ? Et à table ?... J'ai dû mal entendre ?

Elle fut obligée de se rendre à la réalité : « nous » étions bel et bien en train d'allumer le mince rouleau de tabac à la flamme surgie au poing d'Aldo. Mme de Sommières tira une voluptueuse bouffée, plissa les yeux :

— Je ne pensais pas que vous puissiez saisir quoi que ce soit de nos bruits terrestres. Depuis le début du repas, vous me faites penser à Jehanne d'Arc sous son chêne – au fait était-ce bien un chêne ? Je dois confondre avec Saint Louis mais peu importe ! Il n'y manquait que les moutons !

Prise au dépourvu, Marie-Angéline ouvrit la bouche pour dire quelque chose et la referma : Aldo se levait, jetait sa serviette avec un « Excusez-moi » ! » et sortait en courant. Il venait d'entendre la sonnerie lointaine du téléphone et se précipitait chez le concierge. La communication avec Venise était établie et Lisa était au bout du fil. Entendre sa voix rasséréna son époux :

— On dirait que tu vas mieux !

— Oui. Licci m'a fait avaler je ne sais quelle mixture de sa composition qui m'a ressuscitée. Si ce n'était pas si loin, j'aurais pu venir te rejoindre pour la soirée du mariage. Ça se passe bien ?

— Pas vraiment. Il n'y a pas eu de mariage. Gilles a disparu avant la cérémonie religieuse.

La voix venue de Venise se chargea de stupeur :

— Tu plaisantes ?

— Je t'assure que je n'en ai pas la moindre envie !

Et il raconta ce qui s'était passé depuis son arrivée à Paris, sans oublier l'entrevue avec Langlois que Lisa connaissait. Récit ponctué de brèves onomatopées émises par la jeune femme mais qui tourna court. Au moment où elle allait donner son sentiment, la communication fut coupée sans espoir de retour. Cela arrivait souvent pour les communications longue distance.

Aldo raccrocha, souhaita une bonne nuit à Jules et regagna la salle à manger où Mme de Sommières achevait sa cigarette au-dessus d'une mousse au chocolat à laquelle elle n'avait pas touché. C'était elle à présent qui jouait les « princesses lointaines », tandis que Marie-Angéline finissait sa seconde part.

— Alors ? demanda-t-elle.

— Lisa est guérie et je lui ai raconté notre journée mais j'ignore ce qu'elle en pense : on nous a coupés et comme il n'y a guère de chances de pouvoir reprendre la conversation ce soir...

— Tu ne veux pas de dessert ?

— Merci. Avec votre permission, je sors me dégourdir les jambes...

— Il fait un temps à ne pas mettre un chien dehors.

— Aucune importance ! J'irai boire un verre chez Adalbert.

Elle lui tapota la joue quand il se pencha pour l'embrasser :

— Je ne peux pas te donner tort. Il y a des moments où une conversation trop brillante et trop animée, comme la nôtre ce soir, devient insoutenable ! On ressent le besoin d'un peu d'air ! Mais pense tout de même à dormir !

— Je ne crois pas que j'y arriverai.

— Essaie Nietzsche ! C'est souverain pour les insomnies !

Le jour qui se leva était légèrement moins froid mais aussi gris et déprimant que la veille. Pourtant, l'hôtel de Sommières semblait avoir retrouvé son climat normal. C'est du moins ce qui ressortit du rapport de Cyprien quand, vers la demie de huit heures, il apporta son petit déjeuner à Aldo. Selon lui, Mlle du Plan-Crépin semblait redevenue tout à fait elle-même :

— La messe de six heures à Saint-Augustin a toujours eu sur elle un pouvoir réconfortant. Ce matin, elle m'a dit bonjour avec une sorte de... comment dirais-je ?... d'enjouement, et quand j'ai porté le plateau de Mme la marquise, elles causaient comme d'habitude !

— Allons ! Tant mieux !

En fait, les états d'âme de Marie-Angéline importaient peu à Aldo. Qu'elle fût tombée amoureuse, sur un seul regard, d'un garçon appartenant à une famille antipathique avec laquelle il y avait gros à parier que l'on n'aurait guère de relations ne présentait pas plus d'intérêt que si elle s'était éprise d'une vedette de cinéma comme la vieille gamine qu'elle était restée. Même à un certain âge, une fille a besoin d'accrocher ses rêves à un objet le plus souvent inaccessible et c'est ce qui en fait le charme. Avec une star, la fréquentation assidue des salles obscures procure des moments d'extase. Avec le jeune Miguel Olmedo de Quiroga, Plan-Crépin, possédant un joli coup de crayon et de pinceau et dont la mémoire enregistrait les visages plus sûrement que celle d'un physionomiste, s'en tirerait en faisant le portrait de son héros auquel, dans le silence de sa chambre, elle pourrait rendre tous les cultes qu'il lui plairait. Et là-dessus, Aldo estima que la question était entendue et qu'il avait d'autres chats à fouetter...

La disparition de Vauxbrun était trop angoissante pour ne pas réclamer toute son attention. Ils en avaient parlé la moitié de la nuit avec Adalbert, sans parvenir à trouver la moindre piste pour orienter leurs recherches. C'était bien la première fois que cela leur arrivait : se retrouver au point mort au pied d'un mur ne présentant aucune prise pour s'accrocher.

« On sait qu'il a été enlevé, avait dit Adalbert en allumant son troisième cigare, et de cela on peut remercier Langlois qui a eu la bonne idée de faire surveiller ce foutu mariage. Autrement, on serait dans le bleu le plus complet. Reste à savoir qui sont les ravisseurs et le pourquoi de la chose.

— Je ne peux pas m'empêcher de penser – quitte à encourir les foudres de Marie-Angéline ! – que ces Mexicains dont on ne sait rien ou si peu y trempent jusqu'au cou ! A l'évidence, ils nous détestent et méprisent Vauxbrun ! C'était écrit en toutes lettres sur les figures de la douairière et de son neveu. Quant à la sublime Isabel, la disparition de son fiancé n'a pas l'air de la troubler énormément. Alors question : pourquoi ont-ils accepté ce mariage ?

— Je ne vois qu'une réponse possible : l'argent ! Quand on a l'allure qu'il faut – et ils n'en manquent pas, je te l'accorde –, arborer toilettes et bijoux, descendre au Ritz ne présente pas d'obstacles insurmontables...

— Tu peux retrancher l'hôtel : c'est Gilles qui a dû s'en charger. Les vêtements sortaient de grandes maisons et je peux t'assurer que les bijoux portés par ces dames sont vrais. Ce qui ne change rien au fait que l'on ne sait pas d'où ils viennent...

— Ben... du Mexique !

— C'est là le *hic*. S'ils étaient espagnols, aucun problème. J'y compte pas mal d'amis et même quelques relations flatteuses depuis l'histoire du rubis de Jeanne la Folle...

— ... et tu cousines avec la moitié du gotha européen, je sais ! soupira Adalbert.

— Essaie de l'oublier. Je n'ai rien dit de semblable ! Au sujet du Mexique, c'est une autre affaire : un, c'est loin ; deux, on y va de révolution en révolution ; trois : depuis Cortés, des familles nobles se sont implantées dans le pays et un certain mélange avec les autochtones s'est produit au cours des siècles. Il ne doit pas être très aisé de s'y retrouver. Enfin... je n'y connais strictement personne !

— Tu as des dizaines de clients américains qui font la pluie et le beau temps dans le coin.

— C'est possible mais je ne vois pas à qui je pourrais m'adresser.

— D'abord à Richard Bailey. Vauxbrun aussi a des clients outre-Atlantique... et des amis. Les mêmes que nous, en fait ! »

En voyant se froncer les sourcils de son ami, Adalbert se mordit la langue en se traitant d'imbécile. Il prenait trop tard conscience de ce qu'une silhouette de femme, tel un ange, venait de passer entre eux. Qu'avait-il besoin de rappeler le souvenir – encore frais sans doute ? – de la belle Américaine dont il savait pertinemment qu'elle avait laissé une trace sur le cœur de Morosini ? Comme s'il n'avait pas assez de soucis comme ça ! Aldo fit celui qui n'avait pas entendu.

« De toute façon, on parle pour ne rien dire. La seule stratégie à notre portée est d'attendre la suite de l'enquête ! Grâce à Dieu, Langlois est un bon flic et le dénommé Lecoq m'a l'air de se débrouiller pas trop mal. »

Il était parti là-dessus mais, au réveil, le problème retrouvait son acuité. La lecture des journaux ne lui en apprit pas davantage. *Le Matin*, sous la plume remarquablement discrète de Jacques Mathieu, se contentait de relater le mariage inachevé et de poser la question de ce qu'avait pu devenir le fiancé. Le ton restait léger, à cent lieues d'un drame éventuel. *Idem* pour *Le Figaro* et pour *Excelsior*, et Aldo remercia le Ciel de cette retenue inhabituelle dont faisait preuve la presse parisienne. A moins que l'on ne retrouve rapidement Vauxbrun, cela ne durerait pas...

Il abordait l'idée d'un entretien avec le notaire de l'antiquaire quand un planton du quai des Orfèvres vint lui délivrer une invitation à se rendre chez le commissaire divisionnaire Langlois à 15 heures précises.

— Ça me paraît bien solennel, commenta Tante Amélie. Moi, je dirais que c'est une convocation.

— Sans doute, mais l'important est que Langlois ait du nouveau. Je ne le ferai pas attendre.

A l'heure dite, on l'introduisait dans le bureau du policier alors occupé à signer les documents qu'on lui présentait. Il leva la tête à l'entrée de son visiteur et, sans sourire, lui désigna l'une des deux chaises placées en face de lui. Sensible aux atmosphères, Morosini retint une grimace. Celle qui régnait dans cette pièce était sinistre, en dépit de l'attendrissant bouquet d'anémones qui s'épanouissait dans un ravissant petit vase de chez Lalique posé sur le bureau. En raison du jour gris, une grosse lampe éclairait les mains soignées du commissaire mais son abat-jour d'opaline vert pomme ne déversait qu'une lumière froide. L'attente fut brève. Une ou deux minutes, avant que le secrétaire ne remporte le parapheur, avaient suffi pour que Morosini constate que le visage de Langlois était en accord parfait avec le climat ambiant. Aussi prit-il l'initiative de demander, dès que les yeux gris se relevèrent sur lui :

— Auriez-vous des nouvelles, commissaire ?

— Oui... et je doute qu'elles vous plairont !

Une boule se noua dans la gorge d'Aldo qui se sentit pâlir :

— Vous n'essayez pas de me dire que...

Il fut incapable d'aller plus loin.

— Non, à cette heure on ne sait toujours pas où a pu passer M. Vauxbrun. Peut-être est-il déjà loin, si ce que j'ai appris se confirme.

— Et qu'avez-vous appris ?

— Cela tient en peu de mots. Don Pedro Olmedo porte plainte contre Gilles Vauxbrun. Pour vol !

Déjà Morosini était debout :

— J'ai mal entendu ?

— Non. Vous avez fort bien entendu. Il est accusé de s'être emparé d'un joyau inestimable qui est dans la famille Vargas y Villahermosa depuis des siècles.

Suffoqué, Aldo chercha sa respiration :

— Un... joyau ? Gilles Vauxbrun ? Mais les bijoux ne l'ont jamais intéressé ! Vous me diriez un clavecin ayant appartenu à la du Barry ou les boîtes à courrier du Cabinet noir de Louis XV, cela pourrait avoir une ombre de vérité, encore que Gilles soit d'une scrupuleuse honnêteté et ne se soit jamais rien approprié sans l'avoir d'abord payé ! Mais, sacrebleu, commissaire ! C'est un homme d'honneur et un expert du XVIIIe siècle ! Sa maison de la place Vendôme est connue du monde entier... et je croyais que vous le saviez ? C'est moi le spécialiste en joyaux, pas lui !

— Mais je ne l'oublie pas. Don Pedro non plus, d'ailleurs... Allons, calmez-vous ! ajouta-t-il en voyant son visiteur blanchir de colère. Et essayez de comprendre ! Dès l'instant où je reçois une plainte, contre qui que ce soit, fût-ce mon frère ou un mien cousin, je suis obligé d'enquêter ! Eh bien, où allez-vous ?

— Rue de Lille ! Pour demander des explications à ce rastaquouère et lui donner mon point de vue sur la question !

Il fonçait vers la porte. Langlois l'arrêta net :

— Vous ne l'y trouverez pas !

— Qu'en savez-vous ?

— Il est ici... Sachant comment vous réagiriez, j'ai choisi de vous mettre face à face devant moi...

— Si vous aimez la boxe, vous allez être servi !

— Pour l'amour de Dieu, essayez d'être un peu raisonnable ! Je veux pouvoir analyser les étincelles de cette rencontre mais il m'est nécessaire que vous gardiez votre sang-froid. C'est important pour moi. Me donnez-vous votre parole ?

Le ton s'était adouci jusqu'à la note amicale.

— Vous l'avez, répondit Aldo, avec un sourire contraint. J'ai cru un moment que vous aviez disparu pour faire place à votre ami Lemercier [1] !

— N'exagérons pas. Revenez vous asseoir !

— Non. Je suis plus grand que lui. C'est un avantage que je tiens à garder.

Il alla s'adosser à une bibliothèque vitrée proche de la table de travail, alluma une cigarette et attendit tandis que Langlois appuyait sur un timbre. Quelques secondes plus tard, Don Pedro Olmedo était introduit.

Il eut un haut-le-corps en découvrant, juste en face de lui, Morosini, mais ne dit rien et fit comme s'il ne l'avait pas vu. Langlois s'était levé pour l'accueillir et désigna l'un des chaises :

1. Voir *Les « Larmes » de Marie-Antoinette.*

— Merci d'être venu, Don Pedro. Veuillez prendre place !

Quand ce fut fait, le commissaire reprit :

— Si je vous ai demandé de venir, c'est afin que vous puissiez répéter devant le prince Morosini ici présent – celui-ci salua d'une brève inclinaison du buste qu'on lui retourna ! – le récit que vous m'avez fait au sujet de...

— Ne tournez pas autour du pot, Monsieur le commissaire ! J'accuse ce misérable Gilles Vauxbrun d'avoir volé notre trésor familial dans ma chambre de l'hôtel Ritz tandis que nous l'attendions à l'église Sainte-Clotilde.

Aldo haussa les épaules :

— Vous m'avez vraiment dérangé pour entendre pareille sottise, Monsieur le commissaire ? C'est bien chez vous pourtant que l'on m'a appris l'enlèvement de Vauxbrun tandis que sa voiture était engagée dans la rue de Poitiers ?

Langlois n'eut pas le loisir d'ouvrir la bouche. Le Mexicain, ses moustaches retroussées sur un rictus de dédain, lâchait :

— Enlèvement truqué ! Au lieu de se rendre à l'église, les complices de cet homme l'ont conduit au Ritz où, sous le prétexte d'un oubli de sa fiancée, il est monté à notre appartement. Il s'y est introduit, a volé le joyau et est reparti vers... on ne sait quelle destination inconnue...

Sans plus s'occuper de l'accusateur, Morosini regarda Langlois :

— C'est une histoire de fous ! Dites-moi que je rêve !

— Malheureusement non. On a vu M. Vauxbrun à l'heure indiquée.

— Qui on ? Il y est connu comme le loup blanc ; son magasin est à côté et il fréquente le Ritz, son bar et ses restaurants depuis des années.

— Je sais. Pourtant il a été reconnu par l'un des réceptionnistes à qui il a même fait un signe et par une femme de chambre. Il était en jaquette, un œillet blanc à la boutonnière, et portait son haut-de-forme...

— Je connais tout le personnel et vous ne vous étonnerez pas si je vais lui poser des questions. Encore une fois, rien n'a de sens dans cette histoire ! Follement épris de sa fiancée qu'il a épousée civilement à la mairie du VIIe arrondissement, voilà que le lendemain matin, au lieu d'aller faire sanctifier son mariage, il se fait « enlever » – par qui ? Je serais heureux de le savoir. Mon ami Vauxbrun, n'ayant rien d'un chef de bande, file au Ritz dans le but de dépouiller la famille de sa bien-aimée puis disparaît dans la nature, renonçant non seulement à la bénédiction nuptiale mais surtout à la nuit de noces...

— Vous devenez vulgaire, Monsieur, fit Olmedo.

Morosini darda sur lui un regard devenu vert de fureur contenue :

— Pas de cuistrerie, s'il vous plaît ! Quand un couple s'unit devant Dieu sans doute mais aussi devant deux cents personnes, il ne viendrait à l'idée d'aucune de ces personnes d'imaginer que, la nuit suivante, le couple en question a l'intention de s'en tenir là et de vivre comme frère et sœur. Ce n'est pas le style de Vauxbrun : il est fou de Doña Isabel ! Au point d'être en extase devant elle !

— Trop, peut-être ! laissa tomber le Mexicain. Il se peut qu'il ait craint de perdre ses moyens en face d'une telle beauté révélée. Il n'est plus jeune et pouvait redouter une défaillance. Le collier l'en mettrait à l'abri !

— Un collier magnifique, n'est-ce pas ? Et quand il l'a eu en poche, il n'a rien eu de plus pressé que de fuir le plus loin possible, abandonnant la dame de ses pensées et signant ainsi un larcin un peu trop spectaculaire ? Au fait, qu'est-ce que c'est que ce collier miraculeux qui ressuscite les vieillards ?

— Celui de Quetzalcóatl. Ce sont...

— Les cinq émeraudes porte-bonheur que Montezuma avait remises à sa fille quand elle a épousé Cuauhtémoc qui allait être le dernier empereur aztèque et qu'elle a données à Cortés pour faire cesser les tortures d'un époux adoré ?

En dépit de sa morgue, Olmedo ne cacha pas sa surprise :

— Vous savez cela, vous ?

Le policier intervint doucement :

— Le prince Morosini est un expert mondialement connu. Je crois qu'il n'existe personne sur terre qui en sache plus que lui sur les joyaux anciens, historiques, légendaires ou autres !

— Merci ! Ainsi c'est des émeraudes que nous parlons ?

— Exactement ! Elles sont inestimables et vous comprendrez... Qu'est-ce qui vous prend ! Qu'y a-t-il de drôle ?

Aldo, en effet, venait d'éclater de rire

— Parce que j'avais raison en parlant d'une histoire de fous ! Voulez-vous que je vous dise où elles sont, vos émeraudes ?

— J'aimerais beaucoup, oui ! émit l'autre, pincé.

— Au fond de la Méditerranée, à l'endroit où a coulé pendant une nuit d'octobre 1541 la galère portant Cortés, ses deux fils et une partie de ses biens...

— Qu'est-ce qu'il faisait là ? demanda Langlois dont l'Histoire était l'une des passions. Le conquérant du Mexique en face d'Alger, ça ne va pas ensemble ?

— Oh, que si ! Vous demandez ce qu'il faisait là ? Je dirais, sa cour à Charles Quint. Celui-ci avait décidé de réduire Alger où, en l'absence de Barberousse, régnait un renégat italien surnommé Hassan Aga, devenu musulman et pirate. L'empereur avait réuni pour ce faire une immense flotte placée sous le commandement du Génois Andrea Doria et une forte armée confiée à Ferdinand de Gonzague. Cortés avait obtenu d'être du nombre des capitaines dans le but de retrouver la faveur du maître. Il était sur son déclin et le savait : trop d'ennemis de part et d'autre de l'Atlantique ! Aussi comptait-il sur sa vaillance pour le remettre en lumière mais une tempête dévastatrice s'est levée dans la nuit, a ravagé une partie de la flotte et envoyé son bateau par le fond. Lui et ses fils ont été sauvés mais ses coffres sont restés au fond de l'eau...

— Quelle idée d'avoir emporté ce collier ? fit Langlois. Ce genre de trésor s'enferme, se cache, s'enterre si nécessaire mais on ne lui fait pas courir les grands chemins. Surtout ceux de la mer qui n'étaient pas les plus sûrs !

— Il s'obstinait à le considérer comme un talisman en dépit de la malédiction dont Cuauhtémoc l'avait frappé. Au moment de son second mariage avec la belle Juana de Zuniga, il le lui avait offert mais il avait suscité la jalousie de l'impératrice et Juana l'avait prié de le reprendre en alléguant qu'il convenait mieux à un homme qu'à une femme. Depuis, il l'emportait partout avec lui en espérant avec une sorte d'entêtement le retour d'une faveur qu'il n'a jamais retrouvée. Quant aux émeraudes, vous savez à présent ce qu'il en est...

— A ce détail près qu'elles ne sont pas restées en baie d'Alger ! affirma Don Pedro qui ajouta : Je ne peux m'empêcher de rendre hommage à votre science, prince ! Je n'aurais jamais cru qu'un étranger pût en savoir si long sur notre histoire. Le collier, vous avez raison, était à bord de la galère de Cortés mais, tandis que la tempête la brisait, quelqu'un a sauvé le joyau.

— Qui donc ? demanda Aldo, repris par sa passion des pierres et de leur parcours.

— Un homme qui, jeune écuyer du conquistador, avait assisté au supplice de Cuauhtémoc et au désespoir de sa ravissante épouse. Il s'était épris d'elle sur l'instant et s'était juré de reprendre le collier à quelque prix que ce soit et de le lui rapporter. De ce jour il s'est attaché au destin de Cortés, guettant patiemment l'occasion de récupérer les émeraudes. Elle s'est fait attendre vingt ans, cette occasion, exactement vingt ans, jusqu'à la nuit de l'ouragan où il a pu, enfin, se les approprier. Il était mon ancêtre, Carlos Olmedo de Quiroga.

— N'avez-vous pas dit qu'il avait fait le serment de les rapporter à la princesse ?

— Si fait, mais quand il a retrouvé sa trace, elle était morte depuis six ans. Lui-même s'est marié... et c'est ainsi que le collier sacré de Quetzalcóatl est entré dans ma famille ! Vous comprendrez, j'espère, qu'il me tienne à cœur de le reprendre à ce... voleur !

— Tout à fait. En revanche, j'aimerais votre avis sur ce qu'il comptait faire d'un objet obtenu à si grand fracas ?

— Je vous l'ai dit : l'une des vertus du collier résidait dans l'accroissement de puissance sexuelle qu'il confère à son propriétaire...

— C'est grotesque ! Vauxbrun n'a jamais eu de problème de ce côté-là. Il reste la valeur marchande du joyau mais sa fortune n'en a pas besoin !

— Qu'en savez-vous ?

— Oh, c'est simple ! S'il avait eu des soucis financiers – surtout au point de le pousser à commettre un vol –, il n'aurait pas hésité à me le dire. Voyez-vous, quand au retour de la guerre je me suis retrouvé ruiné, c'est lui qui m'a mis le pied à l'étrier en guidant mes premiers pas dans le monde des antiquités... Il n'aurait pas hésité à me demander de lui renvoyer l'ascenseur !

Il y eut un silence. Les mains nouées sur le pommeau d'or de sa canne, Don Pedro ferma à demi les yeux, dirigeant leurs minces rayons sur Morosini, puis il ricana :

— C'est peut-être ce qu'il a fait ? N'êtes-vous pas l'homme le mieux placé qui soit pour...

Il n'acheva pas sa phrase. Aldo venait de bondir sur lui, l'empoignait par le revers de son veston pour le remettre debout et le gratifiait d'un magistral coup de poing qui l'envoya au pied d'un des grands classeurs où il resta étourdi. Langlois se précipita pour l'aider :

— Vous n'auriez pas dû...

— Quoi ? Le laisser m'insulter après avoir traîné Gilles dans la boue ? J'espérais que vous me connaissiez mieux ?

— J'ignorais que vous possédiez une droite aussi fulgurante.

— La gauche n'est pas mal non plus ! Vous voulez que je vous montre ? ajouta-t-il en faisant un pas vers l'homme groggy.

— Merci ! Cela suffit ! A présent, fichez le camp avant qu'il revienne à lui et, en passant, dites à Lecoq de venir m'aider !

— Vous ne m'arrêtez pas ?

— Pourquoi ? Vous avez commis un acte répréhensible ? Moi, je n'ai rien vu ! Don Pedro vient de se trouver mal, un point c'est tout !

Aldo reprit son pardessus, son chapeau et ses gants puis sortit en se massant le poing. Il avait frappé si fort qu'il en ressentait une douleur... Mais c'était bigrement réconfortant de savoir que le commissaire était toujours son ami.

En rentrant rue Alfred-de-Vigny en taxi, Aldo était encore bouillant de colère.

— Voilà où nous en sommes, clama-t-il en arpentant le jardin d'hiver sous l'œil consterné de Mme de Sommières et de Marie-Angéline. Vauxbrun aurait concocté lui-même son enlèvement pour faucher les émeraudes disparues depuis si longtemps qu'on pourrait douter de leur existence réelle, lesquelles émeraudes il m'a refilées pour que je les fourgue le plus cher possible !

Mme de Sommières prit son petit face-à-main d'or pour considérer son neveu avec stupeur :

— Qu'est-ce que ce langage ? Refiler... fourguer !

— Puisque me voilà f... receleur, autant m'habituer sans tergiverser à mon personnage. A moi le milieu !

— L'essentiel est que Langlois ne le croie pas ! remarqua Adalbert qui arrivait et avait tout entendu en traversant les salons de la marquise, ce qui évita à Aldo de recommencer.

— C'est une bonne chose sans doute, riposta celui-ci, mais l'essentiel, pour moi, c'est de retrouver Vauxbrun... et en bon état, si faire se peut. Ce dont je commence à douter...

Il en douta plus encore quand, deux jours plus tard, les gendarmes de Fontainebleau retrouvèrent, dans la forêt, la Delahaye de louage qui était censée conduire Gilles Vauxbrun à l'église Sainte-Clotilde. Elle était vide, à l'exception du chauffeur demeuré sur son siège... où il avait brûlé avec le reste...

3

De l'art difficile d'investir une place forte

Marie-Angéline s'en voulait. Quel besoin avait-elle eu l'autre soir de prendre plus ou moins fait et cause pour les Mexicains en laissant échapper ce « charmant » que l'on n'avait pas manqué de juger incongru ? Etait-ce sa faute à elle si, durant l'horrible séance à Sainte-Clotilde, le cousin de la mariée lui avait adressé un si beau sourire qu'elle n'avait pu s'empêcher de le lui rendre ? Il fallait tout de même se mettre à sa place – et surtout à celle des siens ! – pour admettre que Vauxbrun, en ne se présentant pas à l'église, les avait placés dans une situation impossible et qu'il était normal que des gens convenablement soucieux de leur honneur apprécient peu la situation qu'on leur imposait. Naturellement portée par sa foi chrétienne et par ses traditions familiales à prendre la défense du pot de terre contre le pot de fer, du plus faible contre le plus fort, voire du bandit d'honneur contre le gendarme, elle n'avait pas admis l'attitude immédiatement hostile de sa « famille ».

C'est ce qu'elle avait fait entendre à Mme de Sommières dès son retour de la messe le lendemain matin. Sans aller jusqu'à présenter des excuses, ce qui eût été excessif. Simplement elle tentait d'exposer son point de vue quand, l'œil vert de la marquise passant au-dessus de la tasse de chocolat, elle avait entendu :

— Je ne vous savais pas si sensible au charme mexicain ?

Elle s'était alors lancée dans ce qu'elle pensait être une explication rationnelle, assez vite interrompue par :

— Tout ça c'est très bien, mais répondez à une question : les auriez-vous trouvés tellement sympathiques si le fiancé disparu avait été Aldo ou Adalbert ? Même si, l'an passé, vous avez ramé tous les deux dans la galère de Trianon, je ne crois pas que vous hébergiez Gilles Vauxbrun dans les replis les plus profonds de votre cœur virginal ?

Devenue ponceau, elle avait répondu honnêtement :

— C'est sans commune mesure ! J'aime... bien Vauxbrun mais c'est tout. Je continue à lui en vouloir un peu d'avoir fait venir d'Amérique la belle et dangereuse Mrs Belmont sous le prétexte d'exposer ses sculptures, mettant ainsi en péril le bonheur de Lisa.

— Vous avez pu constater que Lisa s'en est tirée avec les honneurs de la guerre.

— Grâce à nous, n'est-ce pas ? Je nous ai toujours soupçonnée de lui avoir écrit une de ces lettres dont nous avons le secret et qui disent tant de choses sans en avoir l'air. Quelle ambassadrice nous aurions fait !

— Il aurait fallu pour cela que mon cher époux eût la bosse diplomatique. Ce qui n'était pas le cas ! Mais nous voilà fort loin de notre point de départ et, en ce qui concerne ce dont nous parlions, je pense que le mieux est d'en rester là ?

On avait, en effet, changé de sujet de conversation et personne dans la maison n'en avait rêvé, mais voyant Aldo s'assombrir d'heure en heure à mesure que passait le temps, Plan-Crépin avait senti quelque regret de ce qu'elle avait dit et, maintenant, après la découverte de la voiture incendiée avec son malheureux chauffeur, elle s'en voulait franchement. Même si elle ne parvenait pas à comprendre ce que le « charmant » Don Miguel avait à voir là-dedans. Le chiendent était que l'on ne savait rien de ce qui se passait dans l'hôtel de la rue de Lille. Surtout depuis qu'Aldo avait si magistralement boxé Don Pedro. Celui-là, elle consentait à l'abandonner à la vindicte familiale : il avait une tête de dictateur et se conduisait en conséquence.

Dans son appétit d'avoir toujours une information d'avance, la demoiselle caressa un instant l'idée d'aller tester la messe de six heures à Sainte-Clotilde, mais c'était vraiment trop loin ! En outre, avant d'y retrouver un service de renseignement comparable à celui qu'elle s'était créé à Saint-Augustin, il faudrait du temps. Incroyable ce que l'on pouvait apprendre quand on était connue – donc acceptée et même favorisée grâce à son nom aristocratique – dans le petit monde des concierges, gens de maison ou vieilles dévotes n'ayant rien d'autre à faire que regarder autour d'elles, écouter et parfois tirer des déductions intéressantes. Ainsi, eût-elle eu besoin de savoir ce qui se passait chez la princesse Murat, la baronne de Lassus-Saint-Geniès ou la princesse de Broglie que c'eût été la chose du monde la plus facile parce qu'elles habitaient le quartier, mais de l'autre côté de la Seine. Autant dire au bout de la terre !

Elle y réfléchissait encore en entrant dans l'église au lendemain de son échange de vues avec la marquise quand elle fut rejointe – la messe n'était pas encore commencée – par l'imposante Eugénie Guenon, qui régnait sur les cuisines de la princesse Damiani. Toutes deux s'installèrent sur des prie-Dieu voisins, se signèrent, marmonnèrent une courte prière puis Eugénie chuchota :

— Eh bien, dites donc, il s'en passe des choses dans votre famille !

— Distinguons ! Il ne s'agit pas directement des miens. M. Vauxbrun est seulement un ami proche de mon cousin Morosini, témoin à son mariage. Il n'en demeure pas moins qu'il est très atteint par cette histoire et nous avec, par la force des choses !

— Il paraît que la belle-famille s'est installée chez le disparu aussitôt après l'épisode de Sainte-Clotilde ?

— Absolument. Le mariage civil ayant eu lieu, ils estiment que c'est leur droit. Il semble qu'ils auraient raison, mais chez nous on ne peut s'empêcher de trouver le procédé cavalier. En ce qui me concerne, je ne partage pas entièrement ce point de vue...

— Ah non ? Pourquoi ?

— Parce que j'essaie de me mettre à la place de cette jeune fille abandonnée devant l'autel ! En outre, je n'ai pas le sentiment que les siens roulent sur l'or.

— Vous devriez le savoir pourtant ? Il a dû y avoir un contrat ?

— Non. Tout s'est passé très simplement et M. Vauxbrun avait choisi la communauté. Sans doute afin de préserver la fierté de sa fiancée...

— C'est délicat ! Mais ce qui l'est moins, c'est l'attitude de ces gens pour qui vous avez tant d'indulgence. On dit qu'ils se comportent comme en pays conquis dans la maison de ce pauvre monsieur !

Marie-Angéline tourna vers sa voisine un regard surpris :

— Comment le savez-vous ?

Le cordon-bleu de la princesse dégusta la question avec gourmandise :

— L'ambassade d'Espagne est voisine de l'hôtel particulier et mon neveu y est valet de pied. Comme l'ambassadeur est absent et qu'il n'a pas grand-chose à faire, il observe volontiers ce qui se passe chez les voisins. Alors maintenant qu'il y a un disparu, vous pensez s'il ouvre les yeux et les oreilles !

— Et alors ?

La clochette de l'enfant de chœur précédant le prêtre qui montait à l'autel arrêta la réponse au bord des lèvres d'Eugénie. Les deux commères durent se relever et prendre leur part des « répons » liturgiques. Cela dura ainsi jusqu'à l'Evangile, après lequel le célébrant prononçait une brève allocution. On s'assit pour l'écouter. Marie-Angéline en profita :

— Et alors ? reprit-elle.

— Eh bien, hier, Gaston – mon neveu –, en allant chez le boulanger chercher des croissants, a rencontré Berthe, la cuisinière de M. Vauxbrun, qui venait acheter les siens. Il paraît que Servon, le maître d'hôtel, a donné sa démission et qu'il est parti. Elle en avait les larmes aux yeux et mon neveu n'a pas eu besoin de la forcer pour qu'elle se confie. Il lui a dit qu'il ne reviendrait qu'au retour de son maître parce qu'il ne voulait pas être tenu pour responsable de ce qui se passait. Paraîtrait que des choses ont disparu...

— Des choses ?

— Je ne peux pas vous dire quoi. Il y avait du monde dans la boulangerie, je n'en sais pas plus...

Elle se tut. Si bas qu'elle eût parlé, des regards indignés fusillaient les deux bavardes. La messe terminée, Plan-Crépin fila vers la maison et une fois à destination grimpa chez Mme de Sommières sans prendre la peine d'ôter son manteau et son chapeau mouillés. Il pleuvait, en effet, et elle était si excitée qu'elle avait couru tout au long du chemin sans même songer à ouvrir son parapluie. Assise dans son lit, la vieille dame attendait son petit déjeuner en contemplant les nuages et les oiseaux peints sur son plafond. L'entrée de Marie-Angéline la ramena brutalement sur terre :

— Vous n'avez pas l'intention de vous asseoir sur mon lit trempée comme vous l'êtes ? protesta-t-elle. Vous avez perdu votre parapluie ou quoi ?

— J'étais tellement pressée de rentrer que je n'ai pas voulu perdre du temps à l'ouvrir. J'ai des nouvelles de la rue de Lille !

Et, sans respirer, elle raconta son dialogue avec Eugénie tout en se dépouillant de ses vêtements de sortie qu'elle ramassa sur son bras :

— Il faut que j'aille prévenir Aldo de ce pas. Cela m'ennuie parce qu'il est rentré tard mais...

— Il est parti depuis une demi-heure. Adalbert est venu le chercher pour aller voir l'endroit où la voiture a brûlé...

Suivant les indications données par la presse, il ne fut pas difficile de trouver l'endroit en question. C'était une petite clairière à mi-chemin entre la Mare-aux-Fées et Vitry. La carcasse réduite à l'état de squelette était encore là. L'inspecteur Lecoq aussi, à qui l'arrivée des deux hommes n'eut pas l'air de causer un plaisir extrême. Les mains dans les poches de son imperméable, une casquette enfoncée jusqu'aux sourcils et la tête dans les épaules, il marchait à pas lents autour des débris :

— Qu'est-ce que vous venez faire ici ? bougonna-t-il. Ce n'est pas un lieu de promenade, surtout par ce temps !

— On n'est pas venus pour se promener, rétorqua Adalbert, mais sans prétendre à vos talents, il est assez rare qu'il n'y ait pas quelque chose à glaner sur les lieux d'un crime. Car c'en est un, puisqu'il y a eu un mort, sans compter les dégâts qu'aurait pu subir la forêt !

— Ça, vous pouvez le dire ! soupira le policier. Les gardes ne cessent de nous harceler parce qu'il y a eu un ou deux arbres roussis et pour qu'on fasse enlever les débris au plus vite mais ce n'est pas notre boulot. Nous, on est là pour essayer d'extraire de ce tas de tôles le maximum ce qu'il peut avoir à nous dire !

— Il n'y avait qu'un seul corps ? demanda Morosini.

— Un seul : celui du chauffeur. J'espère qu'on l'a assommé avant de mettre le feu, parce qu'on l'a retrouvé enchaîné à son siège. Pauvre type ! On peut dire que ce n'était pas son jour de chance !

— Et des passagers ? Pas de traces ? Pourtant, ils devaient être au moins cinq : les trois ravisseurs, Vauxbrun et le chauffeur ? Pas le moindre indice ?

— Vous pensez à quoi ? ricana Lecoq. Un bouton arraché au manteau d'un de ces gus comme dans les romans policiers ? Là-dessus, le petit génie le malaxe d'un air inspiré et vous dévide toute l'affaire après dix minutes de réflexion ? Non, mon bon monsieur, on n'a rien trouvé ! Pas ça ! ajouta-t-il en faisant claquer l'ongle de son pouce contre ses dents. C'est à peine si cette épaisseur de feuilles mortes a gardé la trace du véhicule incendié. Quant à la route Ronde où vous êtes garés comme moi, il y est passé trop de voitures depuis qu'on a découvert l'épave !

Aldo pensa avec accablement que sa mauvaise chance avec les policiers tenait toujours bon. Même si celui-là était le bras droit et l'enfant chéri de Langlois, il ne pouvait s'empêcher de le traiter sinon en suspect, du moins en indésirable, voire en imbécile !

— Inspecteur, soupira-t-il, je sais qu'il fait un temps abominable ; que vous n'avez pratiquement rien où accrocher votre fil d'Ariane, mais je vous demande de considérer que Gilles Vauxbrun est l'un de mes plus chers amis, que je le connais mieux que quiconque et qu'il ne peut en aucun cas être coupable de quoi que ce soit dans cette histoire qui devient de plus en plus sinistre. Interrogez qui vous voudrez, on vous dira, ce dont je suis intimement convaincu, qu'il n'aurait jamais commis l'ignominie d'enchaîner un homme à son siège de voiture avant de l'incendier. C'est d'une cruauté innommable. C'est bien ton avis ? ajouta-t-il à l'adresse d'Adalbert, mais celui-ci avait disparu. Il l'appela et ce fut seulement au troisième appel que sa voix se fit entendre, assez lointaine :

— Vous devriez venir jusqu'ici !

— Il est du côté de la Mare-aux-Fées ! fit Lecoq. Qu'est-ce qu'il fabrique là-bas ?

— Allons voir !

Ils découvrirent l'égyptologue debout dans les roseaux cernant en partie la pièce d'eau sans doute très romantique sous le soleil mais qui, sous ce déluge, devenait lugubre. Complètement trempé et plié en deux, il était occupé à fouiller l'endroit.

— Qu'est-ce que tu cherches dans ce cloaque ?

— La deuxième, fit-il en se redressant.

Les deux hommes virent alors qu'il tenait à la main une chaussure d'homme boueuse dont le policier s'empara en commentant :

— Je ne vois pas à quoi cette godasse vous avancerait. C'est fou ce que l'on peut trouver dans les mares et les étangs de la forêt !

— Même un soulier verni signé Weston et tout neuf ? Il faut vous rendre à l'évidence, inspecteur, ce doit être plutôt rare dans le coin ?

D'un geste brusque, Morosini s'empara de l'objet mais ses mains tremblèrent :

— Elle appartient à Vauxbrun ! J'en mettrais ma tête à couper !

— Ce serait peut-être beaucoup ! émit Lecoq un peu radouci. Quant à savoir le pourquoi de sa présence... C'est ce qu'on va essayer d'apprendre ! Je vais à la gendarmerie où je téléphonerai à M. Langlois ! Il faut ratisser toute cette zone ! Vous devriez rentrer, Messieurs, inutile de rester à vous tremper plus longtemps !

Il repartait vers les voitures mais au bout de quelques pas s'arrêta, se retourna :

— Merci à vous !

Pensant qu'enterrer la hache de guerre serait une bonne chose, Aldo proposa :

— Il est près de midi. Voulez-vous venir déjeuner avec nous ?

Cette fois, il eut droit à un sourire :

— Je suis en service... mais c'est gentil de le proposer !

A l'orée de la forêt, non loin de là, l'auberge du Grand-Veneur était juste ce dont les deux hommes mouillés et gelés avaient besoin. Décorée de massacres de cerfs et de sangliers, de cuivres étincelants et d'une immense cheminée quasi médiévale où brûlait un feu revigorant, la vaste salle un rien solennelle mais si confortable leur offrit une halte d'autant plus appréciable qu'en ce jour de semaine et à midi, il n'y avait pas affluence. Trois tables seulement étaient occupées.

D'entrée, Adalbert commanda deux fines à l'eau. Depuis son invitation au jeune policier, Aldo n'avait pas desserré les dents et ce silence l'inquiétait d'autant plus qu'il savait lire à livre ouvert dans l'esprit de son ami. Mieux valait en parler :

— Ne noircis pas trop le tableau ! fit-il en lui tendant son verre. Une chaussure perdue ne veut pas dire qu'elle l'a été par un mort !

— Peut-être pas mais au moins par quelqu'un que l'on transportait. On ne me fera pas croire qu'il l'a balancée lui-même pour parfaire ce délirant personnage de victime d'un enlèvement programmé par lui-même. En outre, elle n'était pas sur le chemin.

— Non. J'aurais très bien pu ne pas la voir. J'ai seulement aperçu quelque chose de bizarre dans les roseaux...

Il se tut soudain et, laissant tomber le menu qu'il consultait, resta un moment l'œil fixe et la bouche ouverte. Aldo se retourna afin de voir ce qu'il pouvait regarder mais ne vit rien :

— Tu entends des voix ou quoi ?

— Non, mais tu viens de me donner une idée quand tu as dit : « On ne me fera pas croire qu'il l'a balancée lui-même. » Et si justement c'était ce qu'il s'était passé ou à peu près ?

— Explique !

— Voilà : les ravisseurs l'ont sorti de la voiture pour le transporter dans un autre véhicule ou dans un endroit quelconque. Il devait faire nuit puisqu'elle tombe à quatre heures en hiver et il a pu réussir à ôter une chaussure...

— ... et à l'envoyer dans les roseaux comme le Petit Poucet semait les cailloux ? Il aurait fallu qu'il ait les mains libres. Or...

— Rien ne dit qu'il était ficelé. Je te rappelle qu'on l'a vu traverser le Ritz avec un inconnu, en ressortir et remonter dans la Delahaye.

— C'est ça qui est incompréhensible, soupira Aldo en allumant une cigarette, et que je n'arrive pas à avaler.

— Et s'il avait été drogué ? En dehors de la Chine, l'Amérique centrale est la plus prolifique pour ces trucs-là. Et le Mexique en particulier. Jamais entendu parler du peyotl ?

— Non. Qu'est-ce que c'est ?

— Un hallucinogène, très agréable à ce qu'il paraît, que l'on tire d'un cactus qui n'a pas l'air d'en être un. On le confondrait plutôt avec un caillou. On s'aperçoit que ce n'en est pas un quand il lui pousse une fleur. Il a suscité, chez je ne sais quelle peuplade indienne, un véritable culte.

— Comment le sais-tu ? Tu t'es aussi intéressé aux civilisations précolombiennes ?

— Oh, je les ai étudiées vaguement. En particulier à cause de mon grand-père qui faisait partie de l'état-major de Bazaine.

— Quand on a fait un empereur de Maximilien d'Autriche ? Tu ne m'en avais jamais parlé ?

Adalbert se mit à rire :

— On a déjà suffisamment de sujets de conversations sans verser dans les ancêtres. A ce jeu-là, tu me battrais à plate couture. Quoique... il y a eu un Pellicorne aux croisades !

— Et tu ne l'as jamais avoué à Marie-Angéline ? Elle serait passionnée !

— Justement, elle ne cesserait pas d'en parler, ce qui agacerait prodigieusement notre marquise ! Mais revenons à mon grand-père ! Quand j'étais gamin, il m'a raconté des tas d'histoires. Il était intarissable sur le Mexique et s'était passionné pour les Indiens. C'est ainsi qu'il a fait l'expérience du peyotl. Mais il s'est arrêté à temps parce que c'était uniquement par curiosité et qu'il avait compris tout de suite que récidiver pouvait être dangereux. Trop facile, trop séduisant ! Il en avait vu les conséquences sur deux Européens dont l'un a fini fou et l'autre s'est suicidé...

— Et on aurait pu en faire prendre à Vauxbrun ?

— N'ayant essayé qu'une fois, il n'en connaissait pas suffisamment les effets. Il se souvenait seulement d'avoir fait de jolis rêves et d'avoir nagé un moment dans une totale euphorie. Pour savoir à quel point ce machin peut influer sur la volonté d'un homme, il faudrait consulter un toxicologue... mexicain de préférence ! Ce qui est une rareté chez nous ! Mais peut-être n'y a-t-il aucun rapport avec notre problème. Je n'ai fait qu'avancer une hypothèse !

— C'est bien ainsi que je le comprends, cependant il ne faut négliger aucune explication à ce mystère...

Le déjeuner terminé, on remonta en voiture et Aldo demanda que l'on retourne vers le lieu de l'incendie mais ils ne purent pas approcher. Les accès en étaient défendus par des piquets de gendarmes et tout ce qu'ils purent apercevoir fut une dépanneuse qui chargeait l'épave. Ni Langlois ni Lecoq n'étaient en vue. On rentra donc rue Alfred-de-Vigny. Ce fut pour y apprendre la nouvelle glanée par Marie-Angéline à Saint-Augustin. Aldo refusa d'y ajouter foi :

— Servon est parti parce que des objets ont disparu de chez Vauxbrun ? Je n'y crois pas ! Il se considérait comme le gardien des trésors dont Gilles a rempli sa maison. En outre, il sait quelle confiance Gilles a en lui. Et s'il a constaté certains vides, il a dû au contraire être plus attentif que jamais pour découvrir le voleur. C'est ce que ferait ton Théobald ! ajouta-t-il, évoquant le serviteur d'Adalbert qui conjuguait tous les talents et assurait à lui seul le confort de son maître et l'entretien sourcilleux d'un vaste appartement ressemblant assez à une succursale du musée du Louvre, département de l'art égyptien.

— Sans aucun doute, à cette différence près que Théobald n'a peur de rien – sauf peut-être que le ciel ne lui tombe sur la tête ! –, ce qui ne saurait être le cas de ce Servon. Tu as vu quand nous sommes allés chez Vauxbrun après l'église : il était complètement affolé, si ce n'est terrifié !

— Je ne le connais pas, remarqua Mme de Sommières, mais on peut essayer de se mettre à sa place. Voilà un homme qui était en train d'achever les préparatifs d'une réception de mariage et qui, au lieu de voir arriver les époux accompagnés d'un morceau du Tout-Paris, se trouve confronté à des gens indignés qui lui annoncent que le marié s'est volatilisé, lui ordonnent de renvoyer le traiteur, son personnel et ses petits gâteaux mais en prenant soin de garder de quoi déjeuner agréablement, puis se mettent à table en lui intimant l'ordre de préparer leurs chambres et de veiller à l'arrivée de leurs bagages ! Tout le monde, mon cher Adalbert, n'est pas taillé pour l'aventure impromptue comme votre Théobald qui est toujours prêt à vous suivre au fin fond d'un désert et à se faire tuer sur place si un quidam de mauvaise mine prétendait violer votre sanctuaire !

— Gilles l'a connu pendant la guerre où il s'est bien battu ! fit Aldo.

— Ça n'a rien à voir et tu le sais pertinemment ! Alors ne dis pas de bêtises ! Ce qu'il faudrait savoir, c'est où trouver Servon et lui poser les questions idoines ! Plan-Crépin, dès demain matin...

— On n'a pas le temps d'attendre les voix de Saint-Augustin, coupa Aldo. On va place Vendôme bavarder avec Richard Bailey. Il doit être au courant, lui, du domicile du maître d'hôtel de son patron. Sinon on fera un tour quai des Orfèvres.

Quelques minutes suffirent à la vaillante petite Amilcar rouge pour couvrir la distance entre le parc Monceau et l'élégant magasin de l'antiquaire. Lorsqu'ils y entrèrent, Mr Bailey était aux prises avec un client intéressé par un rare surtout de table en biscuit de Sèvres et ne semblait pas s'amuser énormément. Cela se voyait au sourire un rien douloureux dont il gratifia les arrivants :

— Bonsoir, Messieurs ! Je suis à vous dans un instant. Gérard va vous conduire à mon bureau, ajouta-t-il en appelant d'un geste discret le grand jeune homme que Vauxbrun lui avait donné comme assistant depuis déjà deux ou trois ans.

Très britannique lui aussi bien que né à Bordeaux – ce qui chez certaines familles anciennes était à peu près pareil ! –, Gérard Candely possédait la même élégance discrète, la même courtoisie et la même silhouette que Bailey : longiligne dans un veston noir et un pantalon rayé. Sachant à qui il avait affaire, il introduisit les visiteurs dans le bureau même de Vauxbrun – une pièce à haut plafond mais de dimensions moyennes où meubles, objets et tapisseries provenaient tous sans exception de quelque château –, leur offrit des sièges et quelque chose à boire... à moins qu'ils ne préfèrent du thé ? Egalement hostiles à la boisson nationale britannique, ils optèrent tous deux pour un cognac.

— Mais, s'excusa Morosini, nous ne voudrions pas déranger Mr Bailey ! Peut-être aurions-nous dû prévenir de notre venue ?

Le jeune Gérard émit un petit rire :

— N'en croyez rien, prince ! Quelle que soit l'heure que vous auriez choisie vous auriez trouvé Mr Bailey aux prises avec un client qui, sous prétexte d'acheter, s'efforce de lui tirer les vers du nez ! Et repartira les mains vides dans tous les sens du terme.

— Celui qui est là n'a pas l'intention d'être acquéreur de ce beau sèvres ?

— Cela m'étonnerait fort. Toute la journée c'est ainsi. Quelqu'un entre, avise une pièce et se la fait montrer dans le moindre détail en posant, sans avoir l'air de rien, des questions qu'il croit subtiles et qui n'ont rien à voir avec les antiquités mais avec l'inexplicable disparition de M. Vauxbrun !

— Pourquoi Bailey s'astreint-il à leur répondre ? grogna Adalbert. Ce serait plus simple de les raccompagner dans la rue !

— Sans doute mais... on ne peut pas savoir d'avance si un véritable amateur ne se glisse pas dans la troupe ! Ah, voilà Mr Bailey !

— La vente est conclue ? demanda Aldo.

— Pensez-vous ! soupira le vieux monsieur en se laissant tomber sur un sublime tabouret en X couvert de damas incarnat. Celui-là, comme les autres, voulait savoir si nous avions des nouvelles fraîches. Je dois convenir qu'il était habile et m'a abusé un moment... mais notre joli biscuit lui était indifférent ! Merci, Candely ! soupira-t-il en acceptant le verre de whisky que lui offrait le jeune homme. Il conviendrait peut-être de faire attention ! Depuis ce malheureux jour, j'ai un peu trop tendance à chercher du réconfort dans notre panacée nationale !

— Je croyais que c'était le thé ? sourit Morosini.

— Dans la vie quotidienne sans doute, sans doute... mais pas dans les moments de grande urgence. Avez-vous appris du neuf, Messieurs ?

— Sur le sort de Vauxbrun, non. Rien en dehors du fait qu'une de ses chaussures a été retrouvée dans une mare de la forêt de Fontainebleau. Mais il se passe chez lui des choses bizarres. Ainsi, son maître d'hôtel a donné sa démission en confiant à la cuisinière que des objets avaient disparu et qu'il ne voulait pas en endosser la responsabilité. Il est donc parti, mais où ? Et nous avons pensé que vous pourriez nous indiquer s'il a une adresse en dehors de la rue de Lille. Autrement dit, où a-t-il pu se rendre en s'en allant ?

— J'entends bien, mais je ne lui en ai jamais connu. M. Vauxbrun et lui étaient rentrés de la guerre ensemble et M. Servon n'a jamais eu d'autre adresse.

— Il est peut-être originaire d'une ville ou d'un village ? hasarda Vidal-Pellicorne. Un lieu où il aurait encore de la famille ?

— Pas que je sache ! répondit Bailey après un instant de réflexion. Ce qu'il faudrait, c'est pouvoir interroger Berthe, la cuisinière. Une femme sait toujours ce qu'elle veut savoir, surtout vivant constamment auprès de quelqu'un. Et au cas, improbable, où elle ne saurait rien, tous les renseignements concernant les gens de maison doivent se trouver rue de Lille dans un meuble de la chambre ou du cabinet de travail-bibliothèque de M. Vauxbrun. Vous savez à quel point il tenait à ce que tout fût en ordre chez lui ! La police qui a dû perquisitionner et réunir un dossier a certainement des lumières à ce sujet ?

— On peut toujours aller le lui demander ! soupira Aldo en se levant.

Mais à la PJ, ils firent chou blanc. Le commissaire divisionnaire n'était pas là et l'inspecteur Lecoq pas davantage.

— Il n'y a plus, conclut Aldo, qu'à aller demain matin acheter des croissants à la boulangerie de la rue de Lille !

A la réflexion, on décida que Marie-Angéline était le personnage idéal pour interroger la cuisinière de Vauxbrun. Elle excellait dans ce genre de mission et, naturellement, se montra enthousiaste. A sept heures pile, dans une aube encore incertaine, la voiture qu'Aldo avait louée la veille afin de ne pas être tributaire des taxis se garait à quelques pas du magasin éclairé puis éteignait ses phares. D'où ils étaient, les occupants pouvaient voir parfaitement ce qui s'y passait. La boulangère se tenait à la caisse et une jeune fille servait les clients qui pour la plupart étaient des domestiques venus chercher les éléments majeurs du petit déjeuner. La maison semblait prospère. Ce qui était normal, si l'on s'en tenait à l'odeur de beurre frais et de pain chaud qui se répandait dans la rue. On attendit ainsi un bon quart d'heure puis Aldo dit :

— La voilà ! C'est Berthe Poirier !

Marie-Angéline se hâta de gagner les abords de la boutique. A l'évidence, la cuisinière était l'une des notabilités du coin. On s'empressait pour la servir et à la façon dont semblait se dérouler son dialogue avec la dame de la caisse, on comprenait que la maison compatissait aux ennuis de cette fidèle cliente. Quand enfin elle sortit, munie d'un panier dans lequel gonflait un grand sac de papier, Marie-Angéline la rejoignit :

— Vous êtes bien Mme Berthe Poirier ?

Elle parlait doucement, cependant la cuisinière qui venait de pêcher un croissant dans le sac et allait mordre dedans sursauta et la regarda, les yeux ronds :

— Oui... C'est moi.

— Pardonnez-moi de vous aborder de la sorte mais je ne peux pas faire autrement. Je suis Mlle du Plan-Crépin, la cousine du prince Morosini. Il m'a chargée de vous demander si vous connaissez l'adresse de Lucien Servon ?

Rassurée, Berthe remit son croissant dans le panier et croisa ses mains sur son ventre :

— Son adresse ? Mais ma pauvre mademoiselle, c'était ici son adresse, et ça depuis des années !

— Alors, où a-t-il pu aller quand il est parti ? Vous l'a-t-il confié ?

— Pour sûr, je lui ai demandé, ne serait-ce que pour le prévenir quand notre pauvre Monsieur reviendrait, mais il m'a dit qu'il donnerait des nouvelles à Mr Bailey. Que pour l'instant, il fallait qu'il s'en aille et qu'il ne pouvait pas m'en dire plus ! Faut dire qu'il avait l'air affolé. Il a même ajouté que je devrais faire comme lui...

— Qu'en pensez-vous ?

— Oh, moi, vous savez, je n'ai pas grand-chose à craindre. J'ai seulement affaire à la vieille dame le matin pour les menus. Elle aime bien ma cuisine. Les autres aussi, à ce qu'il paraît !

— Comment est-elle avec vous ?

— Pas désagréable. Elle n'a pas l'air commode mais ça doit tenir à sa figure parce qu'elle sait commander sans être déplaisante. Je vais vous dire : je suis comme tout le monde et je n'sais pas qui sont ces gens-là mais, elle, c'est une dame, une vraie ! Et je m'y connais !

— Et le reste de la famille ?

— A vous dire la vérité, je ne les vois guère, sinon pas du tout. La jeune dame ne quitte son appartement que pour les repas. Ce que je sais, c'est que le jeune monsieur sort beaucoup et que le vieux passe son temps dans le bureau...

— Ils ont remplacé Servon ?

— Pas encore. Ils ont demandé à l'ambassade d'à côté de leur prêter quelqu'un en attendant qu'ils partent pour Biarritz, mais pour l'instant il n'y a personne. Sauf le valet de chambre du vieux monsieur qui sert pour les deux et que j'n'aime pas trop. Avec ses grosses moustaches et ses yeux riboulants, il a plutôt l'air d'un révolutionnaire. Les dames aussi ont une femme de chambre mais celle-là ressemblerait plutôt à une souris et ne parle pas davantage. Elle travaille bien, je ne peux pas en dire plus... Faites excuse, Mademoiselle, mais il faudrait que je rentre. Ils sont à cheval sur l'heure et je ne voudrais pas voir arriver le moustachu !

— C'est trop juste ! Excusez-moi ! Oh, un mot encore ! Servon a fait allusion à des objets disparus ? Il n'a pas dit lesquels ?

— Non ! Tenez ! Qu'est-ce que je vous disais ! Vous le voyez là-bas qui rapplique ?

Une silhouette d'homme sortait en effet de l'hôtel. Les deux femmes échangèrent un salut rapide et Berthe poursuivit son chemin tandis que Marie-Angéline donnait le change en faisant quelques pas sur le trottoir, ne se décidant à traverser pour rejoindre la voiture qu'une fois la cuisinière rentrée. Elle se hâta de retourner auprès d'Aldo qui démarra aussitôt :

— Alors ? fit-il.

Elle raconta avec une précision rigoureuse. Une mémoire exceptionnelle lui permettait d'enregistrer quasi mot par mot ce qu'elle entendait. Puis elle ajouta, assez contente d'elle-même :

— Vous avez eu raison de m'envoyer. On venait voir pourquoi elle s'attardait et si bavarder un instant avec une voisine est anodin, s'entretenir avec quelqu'un comme vous devant une boulangerie au petit matin risquait de faire jaser !

— Mais c'est exactement ce que je pensais ! Vous savez bien que vous êtes irremplaçable !

— N'exagérons rien !... A propos de remplacement, ne serait-il pas possible, en passant par un quelconque fonctionnaire de l'ambassade espagnole, d'introduire dans la place le frère du valet d'Adalbert ?

— Romuald ? S'il est libre, ce ne serait pas une mauvaise idée ! C'en est même une très bonne et on va voir ça immédiatement !

Une demi-heure plus tard, Aldo arrêtait la Talbot devant la maison d'Adalbert après une escale rapide rue Royale, chez Ladurée, pour se procurer brioches, croissants et autres gâteries destinées à se faire pardonner une intrusion aussi matinale. Adalbert était gourmand comme un chat et on savait toujours comment lui faire plaisir. Comme ce n'était pas un lève-tôt sauf quand il était sur un chantier de fouilles, on tombait à point nommé. Il passa une robe de chambre et l'on se retrouva autour d'une table où fumaient une cafetière et une chocolatière. Le tout servi avec d'autant plus de célérité par Théobald que Morosini l'avait averti que l'on pourrait avoir besoin de lui. Ce qui enchantait toujours ce modèle des serviteurs pour célibataire endurci.

Un modèle qu'une nature généreuse avait produit en double exemplaire puisqu'il avait un frère jumeau, Romuald, avec lequel il était totalement interchangeable physiquement et professionnellement. Seuls différaient leurs goûts : Romuald, dit « le rat des champs », préférait la vie à la campagne et la culture amoureuse de son jardin, tandis que Théobald, dit « le rat des villes », optait pour l'existence citadine. Ce qui ne les empêchait pas de se rendre de mutuels services et de vouer à Vidal-Pellicorne un égal dévouement pour avoir, pendant la guerre, sauvé la vie de Théobald au risque de la sienne. Ce qui était valable pour l'un l'était aussi pour l'autre.

Théobald, qui ne détestait pas l'aventure, se fût volontiers dévoué, mais Adalbert n'aimait pas assez Vauxbrun pour lui sacrifier cette part indispensable de son confort. Il se contenta donc d'appeler le frère au téléphone en lui donnant un vague aperçu de ce qu'on attendait de lui. Romuald répondit en annonçant son arrivée. Restait à trouver le moyen de le faire présenter par l'ambassade espagnole.

En attendant qu'il arrive d'Argenteuil de toute la vitesse de sa motocyclette, Aldo et Plan-Crépin rentrèrent chez Mme de Sommières où se tiendrait la suite de la conférence. Celle-ci devait se demander pour quelle raison l'expédition de la rue de Lille durait si longtemps...

Ils ne se trompaient pas. La vieille dame avait déjà le pied à l'étrier pour monter sur ses grands chevaux :

— Vous en avez mis du temps ! fulmina-t-elle.

— L'important était qu'il soit utilement employé, n'est-ce pas ? fit Aldo en posant sur ses genoux le carton de macarons dont, sachant qu'elle les adorait, il s'était muni chez Ladurée. Et maintenant nous avons besoin de vous ! Avez-vous des relations à l'ambassade d'Espagne ?

— J'en avais mais je n'en ai plus depuis que le marquis de Casa Grande a quitté ce monde il y a quatre ou cinq ans. J'étais assez liée avec sa femme, une Française... mais Plan-Crépin devrait s'en souvenir ?

— Comme nous n'avons pas revu la marquise depuis ce moment, j'avoue que j'avais oublié.

— Surprenant ! Elle s'était donné alors un mal de chien pour vous débaucher ! Il faut dire, ajouta-t-elle pour Aldo, qu'elle est dévote comme une prostituée repentie et Plan-Crépin lui était apparue comme la compagne idéale.

— Je n'en pensais pas autant ! marmotta celle-ci en rougissant. Et je n'ai pas envie que nous reprenions nos relations avec elle !

— Bien ! fit Aldo. Dans ce cas, il ne nous reste plus que le neveu de la cuisinière de la princesse Damiani. Où habite-t-elle ?

— La princesse ? Avenue de Messine. Au 9, je crois... Vous voulez y aller ?

— Pourquoi pas ? fit Mme de Sommières. Je ne connais pas cette Damiani. Je sais seulement qu'elle est déjà âgée mais elle ne doit pas être bâtie autrement que les autres et tu devrais lui plaire...

En fait, Aldo n'eut pas à user de son charme : la princesse s'était absentée pour quelques jours et il ne fut pas difficile d'obtenir un bref entretien avec Eugénie Guenon, la cuisinière qui avait promis l'une de ses recettes à Mlle du Plan-Crépin malheureusement souffrante !

Ladite Eugénie se montra enchantée et, en trois coups de téléphone, l'affaire fut réglée. Le neveu Gaston avait demandé chez Vauxbrun si la place était toujours vacante et, sur l'affirmative, prit rendez-vous pour mener personnellement son candidat aux environs de six heures... Cela laissait suffisamment de temps pour expliquer à Romuald le rôle qu'il aurait à jouer.

En attendant qu'Adalbert l'amène vers le milieu de l'après-midi, Aldo s'installa dans la bibliothèque avec du papier, des crayons, un stylo... et Marie-Angéline. Sachant qu'elle dessinait comme un ange, il lui fit tracer les plans des différentes pièces du petit hôtel de son ami. Lui-même se chargeant de dresser la liste et d'indiquer l'emplacement des meubles et objets qui s'y trouvaient. Peu nombreux mais de très grande qualité et dignes d'un musée. Certains provenaient même de Versailles, des Trianons ou de Fontainebleau. Romuald aurait à s'y référer pour repérer ce qui pourrait avoir disparu.

Ils en terminaient quand Plan-Crépin remarqua :

— Vous n'oubliez pas quelque chose ?

— Non. Je n'ai pas l'impression...

— Et les cadeaux de mariage ? C'est pourtant chez Vauxbrun qu'ils étaient réunis afin que les invités puissent les admirer au cours de la réception ?

— Sacrebleu ! Vous avez raison, je n'y pensais pas...

— Qu'avez-vous offert vous-même ? Cela m'étonnerait que ce soit un tire-bouchon ou une pince à sucre ?

— Les deux Guardi qui étaient dans le salon des laques... Gilles en avait envie depuis longtemps !

— Ben voyons !

— Et Tante Amélie ?

— Une boîte à poudre en ivoire décorée d'une miniature d'Isabey. Quant aux autres invités, c'est difficile à savoir !

— A y réfléchir, il serait idiot d'avoir piqué dans les cadeaux ! Le marié à qui ils étaient offerts ayant disparu, le bon usage voudrait qu'ils soient retournés aux donateurs ! Au fait, vous me donnez une idée : si l'absence de Gilles se prolonge, j'irai moi-même récupérer mes tableaux...

Plan-Crépin éclata de rire :

— Vous vous voyez vraiment dans ce rôle ? Vous, le prince Morosini, dont les ancêtres...

— Ah, non ! La paix avec mes ancêtres... et les vôtres en passant ! Je sais qu'étant devenue Mme Vauxbrun, la belle Isabel se retrouve propriétaire de compte à demi avec son époux. Ce qui ne veut pas dire qu'elle puisse disposer des biens communs sans son accord. Et moi j'avais de la tendresse pour mes tableaux. Ce sont des choses dont on ne se sépare pas volontiers, sauf pour quelqu'un qu'on estime ou que l'on aime, et je n'éprouve aucun de ces deux sentiments pour cette jeune femme qui m'a l'air de n'être rien d'autre qu'une obéissante poupée à la limite du zombie !

— D'accord, mais depuis que vous avez boxé Don Pedro et que le maître d'hôtel s'est évaporé, vous auriez du mal à vous faire admettre ! Tout ce que l'on puisse faire pour le moment est d'ajouter les Guardi à la liste...

Ce que l'on fit.

Pendant ce temps, Mme de Sommières n'était pas restée inactive. Faisant fi de ses répugnances, de celles de sa fidèle lectrice et de son horreur du téléphone, elle avait pris contact avec sa « vieille amie » Casa Grande et, au prix d'un énorme mensonge, obtenu d'elle pour Romuald Dupuy – qui « avait servi jadis à l'ambassade au temps de son cher époux et qui, alors, l'admirait tant ! » – un certificat sur papier armorié en bonne et due forme, qu'elle envoya prendre par Lucien, son chauffeur, armé d'un bouquet de fleurs. Ce qui fut d'autant plus facile que la chère âme, sa contemporaine, n'ayant plus, et de loin, les idées aussi claires qu'elle-même, vivait surtout entre ses oraisons et les souvenirs de son défunt époux et de ce qu'elle appelait « son beau temps », et que, lesdits souvenirs devenus légèrement brumeux, elle ne vit aucun inconvénient à y héberger un maître d'hôtel de plus !

Quand, avant de se rendre rue de Lille, Romuald vint se présenter chez la marquise, celle-ci qui ne l'avait jamais vu se trouva confondue par sa ressemblance avec son jumeau. Si en temps normal il se déplaçait en moto, vêtu plus en jardinier qu'en gentleman, il offrait à présent l'image du parfait maître d'hôtel : pardessus noir, chapeau melon, pantalon rayé, chaussures admirablement cirées et gants gris. L'ensemble emprunté à son frère sans le moindre problème.

— Eh bien, apprécia Aldo, si ces gens ne sont pas satisfaits de vous au premier regard, c'est qu'ils sont diantrement difficiles. Un détail, cependant ! Entendez-vous un peu l'espagnol ?

— Je le parle, Excellence ! L'anglais également... comme mon frère !

— A merveille ! Autre chose : comment aurons-nous de vos nouvelles ?

— Je vais passer prendre langue avec ce Gaston Guenon à qui, si ses dispositions sont bonnes envers nous...

— Aucun doute là-dessus ! Sa tante, cordon-bleu chez la princesse Damiani, en répond !

— Je pourrais peut-être lui offrir... disons, une récompense ?

— Sans hésitation. Vous avez crédit ouvert, Romuald !

— Alors, je pense établir une sorte de boîte aux lettres, par le jardin, par exemple, et, en cas d'information urgente, je pourrais le prévenir... en jouant de la flûte !

— Vous jouez de la flûte ? émit Plan-Crépin.

— Pas trop mal, Mademoiselle ! Vous n'imaginez pas à quel point sa douce musique est bénéfique pour le jardin ! Les fleurs en raffolent, et je ne crains pas d'affirmer qu'elle obtient des asperges un bien meilleur rendement.

— Mais alors, votre jardin va souffrir de votre absence ?

— En hiver, la nature sommeille et si le temps se radoucissait, mon voisin y veillerait. Je l'ai converti à la flûte et il y a pris plaisir. En été, il nous arrive de jouer en duo !

— Reste à savoir, dit Mme de Sommières, si vos nouveaux patrons y seront aussi sensibles que vos asperges ?

— Je m'assurerai qu'ils ne sont pas contre. D'ailleurs, il ne saurait être question de jouer la nuit, sauf si mes quartiers sont suffisamment éloignés de leurs oreilles. Et puis il y aura toujours le jardin !

Il n'y avait rien à ajouter. Aldo lui remit le fruit de son travail avec Marie-Angéline, la lettre de Casa Grande et de l'argent pour ses premiers frais. Après quoi, Romuald salua, reprit sa valise laissée dans le vestibule et s'en alla chercher un taxi.

— Ce garçon est parfait ! soupira la marquise. On n'imagine pas à le voir ainsi, ce petit côté poétique. Est-ce que le « Théobald » d'Adalbert le possède aussi ?

— Je ne crois pas. On le saurait. Théobald, lui, a embrassé les goûts de son patron et son dada, c'est l'Egypte. Même de vrais jumeaux peuvent cultiver des différences !...

— Eh bien, il ne nous reste plus qu'à attendre ! Et à espérer !

— On saura très vite s'il est accepté. Au cas où ça ne marcherait pas, il rentre tout droit chez Adalbert... et il faudra trouver autre chose !

Ce qui n'était pas évident ! Cependant le jour s'acheva sans que Romuald eût rejoint dans l'ordre : le domicile d'Adalbert, sa moto et sa maison d'Argenteuil.

Le premier message arriva le surlendemain. Romuald semblait convenir. Surtout à la vieille dame qui appréciait son allure compassée et le respect qu'il lui témoignait. La jeune l'avait regardé sans autre commentaire. On ne la voyait qu'aux repas et elle ne quittait pas sa chambre... Côté Don Pedro, le nouveau venu se savait à l'étude et faisait en sorte de ne pas le remarquer. Le jeune Don Miguel manquait toujours à l'appel... comme les deux Fragonard de la chambre de M. Vauxbrun indiqués sur la liste et remplacés par de petits tableaux sans valeur. Parti aussi le poignard mongol qui servait de coupe-papier à l'antiquaire : sa garde et son fourreau d'or sertissaient trois splendides turquoises dans des entrelacs d'or semés de diamants. Une vague copie arabe en cuivre jaune le remplaçait. Côté cadeaux de mariage, ils se trouvaient toujours dans le salon où ils avaient été exposés et les Guardi étaient bien là.

— Les salopards ont bon goût ! gronda Aldo. Les deux sanguines période romaine de Fragonard valent une fortune, et que dire du poignard mongol ! Et on n'a pas lambiné ! A ce train, dans trois mois la maison sera vidée de tous ses trésors !

— Le plus inquiétant, observa Tante Amélie, c'est que ces gens agissent comme s'ils avaient la certitude que ce malheureux Vauxbrun ne viendra pas leur demander de comptes...

— C'est aussi ce que je pensais, reprit Adalbert. Il faudrait faire quelque chose. Mais quoi ?

— Demander son avis à Langlois, répondit Aldo en filant vers le vestibule pour y prendre ses vêtements de sortie. Tu viens avec moi ?

— Cette question !

Occupé à signer le contenu d'un épais parapheur, le policier ne les fit attendre que cinq minutes. Son accueil fut aimable mais il était visiblement soucieux :

— Vous venez chercher des nouvelles ou vous en apportez ?

— On en apporte, mais si vous en avez ?

— Une qui ne va pas vous plaire : sur la chaussure que vous avez trouvée, il n'y a que les empreintes de M. Vauxbrun, laissant entendre qu'il l'aura jetée lui-même. En outre, aucune trace, aucun fil conducteur n'a pu être retrouvé autour de la mare et dans les environs. C'est comme si lui et ses ravisseurs s'étaient soudain volatilisés ! A vous maintenant.

Trop inquiet pour songer à cacher quoi que ce soit, Aldo relata leur parcours personnel depuis la messe de six heures à Saint-Augustin jusqu'au premier rapport de Romuald. Quand il eut fini, Langlois ne put retenir un sourire :

— Je sais depuis longtemps qu'avec vous deux on peut s'attendre à tout mais je dois dire qu'à votre manière vous êtes plutôt efficaces. Loin de moi l'idée de refuser votre aide mais, je vous en supplie, faites attention. Vous êtes chargé de famille, Morosini, une famille qui, si j'ai bien compris, est devenue la vôtre, Vidal-Pellicorne ? Je crains que cette histoire tordue ne sente de plus en plus mauvais !

— C'est aussi notre sentiment, fit Aldo, mais je ne peux pas me désintéresser du sort d'un ami aussi cher que Gilles Vauxbrun... Je m'efforce de croire qu'il est toujours vivant mais quand je vois ces intrus commencer à se servir de sa maison et y prélever des objets de grande valeur, j'avoue que je doute de plus en plus !

— Difficile de vous donner tort. Malheureusement cette femme est dans son droit. Dûment mariée et sans contrat, elle peut vider l'hôtel en entier sans avoir à se justifier !

— Et on ne peut rien faire, vraiment rien ?

— Je peux faire surveiller Drouot et les principale salles des ventes, sans oublier Londres, Bruxelles, Genève et autres. Si l'un des objets que vous allez décrire apparaissait, on pourrait savoir qui met en vente. Et si ce trafic continuait et si certains d'entre eux provenaient de palais nationaux, il serait possible de mettre opposition au nom du patrimoine français.

— Et les cadeaux de mariage, grogna Adalbert, on en fait quoi ?

— Il y a là un point de droit que je ne connais pas. Il faut avouer que le cas n'est pas courant mais l'élégance voudrait que ceux offerts à un marié dont on ne sait trop s'il est mort ou vivant fussent restitués.

— L'élégance !... Avec ce genre de personnages ! grinça Aldo. Au fait, commissaire, avez-vous vu son notaire ?

— Je vous avais dit que j'irais. Il y a effectivement un testament mais on ne pourra l'ouvrir que sept ans après la déclaration de disparition. Sauf, bien entendu, si l'on retrouve le corps.

— A-t-il pu vous dire au moins s'il est récent ? J'entends, si Vauxbrun l'a renouvelé depuis... disons un an ! Pour ce qu'il m'en a dit, il a dû rencontrer Doña Isabel il y a un peu plus de six mois.

— Non, de ce côté-là, rien n'a bougé. Ce qui ne veut pas dire qu'un autre n'ait pas été établi depuis, extorqué *vi coactus* devant un notaire complice et deux témoins...

— Peut-être sans trop de peine ! Il avait tellement changé !

— Sans doute. Pourtant, Maître Baud a bien voulu me confier qu'il ne croyait pas à un autre testament...

— Pour quelle raison ?

— Cela, il n'avait pas le droit de le dire.

— A-t-il des renseignements au sujet de ce château qui doit se situer aux environs de Biarritz, qui a motivé son départ pour acheter quelques meubles lors de la vente et dont il a acquis les murs, le contenant et le terrain ?

— Oui, le château d'Urgarrain dans l'arrière-pays, mais ce domaine n'est pas entré dans la communauté.

— Doña Isabel n'est pas la propriétaire ?

— Non, c'est sa grand-mère, Doña Luisa. Le château a été jadis la propriété de sa famille et c'est en le lui offrant que Vauxbrun s'est attiré le cœur d'Isabel. De toute façon, celle-ci en est l'héritière directe...

L'information tomba dans un silence consterné. Ce fut Langlois qui le brisa après quelques secondes :

— Que pensez-vous faire à présent ?

Aldo haussa les épaules :

— Continuer d'attendre les billets de Romuald Dupuy dont on vous tiendra au courant. Mais ne pourriez-vous essayer d'en savoir davantage sur ces Mexicains qui nous sont tombés dessus comme la foudre ? Sait-on seulement d'où ils viennent ?

— Ça, oui ! De New York. Ils ont débarqué du *Liberté* le 1er septembre au Havre.

— De New York ? Qu'est-ce qu'ils y faisaient ? demanda Vidal-Pellicorne.

— Réfugiés chez des amis, tout simplement. Ils ont dû fuir le Mexique où leurs domaines leur ont peut-être été enlevés pour être redistribués dans le cadre d'une réforme agraire. Ils ont dû rassembler tout ce qu'ils pouvaient emporter.

— ... sans oublier une fille ravissante, un peu amorphe peut-être mais dont la beauté exceptionnelle représentait leur chance de se refaire ! jeta Morosini, méprisant. Il suffisait de trouver un... amateur – pour ne pas dire un pigeon ! – suffisamment riche pour se charger de les remettre à flot ! Je sais que ce n'est pas nouveau... Mais cela aurait pu marcher aussi aux Etats-Unis ? Pourquoi venir en France ?

— Retrouver d'anciennes racines. Ne vous y trompez pas, Morosini, leur noblesse est authentique et leurs ancêtres se sont emparés de l'Empire aztèque avec Cortés...

Cette fois, Aldo prit feu :

— Des gens bien sous tous rapports, à ce qu'il semble ? lança-t-il, furieux. On a peine à croire qu'ils ont peut-être assassiné un type sympathique après l'avoir ficelé dans un mariage républicain pour mieux le dépouiller !

— Allons, calmez-vous ! Je ne fais qu'exposer des faits connus, ce qui ne veut pas dire que nous nous désintéressons du sort de Vauxbrun. S'ils l'ont tué, je vous jure qu'ils le paieront, fussent-ils cousins du roi d'Espagne !

— Et moi, je vous certifie que je ne les lâcherai pas tant que je ne saurai pas la vérité !

— Eh bien, on se retrouve au même point que tout à l'heure, soupira Langlois. Il ne me reste qu'à vous répéter : pas d'imprudences ! Faites attention, je vous en conjure !

Il semblait réellement inquiet, ce qui s'accordait si mal à son flegme quasi britannique habituel qu'Adalbert se demanda s'il leur avait dit vraiment ce qu'il savait. Il n'en garda pas moins sa réflexion pour lui. Aldo se faisait déjà un sang d'encre; il était inutile d'en rajouter.

4

Le marché

— Plan-Crépin, dit Mme de Sommières en reposant sa tasse à café vide, vous prierez Lucien de tenir la voiture prête pour quatre heures !

— Nous sortons ?

— Si par nous sortons vous entendez vous et moi, c'est non. Je sors seule !

La surprise fut telle que la vieille fille en oublia sa bonne éducation et demanda, déjà pincée :

— Et pourquoi sans moi ?

— Parce que, là où je vais, je préfère que l'on ne vous voie pas trop. Je tente une démarche purement privée dont je ne sais ce qu'il en sortira. Il me semble que cela passera mieux si elle est sans témoins. Et ne faites pas cette tête-là ! ajouta-t-elle en voyant rougir le nez pointu de sa lectrice, signe certain qu'elle allait renifler des larmes avant peu. Vous n'êtes pas frappée d'ostracisme ! Simplement, si elle ne tourne pas au face-à-face musclé, une conversation à deux peut se révéler plus profitable qu'à trois !

— Oserai-je demander où nous allons ?

— Rue de Lille ! Je désire m'entretenir avec Doña Luisa !

— Aldo est au courant ?

— Evidemment non. Mais... si à sept heures je ne suis pas rentrée, vous, vous pourrez lui dire d'envoyer Langlois m'extraire de l'oubliette où je commencerai peut-être à dessécher, conclut-elle narquoise.

— Je... je ne peux même pas rester dans la voiture ?

— Qu'y feriez-vous, sinon vous geler ? Je vous rappelle que nous avons Romuald dans la place. Cela devrait vous rassurer !

A quatre heures et demie précises, la vénérable Panhard noire de la marquise, toujours si admirablement entretenue qu'elle jouait sans peine les objets de collection, stoppait devant le portail de l'hôtel Vauxbrun. Lucien, en impeccable livrée gris fer, en descendit, sonna et remit au concierge la carte de visite de la marquise de Sommières en ajoutant que la noble dame souhaitait quelques instants d'entretien avec Mme la marquise de Vargas y Villahermosa. Un instant plus tard, la porte cochère s'ouvrait devant la voiture que le chauffeur vint arrêter exactement devant le perron où se tenait déjà un Romuald aussi solennel qu'un *butler* anglais. Il en franchit les marches pour aider la visiteuse à descendre de voiture puis la précéda dans le vestibule et, après l'avoir débarrassée de sa longue redingote de breitschwanz noir, l'introduisit dans un petit salon où celle qu'elle était venue voir se tenait assise, un livre entre les doigts, auprès de la cheminée de marbre rose où brûlaient quelques bûches. La Mexicaine se leva pour accueillir sa visiteuse, sans qu'il fût possible de lire la moindre réaction sur son lourd visage aux yeux gris et froids.

Les deux dames se saluèrent. Doña Luisa désigna un fauteuil semblable au sien de l'autre côté de l'âtre et attendit que Mme de Sommières entamât la conversation. Celle-ci tenta l'ébauche d'un sourire :

— Je vous suis très obligée, Madame, d'accepter de me recevoir alors que je ne me suis pas fait annoncer. Il m'est apparu soudain qu'il ne serait pas mauvais que nous puissions nous rencontrer afin d'échanger nos points de vue sur un événement qui se trouve être douloureux, alors qu'il était destiné à rapprocher deux nobles familles...

— Je n'ai pas remarqué chez ce Vauxbrun la moindre trace de noblesse !

— Un nom pourvu d'une particule ne signifie pas que l'on appartienne à l'aristocratie. Le contraire peut aussi se vérifier et les ancêtres de Gilles Vauxbrun ont servi nos rois avec honneur. En outre, notre famille l'a autant dire adopté. Mon neveu, le prince Morosini, voit en lui un frère et il descend des douze familles patriciennes qui ont fondé Venise, sans compter plusieurs doges...

— Nous, nous descendons du soleil !

Ce fut assené comme un coup de poing sur la table. Mme de Sommières releva un sourcil délicat.

— Illustre origine, s'il en fut, mais qui ne saurait être supérieure à celle d'enfants du Dieu éternel et tout-puissant. Ce que nous sommes tous ! Mais qu'importe ! Une si auguste origine me met à l'aise pour vous prier de bien vouloir répondre à une question simple : comment en êtes-vous venue à accepter l'union de votre petite-fille avec un homme distingué sans doute et pourvu d'une belle fortune mais dont nous n'avons pas eu l'impression qu'il vous inspirait un sentiment beaucoup plus chaleureux que du dédain, pour ne pas dire du mépris ? Cela n'est guère logique.

— Pour servir un grand dessein, les dieux ne s'opposent pas à ce que l'on se rapproche du vulgaire. La beauté de ma petite-fille a foudroyé ce malheureux. Il a compris que le destin avait placé sur son chemin une femme prédestinée que l'on doit adorer à genoux. Il s'est déclaré son serviteur...

Un grand dessein ? Les dieux ? Mme de Sommières commençait à se demander où elle venait de mettre les pieds, mais il fallait justement essayer d'en savoir plus :

— On peut adorer sans épouser. J'en reviens à ma question : pourquoi aller jusqu'au mariage ? Gilles Vauxbrun, si j'ai bien compris, était prêt à tout offrir...

— C'était pour Isabel une question d'honnêteté. Un peu hors de saison peut-être mais elle est ainsi. Vous savez à présent comment elle en a été remerciée : abandonnée au pied de l'autel tandis que cet amoureux si fervent s'en allait voler le collier sacré...

— Admettons un instant qu'il l'ait volé ! D'après vous, c'était pour être certain de pouvoir se comporter... vaillamment au soir de ses noces.

Alors, une fois en possession du joyau, pourquoi n'être pas revenu à Sainte-Clotilde ? De quelque côté qu'on la regarde, cette histoire ne tient pas debout, Madame !

Un éclair de colère anima le regard morne de la Mexicaine :

— Cela vous plaît à dire ! Nous pensons autrement, nous qui, après avoir cru rencontrer un homme providentiel, avons compris que c'était seulement un habile coquin !

— Et vous n'êtes pas gênée de vivre chez lui ?

— Il me paraît que c'est une juste compensation pour le tort qui nous a été fait. Quoi qu'il en soit, nous devions vivre ici pendant le voyage de noces. Ensuite, seulement, nous pensions nous retirer en Pays basque... chez moi ! Ce à quoi j'aspire, croyez-le !

Il y eut un silence que la marquise mit à profit pour tenter d'assembler de façon à peu près claire les pièces d'un puzzle qui semblait s'embrouiller à plaisir. Elle ne releva pas les derniers mots, préférant essayer autre chose. Qui pouvait ne pas réussir : cette femme brûlait d'envie de la voir partir. Or elle n'y était pas encore disposée.

— L'avenir... et l'enquête de police nous réserveront peut-être des surprises. Mais... j'y pense ! Comment avez-vous connu Gilles Vauxbrun ? Nous ne l'avons jamais su...

Doña Luisa haussa les épaules :

— Ce n'est pourtant pas un secret !

A la surprise de Tante Amélie, une soudaine douceur venait de se glisser dans sa voix. Et y demeura tandis que, tournant les yeux vers le feu, elle ajoutait :

— Depuis cinq siècles, notre terre mexicaine exerce un attrait sur les hommes de ce pays que vous appelez basque et qui n'est ni français ni espagnol, dont la langue même ne ressemble à aucune autre parce qu'elle vient de très loin. Certainement d'aussi loin que nous. L'un d'eux a été mon aïeul. Venu au péril de la mer océane, il apportait un sang aussi noble que le nôtre et il a fait des choses extraordinaires. Il était l'aîné de deux frères et laissait à son cadet le castel familial sans esprit de retour...

Doña Luisa s'interrompit mais Mme de Sommières se garda d'émettre un son. Se retenant même de respirer, elle comprenait que son hôtesse, tournée vers le feu et prise par ce retour sur le passé, pouvait l'avoir oubliée.

— ... Après la mort de l'Autrichien [1], de brigandage en brigandage, la terre des dieux n'a cessé de se convulser, allant de révolution en révolution, jusqu'à la dernière, celle des Cristeros, les paysans chrétiens insurgés contre le gouvernement qui voulait chasser le Christ et la Madone par tous les moyens. On les a massacrés... mais nous n'étions plus là. On nous avait pris nos terres, les miennes comme celles de mon neveu, et nous avons fui vers La Nouvelle-Orléans d'abord puis en Virginie où l'un de mes cousins, naguère encore maître d'un immense rancho près de Monterey, a pu emporter

1. L'archiduc Maximilien, devenu en 1864 empereur du Mexique.

une partie de sa fortune et racheter un élevage de chevaux. Nous n'avions pu sauver qu'un peu d'or et nos bijoux ancestraux...

— Fort beaux, glissa la marquise en écho mais l'autre ne parut pas s'en être rendu compte.

Elle poursuivait :

— Don Pedro, mon neveu, n'en possédait qu'un, mais fabuleux : le collier aux cinq émeraudes sacrées donné jadis à l'empereur de l'Anahuac par Quetzalcóatl, le dieu venu des mers froides que l'on appelait le Serpent à Plumes. Il aurait pu rester plus longtemps au Mexique, car les soldats ont besoin de chevaux en guerre civile comme en guerre étrangère, mais on savait qu'il possédait le collier et il a préféré nous suivre, aussi bien pour nous protéger que pour sauver ce trésor des rapaces.

— C'est le lot des plus précieux joyaux que soulever la cupidité. Pouvez-vous me le décrire ? Il est sublime sans doute ? murmura la visiteuse.

— Je ne l'ai jamais vu. Isabel non plus. Talisman de toutes les félicités, le jeune empereur Cuauhtémoc l'a maudit sur son lit de torture et Don Pedro ne veut pas que nos yeux se posent sur lui. Jamais pour nous il n'a ouvert le coffret...

— Et il l'a montré à Gilles Vauxbrun ? Le roturier qui devait épouser sa nièce ? Lui souhaitait-il le pire ?

Pour la première fois, les prunelles grises se tournèrent vers la visiteuse et l'observèrent comme si elles la découvraient, cherchant peut-être une faille qu'elles ne trouvèrent pas. Comprit-elle enfin qu'elle était au moins son égale, cette grande femme en noir assise en face d'elle, qui se tenait droite avec une aisance d'altesse et qui posait sur elle un regard vert étonnamment jeune mais compréhensif ? Elle baissa sa garde :

— Je le crois, oui ! Il ne me l'a pas dit mais j'ai senti qu'il supportait mal l'idée qu'une fille des dieux, la plus pure, la plus belle, soit livrée à un... boutiquier !

Cette fois, Mme de Sommières ne releva pas le propos injurieux. Jouant d'un doigt avec ses sautoirs de perles et de pierres précieuses dont l'un soutenait son face-à-main serti d'émeraudes, elle remarqua doucement :

— Nous voilà revenues à notre point de départ. Comment cet homme est-il entré dans votre vie ?

A nouveau le silence. Doña Luisa allait-elle estimer qu'elle en avait dit assez et conclure l'entretien ? Tante Amélie ne le redouta qu'un instant. Elle aurait juré que l'atmosphère se détendait. Et, de fait, la Mexicaine se détourna du foyer :

— Mon petit-neveu Miguel n'est pas resté avec nous en Virginie. Il avait gagné New York, ce creuset bouillonnant, afin de voir s'il lui serait possible, comme à tant d'autres, d'y reconstruire une fortune. Il s'y est fait des amis dans le monde des affaires... Ce n'était sans doute pas le meilleur moment puisque le krach financier de 1929 bouleversait l'économie du pays, mais Miguel s'intéressait à l'antiquité, aux objets anciens, aux bijoux et commençait à regarder en direction de l'Europe prospère, avec l'idée de retrouver des racines espagnoles. Un jour, il est venu nous voir : je ne sais trop comment, il avait appris qu'en Pays basque l'ancien château de mon aïeul allait être mis en vente avec son contenu et il nous a conseillé de nous y rendre pour tenter de l'acquérir : « Les Etats-Unis ne sont pas faits pour vous et jamais vous n'y serez heureux, a-t-il dit. Là-bas, vous retrouveriez des traditions, des liens familiaux peut-être et une vie plus noble que vous n'en aurez jamais ici !

» Mon neveu Pedro a adhéré sans hésiter à son idée. J'étais, je l'avoue, plus réticente. Serions-nous capables de racheter ce bien ? Miguel m'a répondu qu'un seul de mes bijoux pourrait suffire. De plus, l'un de ses amis était en relations avec un antiquaire parisien de réputation mondiale qu'il ferait venir à Biarritz et s'arrangerait pour que nous le rencontrions... J'avoue qu'à mon tour la perspective de vivre sous d'autres cieux m'a séduite, puisqu'il était impossible de retourner chez nous. Et nous sommes partis... A Biarritz, Miguel nous a présenté ce Vauxbrun... A présent, vous savez tout !

En même temps, elle se levait, comme prise d'une soudaine envie d'en finir. Peut-être regrettait-elle de s'être laissée aller à se confier à une étrangère appartenant au camp ennemi, mais Tante Amélie s'y était préparée. Très certainement, Luisa n'avait pas envie de lui dire la façon dont ils avaient réussi à piéger Vauxbrun jusqu'à l'amener à acheter château et contenu pour le leur offrir et ensuite proposer le fructueux mariage... C'était déjà une chance d'avoir réussi à tirer quelques réponses de cette femme monolithique, sa contemporaine sans doute et qui, comme elle-même, restait fidèle aux modes de sa jeunesse. Ce qui était la sagesse. On imaginait mal son corps épais dans les fluides créations des couturiers modernes. En revanche, la sévère robe noire à col baleine remontant sous les oreilles, la jupe esquissant un mouvement de traîne dont l'arrière drapé évoquait les anciennes tournures lui convenaient et ne la ridiculisaient pas. Elle était beaucoup trop imposante pour cela...

— Il me reste à vous remercier, Madame, pour ces instants d'entretien. Puis-je vous demander des nouvelles de votre petite-fille ? Est-elle... remise ?

— Quand on est une Vargas, on ne se remet pas d'une offense publique ! Elle s'enferme dans son orgueil et dans sa chambre. Et elle prie !

— Comme c'est bien ! approuva la marquise qui avait failli demander quelle sorte de dieu elle priait.

On échangea de protocolaires saluts puis Doña Luisa, estimant sans doute qu'elle en avait assez fait pour sa visiteuse, retrouva son coin de feu sans prendre la peine de la raccompagner. Dans le vestibule, celle-ci retrouva Romuald qui, en l'aidant à remettre ses fourrures, réussit à glisser un petit papier plié dans son manchon. Puis il la précéda jusqu'à sa voiture dont il ouvrit la portière et l'aida à monter sans émettre autre chose qu'un « Bonsoir, Madame la marquise » respectueux, auquel elle répondit par un signe de tête et l'ombre d'un sourire. La voiture démarra et sortit de l'hôtel. A peine dans la rue, elle alluma le plafonnier, sortit le billet, prit son face-à-main et lut :

« Une voiture est venue cette nuit, vers une heure du matin. Les deux Guardi sont partis et aussi la table à trictrac du salon Vert... »

Seigneur ! pensa Tante Amélie qui se souvenait que la table en question provenait de l'appartement de la reine au château de Fontainebleau. Est-ce que ces gens sont vraiment réels ou est-ce que je deviens folle ?

Ce fut pour cette seconde hypothèse qu'Aldo opta quand, rentrée à la maison elle le trouva associé dans une commune fureur avec Adalbert et Plan-Crépin.

— Voulez-vous me dire ce que vous êtes allée faire là-bas et sans même m'avertir ?

— Et sans moi..., fit la troisième en écho.

Ce qu'Adalbert compléta d'un :

— N'était-ce pas imprudent ?

La scène se passait dans le vestibule où ils s'étaient précipités d'un élan unanime en entendant rentrer la voiture. Sans s'émouvoir, Tante Amélie les regarda l'un après l'autre d'un œil singulièrement frondeur :

— Qu'est-ce que ce comité d'accueil ? Vous êtes quoi ? Minos, Eaque et Rhadamante, les trois juges des Enfers ?... Eh bien, je vous répondrai quand j'aurai bu un verre de champagne ! Et vous, Plan-Crépin, au lieu de bêler, venez m'ôter cette toque de sur la tête !

Suivie des trois autres, elle se mit en marche en direction de son jardin d'hiver, s'installa dans son fauteuil douillet et attendit qu'on la serve. Quand ce fut fait, elle but tranquillement et soupira :

— Ah, j'en avais besoin ! Où est passée la réputation d'hospitalité des *hacienderos* mexicains ? Cette femme ne m'a seulement pas offert un verre d'eau...

— Ne me faites pas rire, grogna son neveu. Vous n'en auriez pas voulu ! En outre, elle a dû se demander ce que vous veniez faire chez elle ?

— Essayer d'en savoir un peu plus ! J'espérais qu'un face-à-face, sans témoins, entre...

— Grandes dames ? suggéra Aldo, caustique.

— Justement ! Car c'en est une, figure-toi ! Et authentique, j'en ai la certitude... même si son style n'a rien à voir avec l'idée qu'en Europe nous nous faisons de l'espèce. D'ailleurs, si elle porte un grand nom espagnol, je jurerais qu'il y a en elle du sang de Montezuma ou je ne sais quel empereur aztèque. Elle m'a dit qu'elle et les siens descendaient du soleil et elle se réfère davantage « aux dieux » qu'à Notre-Seigneur Jésus-Christ ! A présent, prenez un verre, asseyez-vous et écoutez-moi. Tiens, débarrasse-moi de ça ! ajouta-t-elle en tendant à son neveu le billet déplié. Romuald vient de me le remettre. Tu peux dire adieu à tes Guardi !

— Une grande dame, hein ?

— Cela ne change rien. Je la vois mal jouer les déménageurs !

— Et vous n'avez vu qu'elle ?

— Elle seule. Et Romuald ! Vous m'écoutez, oui ou non ?

— Oui ! Excusez-moi.

Le récit fut bref, concis. A l'instar de Morosini, Mme de Sommières savait raconter sans fioritures inutiles. Pourtant, elle ne put s'empêcher de revenir sur la personnalité de Luisa de Vargas. Peut-être parce qu'elle ne doutait pas un seul instant qu'elle lui eût dit la vérité. Qu'elle fût brutale, cassante, aucun doute là-dessus mais, à cause de ce tempérament abrupt, elle devait juger indigne d'elle de déguiser si peu que ce soit sa façon de voir les choses... Aldo l'observait. Il lui en fit la remarque :

— Ma parole, elle vous a séduite ?

— Pas le moins du monde ! Ce qu'elle m'inspire, c'est un certain... respect. Je la crois à la poursuite d'un rêve et sans doute prête à tout pour le réaliser. A condition qu'il soit encore possible !

— Je crois, moi, fit Adalbert, que ces gens ont décidé de mettre la main sur la fortune de Vauxbrun dans le dessein, élémentairement simple, de rétablir des finances en voie de disparition. Sinon, pourquoi l'installation précipitée rue de Lille et les objets de valeur qui en sont prélevés ?

— D'accord, reprit Aldo, mais pourquoi Vauxbrun ? Ce que je voudrais savoir, c'est qui l'a fait entrer dans le jeu. Qui est le personnage – un ami, paraît-il ? – qui l'a envoyé à Biarritz pour y rencontrer les Mexicains ? Bailey m'a dit qu'il avait voulu assister à une vente de château où il y avait des pièces intéressantes. Or le XVIIIe siècle n'est pas l'époque préférée au Pays basque. D'autre part, Tante Amélie vient de nous apprendre qu'il s'agissait plutôt de le rendre sensible au sort des Vargas, afin de les guider en quelque sorte dans leur projet de racheter la maison en question. Alors, qui a servi d'intermédiaire entre les Américains de Miguel – donc la famille ! – et Vauxbrun ?

— Bailey ne le sait pas ?

— Il ne me l'a pas dit mais...

Aldo consulta sa montre :

— Je vais l'appeler au téléphone. Il doit être encore au magasin...

Quelques minutes plus tard, il remontait mais ne cacha pas que l'on en était toujours au même point et que Bailey n'en savait pas davantage. Un soir, après avoir suivi à l'hôtel Drouot une vacation de tapis de la Savonnerie et autres éléments décoratifs de grand style, Vauxbrun était passé au magasin prévenir son fondé de pouvoir qu'on lui avait signalé une vente intéressante aux environs de Biarritz, qu'il partirait le lendemain, afin d'avoir le temps de se faire une idée avant le jour fixé, et que, comme d'habitude, il s'en remettait à lui pour les affaires courantes. Ajoutant seulement qu'il comptait descendre à l'hôtel du Palais et tiendrait Bailey au courant de la suite !

— Voilà ! Il n'en sait pas plus que nous. Quant à Gilles, qui était au départ l'homme que nous connaissons tous, sûr de lui, positif et bien dans sa peau, il n'a commencé à donner des nouvelles qu'au bout de huit jours et lorsque, enfin, il s'est décidé à téléphoner, Bailey s'est demandé ce qui avait pu arriver à son patron. Plus encore quand il l'a revu. J'avoue que le pauvre homme n'arrive pas à s'en remettre et que son flegme britannique montre des fêlures évidentes...

Le lendemain, dans le courant de l'après-midi, la voiture de livraison d'un commissionnaire assermenté déposait rue Alfred-de-Vigny un paquet cacheté de cire à l'adresse de la marquise de Sommières. Il contenait la boîte à poudre à la miniature d'Isabey accompagnée d'une carte signée de Doña Luisa de Vargas la remerciant et la priant de reprendre un présent destiné à un couple heureux et que l'on ne se sentait pas le droit de garder... Au fil de la journée, quelques coups de téléphone venus d'amis invités comme lady Mendl, les Malden ou les Vernois annoncèrent qu'à eux aussi les cadeaux venaient d'être restitués. Adalbert en venant dîner apporta son propre présent, un vase chinois Kien-Long acheté chez un concurrent de Vauxbrun et dont il fit aussitôt cadeau à une Marie-Angéline rouge de joie.

— Oh, il ne fallait pas ! Pourquoi moi ?

— Ce n'est pas mon style, fit l'égyptologue. Seuls les vases canopes ont droit de cité chez moi et je parie qu'il ira à merveille chez vous. Et puis vous méritez bien un petit cadeau par-ci par-là. Depuis le temps que vous nous aidez ! Voilà qui est fait !

Il ajouta à sa confusion en lui plaquant un baiser sur chaque joue puis se tourna vers Aldo.

— On dirait que tu as droit à un régime spécial ? Ou bien tes Guardi sont-ils revenus ?

— Tu peux constater que non. Si Romuald a signalé qu'on les avait emportés, ce n'était pas pour me les rendre...

— C'est bizarre tout de même !

— Pas tant que ça, dit soudain Marie-Angéline qui, serrant son précieux vase sur son cœur, s'apprêtait à l'emporter dans sa chambre, surtout si l'on part du principe qu'en réalité c'est vous que l'on vise à travers votre amitié pour Gilles Vauxbrun.

— Moi ?

— Vous ! La mémoire universelle des joyaux, l'homme qui a su reconstituer le Pectoral du Grand Prêtre. S'il n'y avait ce collier d'émeraudes dont on ne sait plus trop s'il est bénéfique ou maléfique, je pencherais pour une simple escroquerie destinée à s'attribuer la belle fortune d'un pigeon particulièrement dodu, naïf et toujours à la recherche de l'amour absolu. Mais il y a les émeraudes et, comme par hasard, c'est vous le témoin du marié envolé !

— ... avec le collier, ne l'oubliez pas. Qu'est-ce que j'y peux tant que l'on ne retrouve pas Vauxbrun ?

— Et si ce n'était pas le vrai ?

Le mot tomba tel un pavé, générant un soudain silence. Tante Amélie le rompit la première :

— Y aurait-il dans ce vase le génie de la lampe d'Aladin ? On dirait qu'il vous inspire de drôles d'idées ?

— Elle pourrait avoir raison, commenta Adalbert. Qu'en dis-tu, toi ?

Aldo prit le temps d'allumer une cigarette, d'en tirer une longue bouffée :

— Que tout est possible dès l'instant où il y a sur le tapis des pierres exceptionnelles. Tu le sais comme moi. Mais comment extirper une vérité de ce panier de crabes ?

Il n'allait pas tarder à en avoir un aperçu...

Le surlendemain, le dîner s'achevait rue Alfred-de-Vigny sur un soufflé au chocolat qu'Eulalie réussissait particulièrement et qu'elle avait jugé utile de mettre au menu afin de remonter un peu le moral de « sa » famille qui semblait en avoir le plus grand besoin. Ce n'était pas si mal pensé. Les convives, en effet, s'engourdissaient dans une suavité si délicieuse que la marquise avait décidé que l'on prendrait le café à table, contrairement à l'habitude...

Cyprien venait tout juste d'apporter le plateau quand la sonnette de l'entrée se fit entendre. Tante Amélie leva un sourcil :

— Tu attends une visite ? demanda-t-elle à Aldo.

— Je vous en aurais prévenue et ce ne peut être Adalbert. Il doit être en train d'achever son communiqué à l'Académie des inscriptions... A regret, soit dit en passant, il aurait préféré rester avec nous.

Un instant plus tard, le vieux maître d'hôtel reparaissait, portant une lettre sur un petit plateau d'argent.

— On vient de déposer ceci, dit-il en le présentant à Morosini. Il y a une réponse...

Pas de suscription sur l'enveloppe blanche et, à l'intérieur, une feuille tapée à la machine et vaguement signée d'un hiéroglyphe intraduisible. Le texte en était court :

« Une voiture vous attend de l'autre côté de la rue. Si vous voulez garder une chance de revoir vivant votre ami Vauxbrun, montez dedans et laissez-vous conduire ! Avertir la police serait désastreux. Vous n'avez rien à redouter... »

Aldo, tel un ressort, se leva de table :

— Dites que j'arrive ! fit-il en tendant le billet à Tante Amélie que Plan-Crépin rejoignit aussitôt pour lire par-dessus son épaule :

— Vous y allez ? s'inquiéta-t-elle. Comme cela ? Et seul ?

— Vous voyez une autre solution ? Evidemment, j'y vais ! Trop heureux de trouver, enfin, un fil conducteur ! N'importe quoi vaut mieux que continuer de tourner en rond comme nous le faisons depuis ce foutu mariage !

En sortant de la maison, il vit une imposante voiture noire garée de l'autre côté de la rue, mal éclairée ce soir-là en raison d'une baisse de tension des réverbères. Un homme en livrée de chauffeur se tenait debout auprès de la portière arrière qu'il ouvrit en voyant venir son passager et referma. A clef ! Tout se passa si vite qu'Aldo n'eut qu'une vision rapide de cet homme. Râblé, apparemment solide, la visière vernie de sa casquette plate empêchant de distinguer le haut de son visage, le bas disparaissant sous un cache-nez inattendu. Aldo ne perdit pas son temps à lui demander où il l'emmenait, persuadé qu'il ne répondrait pas.

L'intérieur du véhicule était obscur, les rideaux roulants tirés. En outre, il y avait comme dans les taxis une cloison de séparation entre chauffeur et passager que l'on avait aussi obturée. On ne tenait pas à ce qu'il vît où on le conduisait.

Il ne chercha pas à le savoir. Curieusement, il n'était pas inquiet. Cet enlèvement impromptu ne pouvait avoir pour but de le faire disparaître. Les termes de la lettre qu'il n'avait aucune raison de mettre en doute laissaient plutôt supposer qu'on avait l'intention de lui proposer un marché. Restait à savoir lequel. Au fond, cette curieuse invitation lui apportait une sorte de soulagement, parce qu'elle signifiait que Gilles n'était pas rayé du monde des vivants, ce qu'il lui arrivait de suspecter après la brutalité dont on avait usé envers le malheureux chauffeur simplement chargé d'emmener un homme faire bénir son mariage avec la femme qu'il aimait. En danger certainement, et l'exigence du marché allait être à la hauteur du péril couru mais, n'y eût-il qu'une chance sur un million de sauver Gilles, Morosini était prêt à la saisir...

Il connaissait trop bien Paris et surtout ce quartier Etoile-Monceau pour se tromper sur l'itinéraire que l'on suivait, et les élégants rideaux de soie tirés devant les vitres lui semblaient presque attendrissants. Par leurs minces interstices, il pouvait apercevoir l'éclairage des rues. Quand il n'en vit plus, il sut que l'on entrait dans le bois de Boulogne, très certainement par la porte Dauphine. Restait à savoir dans quelle direction on le traverserait.

En fait, on ne le traversa pas. Après quelques minutes de voyage et trois ou quatre virages, les roues quittèrent l'asphalte pour un chemin de terre – peut-être une allée cavalière ? – puis s'immobilisèrent. La portière s'ouvrit et le chauffeur, qui avait jugé bon de s'équiper d'un pistolet, s'en servit pour faire signe à son passager de descendre... On était en plein bois mais les ténèbres n'étaient pas opaques. En particulier pour Aldo, qui possédait des yeux de chat. Au-dessus du layon où s'était engagée l'automobile, le ciel était clair. Le temps s'adoucissait depuis la veille et, à l'odeur des feuilles pourries, se mêlait un très léger, très subtil parfum d'herbe neuve.

Après quelques pas, on rejoignit un homme qui semblait attendre puis on obliqua sous les arbres jusqu'à une clairière laissée par une coupe récente. Trois nouveaux personnages étaient là : l'un d'eux assis sur une souche, les deux autres debout de chaque côté et probablement armés. Le chef à l'évidence, bien que rien ne le distinguât de ses compagnons. Tous, à l'exception du chauffeur, étaient vêtus de façon identique : longs manteaux noirs comme les feutres souples dont les bords, rejoignant les cols relevés, ne devaient laisser filtrer qu'un invisible regard. Même les mains se cachaient sous des gants. Agacé malgré lui par cette mise en scène où il croyait voir l'esquisse d'un tribunal, Aldo lança :

— Vous m'avez appelé. Je suis venu. Que voulez-vous ?

L'homme leva le bras :

— Causer ! Il y a une souche derrière vous. Vous pouvez vous y asseoir !

L'accent espagnol – ou mexicain ! – colorait le timbre d'une voix froide, jeune d'ailleurs, et Aldo pensa qu'il avait peut-être, en face de lui, ce Miguel rencontré à la mairie et à l'église sans qu'ils aient échangé la moindre parole et qui, depuis la cérémonie ratée, semblait s'être évaporé. Il recula, s'assit, chercha une cigarette et l'alluma sans que l'autre s'y opposât. Il en fut content. Le tabac anglais l'aidait à maîtriser ses émotions et plus que jamais il éprouvait la nécessité de se sentir l'esprit clair. Il tira une bouffée salutaire puis attaqua :

— Votre billet se réfère à la sauvegarde de mon ami Vauxbrun. Donc vous savez où il est ?

— Naturellement !

— Il va... bien ?

— Me croirez-vous si je vous dis oui ?

— Pas entièrement ! Il ne peut aller vraiment bien après ce qu'il a subi. Et comme je suppose que c'est de marchandage dont il va être question, vous comprendrez qu'avant d'apprendre ce que vous attendez de moi, j'aie besoin d'avoir une certitude ! Je veux le voir !

— Vous demandez l'impossible : il n'est plus à Paris, mais... j'ai ceci pour vous, ajouta l'étranger en sortant de sa poche une lettre qu'il fit porter par l'un de ses hommes. Vous aurez largement le temps de la lire plus tard et je pense qu'elle vous convaincra...

— Bien. Alors qu'exigez-vous pour le libérer ?

— Que vous retrouviez pour nous les émeraudes sacrées de Montezuma !

Une bouffée de colère remit Aldo sur ses pieds :

— Que je... mais si vous tenez Vauxbrun, vous les avez aussi puisque c'est lui qui les a volées, selon les dernières nouvelles !

— Il n'a volé qu'un faux... un faux grossier, mais l'état dans lequel il se trouvait le rendait incapable de le remarquer.

— L'état ? Quel état ?

— Disons... une certaine dépendance. Une beauté sans rivale, immaculée et qui semble inaccessible peut asservir un homme, le convaincre de ses insuffisances sans lui ôter complètement le sens du jugement. Il y faut un adjuvant... connaissez-vous le Mexique, Morosini ?

— Non.

— Il pousse dans les déserts du Nord une plante étrange qui ressemble à une pierre. On l'appelle le peyotl et, pour qui sait s'en servir, elle peut persuader un mendiant qu'il peut devenir l'égal d'un roi... ou du moins se permettre n'importe quelle folie. Votre ami y a goûté...

En dépit de la douceur relative de la nuit, Aldo sentit une sueur froide mouiller sa tempe. Adalbert avait raison en évoquant cette drogue inconnue dont les effets se révéleraient sans doute dévastateurs si l'on en usait trop longtemps. Mais il refusa de s'attarder sur l'image de Gilles réduit à l'état de loque humaine.

— Revenons à votre demande !

— Ce n'est pas une demande, c'est une injonction. Nous voulons récupérer ces émeraudes, les plus précieuses qui soient... et vous êtes le seul capable de cet exploit ! Vous voyez, ajouta-t-il, que l'on fait grand cas de vous !

— Je ne suis pas certain de me sentir flatté ! Je ne suis ni un magicien ni un prestidigitateur capable de sortir n'importe quoi d'un chapeau et je ne peux pas travailler sur du vent !

— C'est pourtant ce que vous ferez si vous voulez sauver une... plusieurs vies humaines car, à ne rien vous cacher, cette affaire n'a été montée que pour vous obliger à vous mettre à notre service !

Ainsi donc on y était et, mentalement, Aldo rendit hommage à la clairvoyance inattendue de Plan-Crépin. En même temps, il se sentait accablé par ce poids qui lui tombait dessus. La réputation dont il était si fier menaçait à présent de le détruire, lui, et d'autres peut-être encore plus chers, et à cette idée, il dut faire un effort considérable pour résister au vent de panique qu'il sentait se lever... Cela lui demanda un instant au cours duquel il garda le silence. L'autre s'impatienta :

— Alors ? Cette réponse, elle est pour aujourd'hui ou pour demain ?

— Vous me placez devant un mur où je ne distingue pas la moindre faille. Que voulez-vous que je vous dise ?

— Que vous êtes d'accord et que vous allez vous mettre au travail...

— A partir de quelle base ? Si j'en crois les assertions de Don Pedro dans le bureau du commissaire Langlois, le collier a fait retour au Mexique environ vingt ans après que Cortés l'eut emporté et, puisque Carlos Olmedo l'a gardé, il y est resté dans la famille ?

— Assez longtemps pour devenir une sorte de légende qui a traversé les siècles. Carlos Olmedo n'est jamais retourné en Espagne afin que les pierres ne s'éloignent plus de Tahena et les Indiens ont su que le collier sacré était revenu mais sans jamais l'avoir vu : Carlos le cachait dans un lieu connu de lui seul et il devint le secret de la famille qu'à l'heure de la mort on transmettait au fils aîné en lui faisant jurer de ne jamais le ramener au jour. Pour les Indiens, il était la certitude que leurs dieux ne les avaient pas abandonnés, que Quetzalcóatl, le Serpent à Plumes, était toujours avec eux... L'annonce de la disparition eût déchaîné un ouragan. Du côté des vice-rois, on observait une égale retenue. Que les Olmedo fussent de vieille souche castillane semblait une garantie suffisante. L'Inquisition elle-même n'essaya pas de creuser davantage la question après qu'une tentative, maladroite à vrai dire, eut été sanctionnée par un terrifiant meurtre rituel ! Elle avait pris conscience des forces enfouies dans ce pays trop vaste, trop secret, trop profondément travaillé par des forces inconnues...

— Si je comprends bien, coupa Morosini, ce joyau exceptionnel constituait une sorte de protection pour votre famille ?

— Ai-je dit qu'il s'agissait de ma famille ?

— C'est sans importance. En revanche, je répète ma question : le collier semblait assurer la paix et la prospérité des Olmedo. Qu'en était-il de la malédiction dont les avait frappés Cuauhtémoc ?

— Disons qu'elle sommeillait. Le vol avait été effacé, le collier revenu au Mexique et enfoui sous le poids d'un secret séculaire. Les dieux étaient en sommeil, ils auraient dû le rester et les Olmedo aussi, quand le pays a conquis son indépendance. Les Indiens relevaient la tête, forts de savoir le collier sacré quelque part sous leur terre. Et puis l'Autrichien est venu, l'archiduc Maximilien dont l'Europe voulait faire un empereur. Auprès de lui il y avait une femme...

— Son épouse Charlotte, la fille du roi des Belges...

— Non. Une autre : très jeune, très belle, très ambitieuse et très rusée. Celle-là en savait davantage que l'on en pouvait attendre d'une dame de la Cour et elle avait réussi l'incroyable. Don Alessandro, le grand-père de Don Pedro, qui venait de perdre sa femme, a pris feu pour elle et a voulu l'épouser. Ce qu'elle a accepté... après quoi réussir à se faire dévoiler le secret des émeraudes a été un jeu d'enfant. Elle allait devenir sa femme ; Alessandro a voulu lui donner cette preuve d'amour. Ce qu'il ne savait pas, c'est qu'elle aimait Maximilien autant qu'elle haïssait Charlotte qu'elle espérait éliminer. Elle voulait les pierres afin d'asseoir le pouvoir de Maximilien sur le pays et son pouvoir à elle sur lui. Elle a donc volé les émeraudes et elle s'est volatilisée. Quand il a compris qu'il avait été joué, Don Alessandro s'est pendu comme l'avait été Cuauhtémoc, le héros que ce vol trahissait à nouveau...

En écoutant l'inconnu, Morosini éprouvait une bizarre impression : celle qu'il récitait une leçon. En passant par cette voix impersonnelle dont, par instant, l'accent ibérique s'effaçait, l'histoire animée d'une certaine grandeur s'affadissait jusqu'au compte rendu.

— Si je vous suis bien, le nouvel empereur du Mexique aurait reçu le collier des mains de cette femme ? Comment s'appelait-elle ?

— La comtesse Eva Reichenberg. Quant aux émeraudes, il est possible que Maximilien les ait possédées, ou peut-être pas ?

— Que voulez-vous dire ?

— Rien de plus ! Je vous ai dit ce que je sais. A vous maintenant de compléter l'histoire.

— C'est de la folie. Vous voulez que je retrouve des pierres qui ont disparu depuis...

— 1865 environ ! Cette gageure ne doit pas être la mer à boire pour qui a rempli les vides sur le pectoral du temple de Jérusalem ? Et c'était plus ancien encore !

— Vous oubliez que je n'étais pas seul et que j'avais des repères. Là, je n'en ai aucun. Maximilien a été fusillé par l'Indien Juarez en 1867. Dieu sait dans quelles mains sont tombés le peu de biens qu'il lui restait. L'impératrice Charlotte, lorsqu'elle a quitté Mexico pour revenir en Europe plaider la cause de l'empire agonisant auprès de Napoléon III et du pape, a emporté tous ses bijoux dont la liste est connue. Si votre comtesse Reichenberg la détestait, il m'étonnerait fort qu'elle lui ait donné des émeraudes non seulement légendaires mais dont la valeur marchande est astronomique ! Et je me vois mal gratter chaque pouce carré de terre mexicaine !

— On ne vous en demande pas tant ! Le collier n'est plus au Mexique. J'en ai la certitude !

— Comment l'avez-vous obtenue ?

— Cela ne vous regarde pas ! Faites ce que l'on vous dit...

— J'ai encore une question à poser !

— La dernière, alors !

— Vous m'avez dit que Gilles Vauxbrun avait été abusé par un faux grossier. Y a-t-il une copie du collier ?

— Oui. Après la mort de Don Alessandro, son fils, Don Enrique, par respect pour sa mémoire et pour sa famille qui n'a jamais voulu admettre le suicide et croyait à un meurtre, l'a fait exécuter avec de fausses pierres par un ciseleur qui n'a pas vécu assez longtemps pour en garder le souvenir. Grâce à cela, quand son fils, Don Pedro, a dû fuir le Mexique avec les siens, les femmes, Doña Luisa et Doña Isabel, ont eu le réconfort de croire que le trésor familial fuyait avec elles.

— Si tout le monde y croyait, pourquoi émigrer ?

— Les domaines seigneuriaux ont été récupérés par le pouvoir en place. S'y est ajouté, pour Don Pedro, un avis mystérieux : s'il voulait éviter d'être assassiné avec sa famille, il fallait qu'il parte et qu'il s'arrange pour remettre la main sur les émeraudes. A ce prix-là seulement, il pourrait revenir au pays et même rentrer en possession de ses terres et de sa fortune.

— Autrement dit, quelqu'un savait. Quelqu'un d'assez puissant pour lui faire peur. Cela paraît difficile à croire quand on voit le personnage ?

— Il n'a pas peur pour lui-même. De toute façon, ce n'est pas votre affaire et nous en resterons là pour ce soir. Il est temps de vous mettre au travail... en gardant bien présent à l'esprit l'enjeu du marché : la vie de ce redoutable imbécile qui s'est pris pour le prince charmant. J'ajoute qu'il serait bon de vous hâter. Outre que les conditions de sa captivité pourraient se détériorer si vous tardez trop...

— Quel délai m'accordez-vous ?

— Disons... trois mois. Au-delà, il faudrait peut-être envisager d'autres moyens de stimuler votre zèle ! Partez maintenant ! On va vous ramener en ville. Ah, j'allais oublier ! Lorsque vous aurez l'objet, il vous suffira de passer une annonce dans *Le Figaro* et dans *Le Matin*, disant : « L'enfant prodigue est de retour. Tout est en ordre ! »

— Vous avez de l'ordre une curieuse conception !

Avec un haussement d'épaules fataliste, Morosini reprenait le chemin de la voiture quand il entendit soudain un bruit qui lui glaça le sang. Ce n'était pourtant qu'un petit rire, mais bizarre, grinçant, cruel... un rire qu'il croyait enfoui dans les limbes où l'on entasse les pires souvenirs. Il se retourna mais un canon de pistolet rencontra son dos :

— On avance ! intima l'un des hommes. Et on ne regarde pas en arrière !

Ne pas regarder en arrière, c'était justement le plus difficile, parce que Aldo prenait conscience que son gardien avait dû voir le jour quelque part dans le Bronx ou à Brooklyn et que son accent renforçait l'impression que le temps revenait où il avait vécu cette situation...

Néanmoins, il se remit en marche et grimpa dans le véhicule qui démarra aussitôt. Peu après, on le larguait sans trop de douceur en plein milieu de la porte Maillot ! Il ne lui restait plus qu'à prendre un taxi...

— Tu as rêvé ! conclut Adalbert, après avoir fait disparaître sa quatrième tasse de café.

Il était arrivé deux heures plus tôt rue Alfred-de-Vigny, appelé en urgence par Marie-Angéline, et depuis n'avait pas cessé de faire l'ours en cage, monologuant, envoyant au diable l'Académie des inscriptions et se reprochant ce qu'il considérait comme un abandon de poste devant l'ennemi. Tant et si bien que Mme de Sommières, agacée, avait fini par lui ordonner de s'asseoir et lui avait fait servir un « en-cas » dans l'espoir de l'occuper un moment.

— Au moins, pendant que vous mangerez, vous ne proférerez pas de sottises !

— Sottises ? Quand je dis...

— Ne recommencez pas ! Dites-nous plutôt ce que vous auriez pu faire si vous aviez été présent quand Aldo a reçu le billet ? Vous auriez couru derrière la voiture ?

— Et j'ai fait, moi, tout ce qui était possible : j'ai relevé le numéro, affirma Plan-Crépin.

— Comme il est sûrement faux, nous ne sommes guère avancés ! Je ne comprends pas pourquoi Langlois ne fait pas surveiller cette maison vingt-quatre heures sur vingt-quatre. Il sait pourtant qu'Aldo est en première ligne dans cette histoire vaseuse ?

— Essayez de lui faire confiance, il connaît son métier !

L'arrivée de la table roulante supportant un souper froid avait généré un bienheureux silence. Même dans les pires circonstances, l'appétit de l'archéologue ne connaissait pas de morte-saison. Il attaquait la tarte aux poires et les deux femmes commençaient à se demander ce que l'on pourrait lui servir en supplément pour le faire tenir tranquille, quand Aldo reparut, salué par un triple soupir de soulagement assorti d'un triple : « Alors ? »

— J'ai trois mois pour sauver Vauxbrun en retrouvant un joyau dont personne ne sait où il a pu passer depuis le siècle dernier ! lâcha Aldo en se laissant tomber dans un fauteuil. Et si vous voulez le savoir, je me demande si je ne suis pas en train de devenir fou !

— On a déjà récupéré des pierres envolées depuis plus longtemps que ça et tu n'y as jamais laissé ta raison. Moi non plus, dit Adalbert en lui tendant un verre de vin qu'il avala d'un trait. Raconte !

Ils écoutèrent en silence et ce fut seulement quand il eut mentionné le rire de celui que l'on pouvait considérer comme le chef de bande qu'Adalbert réagit, un peu trop vite peut-être, en disant qu'il avait rêvé.

— Non. Devrais-je vivre cent ans que je ne pourrais oublier ce rire... de hyène. Par trois fois, jadis, je l'ai entendu, et ce soir c'était la quatrième. J'en suis persuadé ! Il ne peut pas en exister deux semblables sur terre ! Et si tu ajoutes l'accent de mon escorteur... Je me suis cru revenu dans cette villa du Vésinet il y a des années... Ou encore dans le parc Monceau.

Adalbert fronça les sourcils. Soudain grave, il vint vers Aldo et le prit aux épaules :

— Je répète : tu es en train de faire un cauchemar, c'est entendu, mais n'y participent que des vivants. Pas des morts, et il n'y a plus de Solmanski vivants à la surface du globe terrestre [1]. Souviens-toi, bon Dieu ! Le père a sauté à Varsovie avec la chapelle souterraine, la fille est morte comme tu sais et quant au fils, cette petite ordure de Sigismond, c'est toi qui l'as abattu d'une balle en plein crâne ! Il faut te réveiller !

Aldo passa sur sa figure une main qui tremblait :

— Je sais tout cela. Ma raison ne cesse de me le répéter. Pourtant ce rire...

— ... appartient à un autre. Peut-être aussi fêlé que l'original, mais il faut que tu te sortes de la tête l'idée que, doté comme les chats de plusieurs vies, le jeune Solmanski a obtenu de Satan, son maître, la faveur de revenir faire un tour chez les vivants dans le seul but de te pourrir l'existence ! Il est comment, ce type ?

— Même taille, même silhouette... mais je n'ai vu qu'une ombre.

— La voix ?

— Froide, jeune, métallique... le même registre à peu près mais avec un fort accent espagnol ou sud-américain... Il y manquait seulement la couleur et, tandis qu'il parlait, j'avais l'impression bizarre mais tenace qu'il récitait un texte appris par cœur. Par moments, l'accent faiblissait mais pour revenir avec plus de force. Enfin, en me

1. Voir *L'Etoile bleue*.

ramenant à la voiture, le chauffeur a dit quelques mots en français mais je jurerais que celui-là a vu le jour dans un faubourg de New York ou de Chicago ! Tante Amélie, je boirais volontiers une autre tasse de café

— Tu es assez énervé comme ça ! Cela dit, il me vient une idée. As-tu gardé une relation quelconque avec ce chef de la police métropolitaine de New York chez qui t'avait envoyé ton ami de Scotland Yard [1] ?

— Phil Anderson ? Ma foi, non...

— C'est bien dommage et tu devrais essayer de renouer.

— Pourquoi ?

— Evidemment ! s'écria Marie-Angéline jusque-là réduite au silence par l'attention avec laquelle elle écoutait. Lorsque nous sommes allée – sans moi ! – rue de Lille, la vieille dame ne nous a-t-elle pas dit que son petit-neveu, ce char... je veux dire Don Miguel, vivait à New York où il se faisait une situation dans les objets anciens avec l'aide d'amis dont on ne nous a pas confié l'identité mais qui semblent assez au courant de ce qui se passe de ce côté-ci de l'Atlantique pour savoir ce que l'on y vend en fait de château ! Ce sont eux qui ont expédié la famille Vargas-Olmedo à Biarritz où, comme par hasard, un autre homme a convaincu M. Vauxbrun d'aller faire un tour... Vous, je ne sais pas, mais moi je trouve que cela fait beaucoup de gens sans visages et sans noms...

1. Voir *Les Joyaux de la sorcière.*

— Plan-Crépin ! s'écria la marquise, il y a des moments où vous avez des éclairs de génie ! C'est exactement ce que je voulais dire !

— Et en plus, elle a raison, fit Adalbert. Tu devrais écrire à cet Anderson...

— Non. Je pense que c'est du ressort de Langlois. Je vais aller le voir. Cela marchera mieux de police à police...

— Tu n'iras rien voir, coupa Adalbert. C'est moi qui m'en chargerai après avoir téléphoné de chez moi pour prendre rendez-vous ailleurs qu'au quai des Orfèvres. Tes petits copains de cette nuit t'ont interdit de mêler l'autorité à votre marché et je suis persuadé que tu es surveillé... Et à ce propos, si on en venait à ce que l'on t'a imposé ? Trois mois, ce n'est pas énorme, si l'on se réfère au temps qu'il nous a fallu pour chaque pierre du pectoral, sans parler des « Sorts Sacrés [1] ». On a quoi comme point de départ ?

— Un nom : la comtesse Eva Reichenberg qui, si elle s'agitait au Mexique à l'époque du malheureux couple impérial, ne doit plus être en très bon état, en admettant qu'elle soit encore de ce monde !

— Tu es gracieux, toi ! protesta Mme de Sommières. Je suis née en 1850, moi, et non seulement je suis encore là mais je n'ai pas l'impression d'être gâteuse !

— Pardon ! pria Aldo qui ne put s'empêcher de rire. Vous êtes tellement plus jeune que nous tous que l'on oublie votre âge ! Mais... j'y pense ! Est-ce que ce nom évoque un souvenir pour vous qui

1. Voir *Les Emeraudes du prophète*.

connaissez au moins la moitié de l'Armorial européen ?

— N... on ! Elle doit faire partie de l'autre moitié.

— A votre avis, est-ce allemand ou autrichien ?

— Si cette femme était amoureuse de l'archiduc Maximilien, on devrait pencher pour l'Autriche, hasarda Marie-Angéline. C'est le plus logique... et pourquoi ne pas le demander à Lisa ? Elle est aussi autrichienne que suisse !

— Faut-il que je sois perturbé pour ne pas y avoir pensé tout de suite ! Je cours lui téléphoner...

— Tu as vu l'heure qu'il est ? remarqua Adalbert en désignant la pendule qui marquait deux heures du matin...

— Je risque d'en avoir pour trois ou quatre heures d'attente...

Et il disparut en direction de la loge du concierge tandis que Marie-Angéline essayait de convaincre Mme de Sommières d'aller se coucher. Vainement :

— Qu'est-ce que vous voulez que j'aille faire dans mon lit quand nous sommes sur le pied de guerre ?

Aldo remonta au bout d'une demi-heure. Apparemment, les liaisons téléphoniques fonctionnaient mieux la nuit que le jour.

— Je n'ai patienté qu'un quart d'heure, fit-il avec satisfaction. Lisa vous embrasse tous.

— Nous n'en doutons pas un instant, rétorqua Tante Amélie. Mais à part ça, qu'est-ce qu'elle t'a dit ?

— Que le nom est autrichien, après quoi elle a ajouté : « Va voir Grand-Mère ! »

Cherchant dans sa poche son étui à cigarettes, les doigts d'Aldo se refermèrent sur un papier et il se souvint alors du message, prétendument de Vauxbrun, que l'inconnu lui avait jeté en disant qu'il aurait largement le temps de le lire plus tard. Fallait-il qu'il fût troublé par le rire qui avait clos leur entretien pour l'avoir oublié !

En fait, l'écriture était bien celle de Gilles. Quant au texte, il était à la fois court et sibyllin :

« J'ai commis une lourde faute et il est normal que je la paie. Si tu peux me sauver, fais-le mais, surtout, veille sur elle... »

Le message se terminait par une traînée d'encre. On avait dû le lui arracher pour l'empêcher d'en dire davantage.

— « Veille sur elle » ? lut Adalbert par-dessus l'épaule de son ami. Veut-il dire sa fiancée ?

— Et qui d'autre ? Pour ce que j'en sais, il n'a pas cessé un instant de penser à elle depuis qu'il l'a rencontrée. Ce qui voudrait dire qu'elle serait en danger ? Mais quel danger ?

— L'étonnant, c'est qu'on lui ait permis d'écrire, constata Adalbert en subtilisant la feuille de papier. Notre ami Langlois va avoir une autre énigme à résoudre. Les moyens dont il dispose lui permettront peut-être d'en tirer un complément d'information.

— C'est possible mais je n'y crois guère.

— Tu as tort ! Si tu veux le fond de ma pensée, j'ai peur que tu ne perdes ton temps. On ferait beaucoup mieux d'aider la police à retrouver Vauxbrun plutôt que courir derrière un joyau disparu sans doute depuis belle lurette.

Sous le sourcil froncé, l'œil d'Aldo vira au vert, ce qui était chez lui signe de mécontentement. C'était la première fois qu'Adalbert déclarait son désaccord et son intention de suivre un autre chemin que lui. Il en éprouvait une déception car il avait cru qu'ils pourraient aller ensemble à Vienne mais, finalement, c'était le droit absolu de l'égyptologue de porter une attention plus distraite au sort d'un homme qui n'était qu'une relation pour lui. Aldo savait depuis longtemps que les deux hommes n'éprouvaient pas une sympathie réciproque. Vidal-Pellicorne trouvait Vauxbrun trop infatué de sa personne et agaçant. Il est vrai que ce dernier, faisant allusion à Adalbert, l'appelait le plus souvent « l'archéologue cinglé » !

— Libre à toi de penser ce que tu veux ! dit-il. Même si je vais au-devant d'un échec et si ce semblant de piste ne mène à rien j'entends la suivre jusqu'au bout ! Ce serait vraiment trop bête !

Adalbert se mit à rire :

— Allons, ne fais pas cette tête ! Ne me dis pas que tu as besoin de moi pour aller voir Grand-Mère ? Et moi je serai peut-être plus utile ici...

5

Un condensé de haine

Un porteur sur les talons, Morosini se dirigeait vers la sortie de la gare quand une main gantée surgit du moutonnement des autres voyageurs en même temps qu'un cri :

— Aldo !... Je suis là !

— Lisa ?

C'était bien elle. Remontant le courant humain, elle lui tombait dans les bras l'instant suivant.

— Mais qu'est-ce que tu fais à Vienne ? Pourquoi ne m'avoir rien dit ?

— L'idée m'en est venue juste après avoir raccroché le téléphone ! Cela t'ennuie ?

— Idiote ! fit-il en la serrant contre lui, heureux de sentir sous ses lèvres la fraîcheur de sa peau, le parfum de ses cheveux qu'elle n'avait pas jugé utile de couvrir d'un chapeau et toute cette vitalité qui émanait d'elle.

— C'est la plus belle surprise que tu pouvais me faire, ajouta-t-il en glissant son bras sous le sien. Mais pourquoi être venue à la gare ? Il fait un temps affreux !

Une pluie rageuse crépitait sur les grandes verrières, dégouttant des chenaux en petits ruisseaux.

— Pour que tu viennes directement à la maison. Tu crois que j'ignore que, chaque fois que tu viens ici, tu te précipites dans l'hôtel équivoque de la bonne Mme Sacher ?

— Equivoque ! fit-il, scandalisé. Une maison de cette qualité ?

— Où les archiducs venaient jadis faire la noce avec les belles Tsiganes ! Il n'y a plus tellement d'archiducs en circulation, mais ils sont remplacés par les messieurs riches et les innocents voyageurs épris de couleur locale et désireux de s'offrir le menu de Rodolphe avant Mayerling... En plus, les Tsiganes sont toujours là ! Remarque, cela n'enlève rien à l'excellence de ce qui est toujours le meilleur hôtel de Vienne et de ses productions !

— Dis-moi, Lisa ? Serais-tu en train de devenir mauvaise langue ?

— Mais je le suis depuis ma naissance, mon cœur ! Console-toi, même si tu ne dors pas chez Mme Sacher, tu auras droit à son sublime gâteau au chocolat et à l'abricot. Grand-Mère en a envoyé chercher ce matin en ton honneur ! Au fait, je ne t'ai pas demandé si tu as fait bon voyage...

On venait de franchir la sortie. Aldo s'arrêta, obligeant sa femme à en faire autant :

— N'en dis pas davantage, j'ai compris !

— Quoi ?

— Quand tu joues les moulins à paroles, c'est que quelque chose ne va pas. Alors explique-moi calmement ce qu'il y a ?

— Tu le demandes ?

Le sourire s'était effacé et les yeux violets de la jeune femme brillèrent d'un éclat liquide :

— Je meurs de peur, si tu veux le savoir ! Et cela depuis que je sais – en gros, parce que au téléphone tu n'es jamais prolixe – que ce fichu mariage a tourné à la catastrophe. Quant aux journaux français, ils se montrent d'une discrétion absolument inhabituelle chez eux. Et c'est pourquoi je suis ici... Je veux la vérité !

— Tu vas l'avoir. Je te demande simplement un peu de patience : jusqu'à ce que je puisse la partager entre toi et Grand-Mère. Je n'ai pas de goût pour le récit de Théramène... et je suis fatigué parce que je n'ai pas dormi de la nuit !

On s'était remis en marche et bientôt le chauffeur de Mme von Adlerstein ouvrait devant eux la portière de la limousine noire, salué par un :

— Comment ça va, Adolf ?

— Bien, grâce à Dieu, Excellence ! J'espère que le voyage a été bon ?

— Convenable, comme d'habitude...

Aldo fit monter Lisa, la suivit et à peine assis l'entoura de son bras pour l'attirer contre lui et ferma les yeux :

— Tais-toi ! Laisse-moi savourer ce moment délicieux auquel je ne m'attendais pas ! C'est bon, tu sais, d'être près de toi, de te toucher, de te respirer... même quand tu sens le loden mouillé !

Pour seule réponse, elle se redressa puis se pencha jusqu'à ce que ses lèvres caressent doucement celles de son époux. Un baiser léger mais prolongé qui le fit ronronner :

— Hmmmm !... C'est bon !... Encore, pria-t-il en la sentant s'écarter.

— Il ne faut jamais abuser des bonnes choses... et il n'y a pas des kilomètres entre la gare et la maison !

Cinq minutes plus tard, en effet, la voiture s'engageait dans Himmelpfortgasse, une rue étroite de la vieille ville où s'alignaient quelques palais, et, après s'être annoncée de deux coups de klaxon, franchissait un beau portail cintré de chaque côté duquel des atlantes chevelus aux muscles impressionnants soutenaient un admirable balcon de pierre ajourée.

Aldo aimait « Rudolfskrone », le vaste domaine de Mme von Adlerstein dans le Salzkammergut, autant qu'il détestait son palais viennois assez sombre et plutôt écrasant. Mais surtout parce que Joachim, le majordome, y régnait en potentat et qu'entre lui-même et ce tyran domestique il n'existait guère d'affinités. Et cela depuis leur première rencontre, sur le pas de la porte et de part et d'autre d'un panier à provisions. Aldo souhaitait un entretien avec la dame de ces lieux et Joachim l'avait carrément traité en indésirable. Par la suite, son titre de prince et aussi le mariage avec Lisa avaient sensiblement arrangé les choses mais Morosini restait convaincu qu'au-delà de l'obligatoire politesse, l'homme aux favoris – blancs et abondants qui lui donnaient une vague ressemblance avec François-Joseph – ne l'avait jamais adopté et qu'il eût cent fois préféré un nobliau autrichien à une altesse vénitienne reconvertie dans la « boutique »... Pour sa part, Aldo le détestait et c'était une raison de plus de préférer son cher hôtel Sacher lorsqu'une affaire quelconque l'attirait à Vienne ! Ce soir, heureusement, il y aurait Lisa et les fonctions du majordome s'arrêtaient au seuil des chambres à coucher ! Enfin... en principe !

Mais Aldo sentit la moutarde lui monter au nez quand, au lieu de faire porter les bagages dans la chambre de sa femme, on les conduisit de l'autre côté du grand palier, dans l'une des chambres d'apparat, une sorte de hall de gare meublé dans le style pompeux cher aux Habsbourg où la majeure partie du terrain était occupée par deux immenses lits de deux personnes accolés selon la mode du pays. Il s'apprêtait à ouvrir la bouche pour protester quand Joachim le devança en s'inclinant devant Lisa :

— Ce matin, un accident a eu lieu dans la salle de bains de Mme la princesse. Elle a été inondée et sa chambre aussi.

— Que s'est-il passé ?

— Le dernier gel a dû faire éclater une conduite et quelque chose s'est bouché. Le plombier a été prévenu...

— Allons voir ! décréta Aldo.

La chambre de sa femme n'avait rien à voir avec le mausolée dans lequel on voulait le faire coucher. Un seul lit à « la polonaise », habillé de satin broché vert céladon, de jolis meubles du XVIIIe italien ou français, des tentures assorties au lit. C'était un endroit charmant où Aldo avait de bien aimables souvenirs. Pour l'instant, un valet et une femme de chambre agenouillés achevaient d'éponger la salle de bains et l'on avait retiré les tapis sous lesquels le parquet était sec.

— Ce n'est pas grave au point de nous faire camper dans une succursale de la Hofburg où je ne fermerai pas l'œil de la nuit ! Tâchez de nous trouver des carpettes et nous nous servirons de la salle de bains du palier.

— Mais, Votre Excellence ! Mme la comtesse sera sûrement mécontente quand elle rentrera...

— Elle est à une messe de mariage à Laxenbourg, expliqua Lisa.

— J'en fais mon affaire ! s'entêta Aldo. Nous dormirons ici ! C'est ça ou nous allons nous réfugier chez Sacher !

Avec une satisfaction maligne, il vit s'emplir d'horreur les yeux de son ennemi tandis que, la mine crucifiée, il quittait le lieu du drame avec les autres serviteurs. Ce n'était qu'un détail sans importance mais ce coup de force domestique avait réconforté Aldo. Lisa se mit à rire quand, la porte dûment refermée, il la prit dans ses bras :

— Tu ne le soupçonnes tout de même pas d'avoir lui-même percé la conduite ?

— Je le crois capable de n'importe quoi pour m'être désagréable. Toi, je ne sais pas, mais moi je me sens incapable de t'aimer dans un endroit qui ressemble à la crypte des Capucins...

Ce qui n'était évidemment pas le cas sous le dais de satin du lit à la polonaise...

Chaque fois qu'il revoyait sa belle-grand-mère, Aldo éprouvait un sentiment d'admiration analogue à celui que lui inspirait Tante Amélie. Grande et mince comme elle mais toujours vêtue de noir et de blanc, elle avait un visage à peine ridé tenu haut par un long cou habillé d'une guimpe baleinée sous une couronne de tresses argentées. Il y retrouvait le sourire de Lisa et surtout les yeux de Lisa, leur rare teinte d'améthyste et leur vitalité. De son côté, Valérie von Adlerstein s'était prise d'affection pour ce petit-fils hors normes qu'à leur première rencontre elle avait plutôt maltraité [1].

Ce soir, elle était particulièrement sensible à la tension qu'elle devinait en lui et à l'inquiétude latente de son regard. Le merveilleux moment de détente qu'Aldo avait goûté avec Lisa depuis son arrivée lui avait fait du bien mais à présent le problème crucial qu'il avait à résoudre reprenait ses droits.

Avec sa précision coutumière, il avait retracé ce qui s'était passé depuis la déroute de Sainte-Clotilde pour finir par la séance du bois de Boulogne, ne gardant pour lui que le subit éclat de rire qui lui avait glacé le sang. Déjà, Lisa réagissait avec une anxiété qu'elle ne cherchait plus à cacher. Elle avait encore trop proche dans sa mémoire son angoisse quand, trois ans plus tôt, Aldo était tombé entre les griffes d'un malfaiteur impitoyable [2].

1. Voir *L'Opale de Sissi*.
2. Voir *La Perle de l'Empereur*.

— Qu'adviendra-t-il si, au bout des trois mois, tu n'as pas réussi à mettre la main sur ce collier ?

— D'abord, tu devrais dire « nous ». Ce n'est pas gentil d'oublier Adalbert dont tu sais parfaitement qu'il va en prendre sa bonne part. Ensuite... je n'ai pas de réponse à t'offrir. Je n'en ai aucune idée.... Sinon que Gilles sera vraisemblablement exécuté.

— Ce serait stupide, à mon avis, dit Mme von Adlerstein. Un otage assassiné ne sert plus à rien. A moins qu'ils n'en trouvent d'autres et, à ce propos, ne serait-il pas plus prudent que Lisa et les enfants viennent s'installer chez moi ? Ce palais, ajouta-t-elle avec l'ombre d'un sourire, est assurément moins séduisant que le vôtre mais on peut en faire une véritable forteresse...

— Et Joachim serait capable de mettre en déroute le diable en personne, je sais ! Je ne vous cache pas que j'y songeais !

— On pourrait peut-être me demander ce que j'en pense ? intervint Lisa d'une voix plaintive.

A travers la largeur de la table, Aldo alla chercher la main de sa femme qu'il recouvrit de la sienne :

— Ne complique pas tout, Lisa ! Je suis persuadé que tu as déjà accepté. A présent, parlons de la raison de mon voyage : cette Eva Reichenberg qui est la seule piste que l'on m'ait donnée et qui me paraît fragile. D'abord, elle doit être morte depuis longtemps...

— Nous sommes contemporaines... et cousines. Eloignées, je l'admets mais cousines tout de même. Réfléchissez, Aldo ! Lisa ne vous aurait pas conseillé de venir me voir si elle pensait que je n'avais rien à vous apprendre.

— C'est vrai ! Je vous demande pardon ! Ainsi, vous la connaissez. Quelle chance ! Et vous savez où elle habite ?

— Ici. A Vienne ! Mais ne vous réjouissez pas trop vite : elle est folle depuis des années.

— Oh, non !

— Oh, si ! Quand elle a appris que l'empereur Maximilien avait été fusillé, elle a tenté de se suicider par pendaison. On l'a sauvée de justesse mais sa raison a été atteinte et, sans avoir sombré complètement dans la démence, elle a eu besoin depuis d'une surveillance quotidienne...

— Elle est internée ?

— Pas au sens où vous l'entendez. Sa famille est extrêmement riche et elle vit quasiment internée dans une propriété qui lui appartient. Elle a toujours été un peu... exaltée, vous savez. C'est à son premier bal à la Hofburg qu'elle s'est éprise de celui qui n'était encore que l'archiduc Maximilien. Il faut avouer qu'il était charmant et qu'Eva n'était pas la seule dans ce cas mais, ce soir-là, elle a dansé avec lui et en est restée à jamais captive. Inutile d'ajouter que le mariage avec Charlotte de Belgique l'a mise d'autant plus en fureur qu'elle avait l'impression de ne pas être indifférente à son prince, et elle a voué dès cet instant à la nouvelle archiduchesse une haine farouche. Sa fortune et l'inertie maternelle le lui permettant, elle s'est attachée aux pas du couple, vivant comme eux, à Milan, à Venise et à Trieste le plus près possible du château de Miramar. Ensuite, quand ils ont accepté d'aller régner sur le Mexique, elle s'y est rendue avant eux. Pour quoi faire ? Je ne sais pas... J'avoue n'avoir jamais essayé de savoir, Eva ne m'inspirant pas une sympathie particulière. Tout ce que j'ai appris par les potins de cour, c'est qu'elle résidait encore au Mexique lorsque l'impératrice Charlotte en est revenue chercher du secours auprès du pape, de Napoléon III et de François-Joseph son beau-frère, jusqu'à ce que l'oncle d'Eva, inquiet du sort de sa sœur et de sa nièce, fasse le voyage pour les chercher et les ramener à Vienne. A la suite de quoi, la mort de Maximilien a déclenché la crise dont je vous ai parlé et la décision de tenir désormais la jeune femme sous étroite surveillance. Quand je vous aurai dit que sa mère est morte quelques semaines après leur retour, vous en saurez autant que moi.

— Ce n'est pas très encourageant, soupira Aldo. L'avez-vous revue depuis qu'elle est rentrée ?

— Deux fois. La première au moment du décès de sa mère qui n'a pas paru l'émouvoir outre mesure et une autre fois, à je ne me souviens plus quelle occasion. Ce qui ne fait pas beaucoup en tant d'années, ajouta-t-elle avec un demi-sourire, mais j'avoue que, cette seconde fois, j'ai éprouvé une profonde impression de malaise qui ne m'a pas incitée à revenir... Cette femme dont la folie n'est pas toujours apparente n'est qu'un bloc de haine.

— Envers ceux qui ont exécuté Maximilien, je suppose ? dit Lisa.

— Non. Envers l'impératrice Charlotte qu'elle rend responsable des malheurs qui se sont abattus sur son héros. Elle sait que son ennemie est devenue folle elle aussi et ne cesse de s'en réjouir en se félicitant de l'avoir amenée à ce triste état.

— Comment cela ? fit Aldo. Elle se vanterait d'avoir occasionné la démence de cette malheureuse qui est morte il n'y a pas bien longtemps, il me semble ?

— Environ trois ans. Je confesse qu'à ce moment-là, j'ai éprouvé une vague envie d'aller voir Eva, mais j'ai réussi à y résister parce que je jugeais ce désir assez méprisable : une simple... mais peu glorieuse curiosité.

— Vous vouliez savoir si elle se réjouirait de la nouvelle ?

— Oui. Admettez que ce n'était guère élégant ? Pourtant, j'ai regretté après de ne pas y être allée... Et ce n'est pas plus honorable !

— Pourquoi ?

— Maria Kolinski, sa demi-sœur, m'a raconté que, loin de la réjouir, la nouvelle l'a mise hors d'elle : la mort a soustrait sa rivale à la malédiction qu'elle lui avait jetée, sans compter qu'à présent, elle a rejoint Maximilien. Ce qui oblige son entourage à redoubler de vigilance.

— Je trouve ça idiot, émit Lisa. A son âge et si elle est en si mauvais état, pourquoi ne pas la laisser échapper, elle aussi, à une existence pénible ?

— D'abord, elle n'est pas en « si mauvais état », comme tu dis. Ensuite, elle possède une belle fortune héritée de son père qui avait pris ses précautions. Ceux qui la soignent recevront à sa mort une coquette somme qui leur échapperait si le décès n'était pas naturel : autrement dit, si elle était assassinée ou, pis, si elle se suicidait. Pour ce catholique intransigeant, mettre fin soi-même à ses jours était le pire des crimes. Et elle a déjà fait une tentative...

Après l'avoir écoutée avec attention, Aldo garda le silence quelques instants :

— Il faut que je lui parle, dit-il enfin. C'est ma seule chance d'apprendre ce qu'elle a fait de ce damné collier. Pensez-vous qu'elle me recevrait ?

— Vous seul, non. Elle serait sûrement d'accord mais pas les gens qui la gardent puisque vous êtes un inconnu. Mais avec moi, oui, je pense...

— Alors, le plus tôt sera le mieux !

— Un instant, coupa Lisa. Comment penses-tu obtenir d'une malade mentale qu'elle te raconte comment et pourquoi elle a volé ces pierres ? Que vas-tu lui dire ?

— La vérité, tout simplement, et je vais me présenter pour ce que je suis : un homme qui recherche un joyau perdu... mais pour sa propre collection. Pour ce que j'en sais, je ne pense pas qu'elle serait sensible à l'idée qu'il s'agit de sauver une vie humaine.

La Hohe Warte, à l'ouest de Vienne, où se trouvaient les grandes serres Rothschild, était l'une de ces artères paisibles où les parcs des propriétés faisaient passer de la ville à la campagne sans solution de continuité. Qui la suivait se retrouvait dans les vignes fournissant les petits vins blancs aux « Heuriger [1] » de Grinzing, en route pour le mont Kahlenberg et la forêt viennoise.

1. Sorte de guinguette typiquement viennoise.

Entourée d'un vaste jardin, la maison d'Eva Reichenberg accolait plusieurs pavillons carrés couronnés de terrasses à balustres sur lesquels se tordaient les branches capricieuses d'une glycine encore privée de ses fleurs. Sous le léger soleil apparu vers midi, l'ensemble donnait une impression de calme et d'harmonie propre à apaiser des nerfs malades. Les deux visiteurs n'y furent pas indifférents. Un valet en livrée bleue les accueillit, vite relayé par une forte femme habillée comme au début du siècle d'une longue jupe grise et d'un cor sage blanc à manches amples et col baleiné, ses cheveux poivre et sel coiffés en brioche et le nez chaussé de lunettes, en qui l'on devinait sans peine une infirmière. Son sourire découvrit une denture bicolore où l'or alternait avec un blanc légèrement grisâtre. Elle répandait une vivifiante odeur de savon de Marseille :

— Je suis Fraulein Gottorp, déclara-t-elle en attachant sur Aldo un regard scrutateur, la demoiselle de compagnie de la comtesse Eva. Elle est très heureuse de recevoir Mme von Adlerstein qui est de ses amies et aussi M. le prince... Morosini, n'est-ce pas ? Mais elle se sent un peu lasse, ce tantôt. Je vais devoir les prier de bien vouloir me suivre jusqu'à sa chambre...

— J'espère que nous ne sommes pas importuns ? demanda la comtesse.

— Absolument pas ! Au contraire. Il est toujours agréable de recevoir une amie d'autrefois et de faire de nouvelles connaissances...

Ramassant sa longue jupe d'une main, ce qui découvrit d'attendrissants jupons blancs à dentelle de Calais et d'immenses pieds chaussés de cuir noir, elle les précéda dans un large escalier de pierre réchauffé par un « chemin » en moquette vert foncé, fit quelques pas dans une galerie ornée de tableaux qui auraient eu besoin d'un sérieux récurage : trop sombres pour que l'on puisse distinguer ce qu'ils représentaient. Enfin, ouvrit la porte d'une vaste pièce au seuil de laquelle elle clama avec la vigueur d'un aboyeur à l'entrée d'une réception :

— Madame la comtesse von Adlerstein et Monsieur le prince Morosini, Madame !

— Ne criez pas si fort, ma bonne Gottorp ! Je ne suis pas sourde ! Chère Valérie ! Quel plaisir de vous voir après tant d'années ! Je pensais que vous m'aviez oubliée...

— Vous savez que c'est impossible, Eva. Mais la vie va si vite que l'on ne voit plus passer le temps...

— C'est bien vrai ! En outre, vous m'amenez...

— L'époux de Lisa, ma petite-fille, Aldo Morosini, de Venise, dont vous savez peut-être qu'il est un célèbre expert en joyaux anciens...

— Non, je ne le savais pas. Mais comme c'est intéressant ! fit-elle en tendant à Aldo une petite mains sèche qui devait peser moins lourd que les bagues et bracelets qui l'ornaient et sur laquelle il s'inclina.

Tout en débitant les compliments d'usage, il examinait cette femme en s'avouant qu'il ne l'imaginait pas ainsi. Dieu sait pourquoi, il se l'était représentée taillée sur le même patron que Tante Amélie ou Grand-Mère Valérie mais elle était l'opposé : plutôt menue – autant que l'on en pouvait juger de la chaise longue où elle se tenait à demi étendue – et délicate comme une statuette grecque ou chinoise. En dépit de l'âge, sa beauté restait évidente grâce à une ossature parfaite tendant une peau finement ridée mais sans relâchement, à l'éclat intact de deux yeux noirs peut-être un rien trop brillants et à un sourire un peu crispé. En résumé, il n'avait pas l'impression d'être en face d'une folle. Quant aux bijoux, elle devait les aimer si l'on considérait, en plus de ceux des poignets, le quintuple rang de perles qui enserrait son cou au ras de la robe de velours noir et la broche ancienne – perles et émeraudes – retenant sur ses épaules un très beau cachemire mordoré comme en portaient les impératrices à l'époque de sa jeunesse.

— Venez vous asseoir près de moi, dit-elle avec enjouement en désignant un fauteuil proche de son coude et sans s'occuper davantage de sa visiteuse. J'ai toujours adoré les bijoux et, grâce à Dieu, je n'en ai jamais manqué. Comment trouvez-vous ceux-ci ? J'ai un faible pour les pierres vertes !

Enchanté de l'occasion, il se pencha avec intérêt sur la broche qu'elle désignait :

— Ces trois émeraudes sont splendides... mais ce ne sont pas les seules que vous possédez... si j'en crois ce que m'ont appris des amis américains...

— Américains ? Vraiment ? Comme c'est étrange !

Au point où il en était, Aldo maudit Fraulein Gottorp qui, après une brève absence, reparaissait chargée d'un vaste plateau contenant le traditionnel café viennois et des pâtisseries qu'Eva accueillit avec satisfaction et, bon gré, mal gré, il fallut sacrifier à ce rite important de la politesse autrichienne. Par chance, le café était bon et Aldo l'apprécia, se contentant d'échanger un regard agacé avec Mme von Adlerstein tandis que s'installait un silence inquiétant : occupée à faire disparaître une impressionnante quantité de choux à la crème, leur hôtesse semblait les avoir complètement oubliés.

Cet intermède permit à Aldo de mieux étudier la pièce où il se trouvait. Une chambre sans doute mais surtout un sanctuaire à la mémoire du fugace empereur du Mexique. D'abord, au-dessus d'une console supportant un vase d'iris, de tulipes et de feuillage roux cravatés de noir, un portrait en pied du prince dans un costume de sacre qui devait faire grand honneur à l'imagination du peintre car c'était tout simplement sur la couronne de Charlemagne posée sur un coussin qu'il reposait sa main. Un cas d'usurpation flagrante, lorsque François-Joseph vivait. Un nœud de crêpe était appliqué sur le haut du cadre doré. Mais ce n'était pas la seule effigie. En aquarelle, au fusain, à la plume ou à la sanguine, voire en médaille, on retrouvait partout le pauvre Maximilien avec sa mine romantique et sa barbe à deux pointes dissimulant un menton fuyant. Où diantre cette femme avait-elle trouvé tout ça ?

En achevant son tour de chambre, son regard rencontra le sourire amusé de la comtesse Valérie. Sourire vite effacé. Cependant, leur attente arrivait à son terme. Poussant un soupir de satisfaction,

Eva reposait assiette et fourchette à gâteau pour finir sa tasse de café. Sans lui laisser le temps de respirer mais après s'être signée mentalement, la vieille dame monta au créneau :

— Avant que l'on ne nous serve ces choses exquises que nous venons de déguster, le prince Morosini faisait allusion à une autre parure d'émeraudes, si importante que des amis américains lui en auraient parlé...

Avec un sourire reconnaissant, Aldo enchaîna :

— Je me suis mal exprimé et vous en demande pardon, comtesse. En fait, il s'agissait d'amis mexicains et...

Instantanément, le visage d'Eva se ferma. Un éclair de colère traversa ses yeux sombres :

— Misérables gens, ces Mexicains ! Peuple fourbe aux mains pleines de sang ! Ils l'ont fusillé, savez-vous ? Ces bandits ont osé assassiner celui qui était venu leur apporter la paix et l'ordre ! Vous avez des amis dans ce bourbier ?

— Non. Aucun, comtesse ! Ceux auxquels je fais allusion sont des réfugiés chassés par Juarez... Ils m'ont parlé de vous avec... une sorte de vénération ! Vous seriez celle qui a réussi à arracher aux assassins de l'empereur leur trésor le plus vénéré : le collier sacré de Montezuma...

Dans le regard devenu fixe, la colère fit place à une lueur de triomphe :

— Les cinq émeraudes !... Oh, oui, je les ai prises là où elles étaient terrées depuis des siècles ! Je les ai prises pour lui... mon prince bien-aimé !... mon doux empereur ! Et je les lui ai données pour lui porter chance... pour qu'il puisse juguler un peuple qui ne savait que lui faire du mal !

Elle se tut et l'on put entendre grincer ses dents. Quelque chose se passait en elle et, redoutant que ce ne soient les prémices d'une crise, Aldo souffla :

— Peut-être devrais-je arrêter ? Je ne voudrais pas réveiller son mal...

— Tant pis ! Il faut en prendre le risque ! chuchota la comtesse. Songez à l'enjeu !... D'ailleurs, j'ai l'impression qu'elle ne nous entend plus...

Eva, en effet, se levait et, croisant les bras sur son châle, se mettait à marcher de long en large comme un animal en cage...

— ... mais je me trompais, lança-t-elle d'une voix saccadée. Tout a été de mal en pis ! Les émeraudes ont développé un pouvoir maléfique en entrant dans la maison de Max parce que auprès de lui vivait un démon acharné à sa perte... oui, oui, elle était là, toujours là, toujours plus avide de pouvoir...

— Qui ? hasarda Aldo.

— Elle ! La Belge ! La femme à laquelle il ne touchait jamais... et qui ne lui pardonnait pas de la délaisser... alors qu'il savait m'aimer avec tant de passion. Elle voulait régner à n'importe quel prix... n'importe où... même chez les pires sauvages... Auprès d'elle, il souffrait le martyre... alors il les fuyait, elle et l'enfant qu'elle l'avait obligé à adopter parce que son ventre à elle était stérile...

— C'est elle qui a pris les émeraudes ?

Il y eut un silence. Eva venait d'arrêter sa marche agitée devant le grand portrait sur lequel elle posa des mains tremblantes d'adoration tandis que ses larmes se mettaient à couler. Aldo répéta doucement :

— Elle a pris les émeraudes ?

— Oui... mais sans le savoir ! A la suite de sa décision de s'en aller, d'abandonner mon Max à son peuple barbare pour aller se pavaner en Europe en échappant à la malédiction, j'ai voulu qu'elle paie enfin ses crimes ! Puisque les pierres vertes étaient maudites, il fallait qu'elles partent avec elle... Elle disait qu'elle reviendrait bientôt mais elle a tout emporté, ses robes, ses bijoux et tout ce qui avait de la valeur. J'ai pensé lui attacher les dieux malfaisants pour qu'ils la détruisent... et ils ont réalisé mon vœu ! A peine arrivée, elle est devenue folle !... folle à lier !... à enfermer !... à ligoter ! Ah ! le bonheur que j'ai ressenti en l'apprenant... J'avais réussi !... C'était merveilleux !... Oh, je me sentais si fière de mon stratagème !...

Elle riait et pleurait à la fois. Mme von Adlerstein la rejoignit et la prit dans ses bras pour la bercer comme un enfant malheureux.

— Et vous avez eu raison ! C'était en vérité une idée géniale...

— N'est-ce pas ? Oh, je suis... heureuse que ça vous ait plu ! C'était tout bête pourtant !

— Les meilleures idées sont toujours simples et celle-là...

Sous l'œil angoissé d'Aldo, le visage d'Eva s'illumina soudain :

— N'est-ce pas ? Et c'était tellement facile : mettre un double fond dans une de ses boîtes à éventail. Elle en avait une collection ! Elle adorait s'éventer en prenant des airs supérieurs... Un objet de risée ! Une pauvre insensée ! Voilà ce qu'elle est devenue à présent... au fond d'un vieux château ! Oh, je la hais... je la hais... Je la hais !

Le dernier cri s'acheva en sanglots si violents qu'ils attirèrent Fraulein Gottorp...

— Que se passe-t-il ? Oh, mon Dieu !

Ecroulée contre la poitrine de la comtesse, Eva subissait une violente crise de nerfs. Voyant que la vieille dame peinait à la maintenir, Aldo l'écarta, enleva la malade dans ses bras et l'étendit sur son lit où Gottorp, armée d'une serviette et d'eau fraîche, le rejoignit :

— Vous devriez partir ! conseilla-t-elle. J'en ai pour un moment à la calmer.

— Peut-on vous aider ?

— Non, son médecin va venir... C'est étonnant ! Elle était si paisible ce tantôt. De quoi avez-vous parlé ? ajouta-t-elle d'un ton accusateur.

Plantant dans les yeux d'Aldo un regard qui lui ordonnait le silence, Mme von Adlerstein fit semblant de chercher puis déclara :

— Voyons ! Réfléchissons... tout se déroulait bien en effet. Nous parlions de choses sans importance quand le mot de Mexique est venu dans la conversation.

— Ah, Seigneur ! J'aurais dû vous prévenir...

— Pourtant ces portraits... ces objets doivent le lui rappeler à chaque instant ?

— Oh, ne me demandez pas d'expliquer ! Elle parle sans cesse de l'empereur, mais le nom du pays qui l'a tué est tabou !

— Croyez que nous sommes désolés...
— Vous ne pouviez pas savoir...
— Nous partons.

Dans la voiture qui les ramenait au palais Adlerstein, les deux visiteurs gardèrent le silence. Assez accablé pour Aldo. Il avait cru voir, un instant, s'ouvrir l'une des portes de l'Histoire. Or elle s'était seulement entrebâillée pour se refermer presque aussitôt. A Lisa qui les attendait des interrogations plein les yeux, il jeta :

— Ce dont nous sommes certains, c'est que le collier est revenu en Europe, et un temps, en Belgique, mais depuis la mort de l'impératrice Charlotte, Dieu sait ce qu'il a pu devenir...

— C'est elle qui l'avait ?

— Oui, mais sans le savoir...

— Explique ! Tu es à peu près aussi clair que l'Evangile selon saint Jean !...

— Lisa ! protesta sa grand-mère. Quel langage pour une chrétienne !

— Cela ne veut pas dire que j'aie perdu la foi ! Avouez qu'il est franchement obscur, l'évangile en question ?

— Vous en discuterez plus tard ! coupa Aldo, agacé. On a d'autres chats à fouetter...

Lorsqu'il eut fini de décrire la scène dramatique dont la maison de la Hohe Warte avait été le théâtre, ce fut au tour de Lisa d'entrer dans une brève méditation qu'elle acheva en demandant :

— Est-ce que quelqu'un connaît la date de cette mort ?

— Elle s'est éteinte le 19 janvier 1927, dit la vieille dame. Je m'en souviens parce que ma cousine Elisabeth est morte le même jour. Charlotte vivait depuis des années au château de Bouchout, pas loin de Bruxelles...

— Mais évidemment ! s'écria Lisa. Souviens-toi, Aldo ! Elle n'avait pas d'enfants et tu songeais à te rendre là-bas, pensant que la famille procéderait à une vente d'au moins une partie de ses bijoux parce qu'elle en avait beaucoup et de fort beaux. Et puis il n'y a rien eu...

— C'est vrai. Je pensais que la famille se les était partagés. Ce qui m'étonnait, mais avec les dégâts laissés par la guerre, on pouvait supposer que même des princes pouvaient préférer de l'argent à des diadèmes et autres bibelots... Quoi qu'il en soit, ils n'en ont rien fait. Ce qui met un point final à l'histoire.

— C'est ce qui s'appelle jeter le manche après la cognée ! s'indigna la jeune femme. Il devrait tout de même être possible à l'illustre maison Morosini d'obtenir quelques renseignements ? Tu as gardé, j'imagine, des correspondants en Belgique ?

— Surtout chez les joailliers. L'ex-Mina Van Zelden, brillante secrétaire s'il en fut, connaissait tout cela par cœur, sourit-il, faisant allusion au temps où Lisa, déguisée en Hollandaise et méconnaissable sous des habits dignes d'une quakeresse, avait travaillé pour lui en faisant preuve d'une rare compétence.

— Tu devrais aller en voir au moins un. Si les bijoux ont été partagés, je suis persuadée qu'ils savent entre qui et comment. Ces gens-là entretiennent des espions autour de toutes les maisons royales et des collectionneurs de renom...

— Tu n'oublies qu'une chose le collier a été caché dans le double fond d'une boîte à éventail et n'a jamais fait partie de l'écrin de la pauvre Charlotte. Elle a pu en faire cadeau à quelqu'un ou alors les dames de son entourage ont pu recevoir, après sa mort, ses objets de coquetterie qui étaient autant de souvenirs. A ce propos, je trouve étrange cette histoire de double fond. Tel qu'il était, le collier devait être important. Il y avait les cinq émeraudes mais aussi la chaîne et les motifs d'or ciselé qui les reliaient. Une boîte à éventail – même un grand ! – peut-elle avoir les dimensions suffisantes...

— Je me demande, émit Grand-Mère, s'il n'aurait pas été démonté par l'un de ceux qui l'ont eu entre les mains ? Souvenez-vous, Aldo, Eva n'a parlé que des pierres. Pas une fois du collier. Si c'est le cas, la cachette devient crédible. Cinq émeraudes, même de cette taille, peuvent se dissimuler sans difficulté dans ces boîtes parfois imposantes, voire précieuses. Et l'impératrice en avait beaucoup. Au fond, elle n'est pas morte depuis si longtemps. Il devrait vous être facile d'obtenir de la cour de Belgique la liste des personnes qui l'entouraient et la servaient dans sa dernière résidence.

— Vous avez des relations, vous, à la cour de Bruxelles ?

— Quand la reine Marie-Henriette [1] était encore de ce monde, je vous aurais répondu oui, mais plus maintenant. Quant aux dames autrichiennes qui ont servi l'impératrice Charlotte au Mexique telles

1. Epouse de Léopold II, elle était née archiduchesse d'Autriche.

les comtesses Kinsky et Kollonitz, elles avaient quitté le pays bien avant la catastrophe. Enfin, la guerre a détruit la vieille complicité qui unissait jadis la noblesse d'Europe. Il ne reste que ceux qui ont combattu dans un clan et ceux de l'autre côté... Même les liens de famille tissés par mariage n'y ont pas résisté...

— Eh bien, et nous alors ? protesta Lisa. Je suis votre petite-fille et j'ai épousé un de ces Vénitiens qui haïssaient tellement l'occupant autrichien.

— Je ne dis pas que l'amour ne peut faire des miracles...

— Pas de miracle dans notre cas ! coupa Aldo soudain amusé. C'est une Suissesse que j'ai épousée, donc une neutre ! Ces gens-là se sont toujours arrangés pour être bien avec tout le monde ! Les autres s'entretuent joyeusement autour d'eux et ils comptent les coups !

— Si tu avais dit : « ils comptent leurs sous », je demandais le divorce !

— Tu aurais eu tort, c'est une occupation hautement honorable à laquelle je ne déteste pas de m'adonner. D'ailleurs, à propos de sous, il me vient une idée : sauf s'il abrite actuellement une quelconque altesse royale, je vais aller au château de Bouchout. Avec quelques billets judicieusement distribués, il devrait être possible d'obtenir la permission de visiter, sous le prétexte de rendre un hommage peut-être un peu tardif mais un hommage tout de même. Il serait fort étonnant que l'on ait changé les gardiens. J'en apprendrai sans doute davantage qu'en allant poireauter durant des heures dans les cabinets ministériels ou autres. Lisa, veux-tu demander à l'aimable Joachim de consulter l'annuaire des trains et de m'en trouver un pour Bruxelles ?

— Je vais le chercher moi-même !

— Tu ne vas pas le priver de ce plaisir ? Il va être si heureux de me voir partir ! Pour celui-là, la guerre n'est pas finie !

— Oh ! protesta la jeune femme. Il faut toujours que tu exagères !

— A peine ! Ce bonhomme me déteste. Mais je le lui rends au centuple ! Tu paries qu'il me trouve un train ce soir ?

Trois heures plus tard, Aldo embrassait Lisa sur le quai de la gare devant le Vienne-Nuremberg-Francfort-Cologne-Bruxelles où il passerait la nuit. La présence de la jeune femme constituait une entorse au règlement que les Morosini s'étaient imposé depuis leur mariage : ne jamais accompagner jusqu'au train ou jusqu'au bateau celui qui s'en allait. Ils avaient pareillement horreur des adieux qui s'éternisent sur un quai, les dernières secondes étant les plus pénibles quand, l'un des deux penché à la fenêtre de son compartiment, on ne sait plus que dire ni que faire pour cacher ses larmes...

Cette fois, Lisa, prise de court, n'avait pas voulu se plier à la règle. Elle ne savait pas quand elle reverrait son époux et elle était consciente du peu de temps imparti par le bandit du bois de Boulogne. Trois mois déjà entamés pour retrouver – aiguilles dans une meule de foin – cinq pierres peut-être disséminées à travers l'Europe ou jetées dans une vieille boîte au fond d'une décharge à ordures... Elle était encore plus consciente du péril encouru s'il ne les retrouvait pas. Vauxbrun risquait de mourir et Aldo de tomber dans une chausse-trappe. Ou alors... mais elle ne voulait penser ni à elle ni aux enfants. Dans quelques heures, elle retournerait à Venise pour en ramener Antonio, Amelia et Marco derrière les murs rassurants du vieux palais familial...

L'annonce du départ sépara le couple :

— Va vite à présent, mon amour ! murmura Aldo en posant un dernier baiser au creux de la paume de sa femme. Et ne te tourmente pas trop ! Je n'ai rien à redouter tant que les trois mois ne sont pas écoulés. En outre, n'oublie pas qu'avec Adalbert nous nous sommes tirés de situations au moins aussi baroques !

— Je n'oublie pas, sois tranquille ! Mais fais attention ! Et que Dieu te garde !

Elle se détourna brusquement et courut vers la sortie tandis qu'Aldo escaladait les marches du wagon-lit. Un bruit de galopade le fit se retourner sur la dernière marche : une jeune femme maintenant d'une main son chapeau enfoncé sur la tête, traînant de l'autre une mallette en crocodile et une paire de renards argentés dans lesquels ses pieds montés sur talons hauts pouvaient s'emmêler à chaque pas et la jeter par terre, essayait d'attraper cette portière encore ouverte du train en criant :

— Attendez-moi ! Attendez-moi !

Aldo se pencha et l'agrippa juste au moment où le convoi s'ébranlait et la hissa à l'intérieur. Elle s'accrocha à son bras :

— Ah, Monsieur, sauvez-moi !

— Volontiers, mais de quoi, Madame ?

Il n'eut pas besoin de poser deux fois la question : la réponse arrivait spontanément, incarnée par un homme fortement moustachu, brandissant une canne à pommeau d'ivoire, visiblement lancé sur les traces de la dame mais qui, ayant environ le double de son âge, ne possédait pas la même pointe de vitesse. Il était en outre fort en colère, voulut atteindre l'une des barres de cuivre qui permettaient de monter dans le train déjà en marche mais se fit repousser avec décision par un pied vigoureux élégamment chaussé de daim marron. Il réussit malgré tout à garder son équilibre et vociféra :

— Fichue menteuse ! Oserez-vous me répéter que vous n'avez pas d'amant quand je vous prends...

Le train gagnant de la vitesse, la fin de la phrase se perdit dans les lointains de la gare. Le contrôleur s'était précipité vers le groupe formé par Aldo et la jeune femme, et se hâtait de refermer la portière.

— Quelle imprudence, mon Dieu ! Comment se fait-il que cette porte ne soit pas encore fermée ?

— Je crains que ce ne soit ma faute, commença Aldo, mais la dame lui coupa la parole tout en redressant son chapeau qui donnait de la bande :

— Vous n'allez pas le reprocher à ce monsieur, Léopold ? Sans lui je manquais le train, et sait-on ce qui aurait pu m'arriver avec ce furieux ?

Mais déjà le préposé baissait pavillon :

— Excusez-moi, Madame la baronne. C'est moi qui ai tort. Pour aider un collègue à résoudre un problème, j'ai quitté un moment mon poste et je ne vous ai pas accueillie comme... j'aurais dû mais je vous conduis immédiatement à votre...

— Puis-je vous faire remarquer que vous ne m'avez pas accueilli davantage ? lui reprocha Morosini.

— Ça, c'est vrai ! approuva l'inconnue avec bonne humeur et un amusant accent belge, et je vous en félicite : sans Monsieur, le train était fermé et j'étais prise au piège ! On peut dire que vous étiez là à point nommé ! Cela dit, occupez-vous de Monsieur, mon bon Léopold ! Je suis toujours au numéro 4 ?

— Toujours, Madame la baronne, mais...

— Laissez, je n'ai que cette mallette : j'irai seule...

Adressant un sourire éclatant à son sauveur, elle s'engagea dans le couloir. Le contrôleur s'enquit de l'identité de son voyageur :

— Morosini ! Ma place a été retenue au dernier moment.

Léopold s'épanouit, mais la dame avait fait demi-tour et revenait vers eux :

— Le prince Morosini ? De Venise ?

— C'est bien moi ! admit Aldo sans trop savoir s'il devait se féliciter ou regretter une renommée plutôt encombrante.

Mais déjà elle dégantait sa main pour la lui offrir :

— Ravie ! Absolument ravie de vous rencontrer ! Baronne Agathe Waldhaus ! J'espère que vous allez à Bruxelles ?

— Euh... oui ! Pourquoi ? fit-il en se penchant sur la main en question, fine et ornée de trois bagues de valeur.

— Parce que nous aurons largement le temps de faire connaissance ! Retrouvons-nous au wagon-restaurant pour le dîner !

Aldo s'inclina. Il n'y avait pas d'autre solution sous peine de passer pour un mufle, même s'il aurait de beaucoup préféré rester tranquillement dans sa cabine après s'être fait servir un plat et un peu de vin afin de réfléchir dans un demi-silence bercé par les boggies du train. Mais il aimait l'imprévu des longs voyages ferroviaires et cette petite baronne Agathe qui venait de faire preuve d'une telle détermination dans l'art de se débarrasser des importuns était amusante. Même s'il savait sur quoi roulerait la conversation. Son nom pour les dames de la bonne société ne s'écrivait-il pas diamants, rubis, émeraudes, saphirs, etc. ?

— Madame la baronne est une personne qui sait ce qu'elle veut ! déclara soudain Léopold, occupé à ranger les bagages de son passager.

— Vous la connaissez si bien ? remarqua-t-il en se calant dans l'angle de la fenêtre pour allumer une cigarette.

— Elle voyage souvent dans cette voiture. Et puis elle est belge, comme moi. C'est la fille de Timmermans, le fameux chocolatier de Bruxelles.

— Et... l'homme qui la poursuivait et dont elle s'est débarrassée avec tant de désinvolture, vous le connaissez aussi ?

— C'est son mari, le baron Eberhardt Waldhaus. Ainsi que Monsieur le prince a pu voir, il a le double de son âge, il est ennuyeux comme la pluie et jaloux comme un tigre... Je n'en sais guère plus mais Mme la baronne est une personne très franche et je ne veux pas lui enlever le plaisir de le raconter à Monsieur le prince... Cependant, si je peux me permettre, c'est un ménage qui ne devrait plus durer bien longtemps ! ajouta-t-il en hochant la tête d'un air entendu.

Aldo le croyait volontiers. Quel homme digne de ce nom pourrait accepter que sa femme lui applique un coup de pied dans l'estomac au beau milieu d'une gare ?

En se retrouvant assis en face d'elle de part et d'autre d'une table étroite et fleurie, Aldo revint sur ses craintes de faire un dîner ennuyeux. D'abord Agathe Waldhaus, née Timmermans, était charmante : un visage rond creusé de fossettes sous une forêt de courtes boucles blondes dont l'une, retombant sans cesse sur un œil doré, lui rappelait Adalbert, à cette différence près que les yeux de ce dernier étaient bleus. En fait, elle avait l'air d'être sculptée dans un rayon de miel dont sa peau ornée de quelques taches de rousseur, son regard vif et sa chevelure déclinaient les nuances. On pouvait y ajouter la robe de crêpe romain signée visiblement par un couturier et les sautoirs de topazes, de citrines, de perles et de saphirs jaunes assortis aux pendants d'oreilles qui ornaient l'ensemble.

En prenant place, elle lui avait adressé un sourire éblouissant – ses dents étaient éclatantes de blancheur ! –, avant de se consacrer à la tasse de consommé qu'on leur servit d'autorité. Ce fut seulement quand elle l'eut achevée qu'elle déclara, soudain sérieuse :

— Savez-vous qu'en m'aidant à prendre ce train, vous m'avez sauvé – peut-être pas la vie mais d'une foule de désagréments ? S'il avait pu me rattraper, mon mari m'aurait sûrement enfermée !

— Ah ? C'était votre mari ? fit Aldo, jouant l'innocent. Il est vrai qu'il semblait furieux... et que vous lui avez appliqué un traitement difficile à avaler pour un homme. Vous ne craignez pas que votre retour au logis s'en trouve perturbé ?

— Mais je n'ai pas l'intention de rentrer au logis ! C'est même pour cette raison qu'il voulait me mettre sous clef. Comme on dit dans les bons romans, je retourne chez ma mère !

— Et... Madame votre mère approuvera ?

— Elle ? Oh, j'en fais ce que je veux ! C'est un amour... Avec mon père, évidemment, c'eût été plus difficile, mais il n'est plus de ce monde, donc il ne déplorera pas l'écroulement d'un mariage dont il était si enchanté !

— Vous m'étonnez un peu. Vous êtes belge, votre époux est autrichien, je suppose ?

— Vous supposez juste.

— La guerre n'est pas si loin de nous et la Belgique en a cruellement souffert...

Elle dégusta la bouchée de filet de sole Colbert plantée sur sa fourchette et lui offrit un sourire moqueur :

— Vous avez bien épousé la petite-fille de Mme von Adlerstein et vous êtes vénitien ! C'est pire, il me semble. Nous autres Belges avons surtout pâti des Allemands, non des Autrichiens. Et puis, vous savez, avec les guerres il y a toujours des accommodements. Quand nous avons rencontré Eberhardt à Aix-les-Bains, il y a quatre ans, mon père et lui se sont entendus comme larrons en foire. En plus, Eberhardt est baron et mon père raffolait des titres de noblesse. Enfin, je dois dire que mon prétendant était pratiquement la moitié de ce qu'il est aujourd'hui. Ayant mis la main sur une épouse à son goût, il n'a plus jugé utile de surveiller son tour de taille et s'est goinfré de tous les délices à sa portée, y compris moi et le chocolat paternel ! Enfin il s'est révélé un émule d'Othello. En prenant du poids, il a pris aussi de la méfiance et s'est mis à me surveiller. Si, à une soirée, je dansais deux fois avec le même quidam, il me ramenait dare-dare à la maison pour me régaler d'une scène. Que j'aie un amant, voire plusieurs, est devenu pour lui une idée fixe. D'ailleurs vous en avez été témoin tout à l'heure ?

La sole Colbert perdit soudain de son charme pour Aldo qui crut réentendre la voix furibonde lançant : « Oserez-vous encore me dire que vous n'avez pas d'amant quand je vous prends... » et sentit une légère sueur froide mouiller sa nuque. Au moment où le furieux lançait cette phrase lapidaire, il étreignait quasiment la jolie Agathe qu'il venait de repêcher sur le quai...

— Puisque nous en sommes aux confidences, baronne, allons jusqu'au bout : avez-vous réellement un...

— Un amant ? Mais non ! Je n'ai encore jamais trompé Eberhardt bien qu'il l'eût cent fois mérité. Cela doit tenir à ce que je n'ai pas rencontré l'oiseau rare, conclut-elle en attaquant sa caille farcie avec la dextérité d'une femme rompue dès l'enfance aux bonnes manières.

— Dans ce cas, permettez-moi une autre question : est-ce qu'à cette heure où nous devisons si agréablement, le baron Eberhardt ne serait pas en train de s'imaginer que l'heureux élu ce serait... moi ?

— J'y ai pensé, en effet, en me remettant de la poudre sur le nez, et la réponse m'est apparue aveuglante : sans aucun doute !

La petite sueur froide devint filet et glissa le long du dos de Morosini :

— Mais enfin, nous nous connaissons à peine et, outre que je séjourne rarement à Vienne, nous n'avons pas eu l'occasion de nous rencontrer ?

Les yeux au plafond, Mme Waldhaus réfléchit un instant :

— C'est exact. Il ne vous a certainement jamais vu. Moi non plus d'ailleurs, puisqu'il m'a fallu entendre votre nom pour savoir qui vous êtes...

Morosini eut un soupir de soulagement... qui ne dura guère. Les yeux toujours en l'air, un sourire ravi aux lèvres, elle poursuivait :

— Ce qui est dommage !

— Comment ça, dommage ?

— Passer pour votre maîtresse doit être plutôt flatteur, non ? La femme qui fait des folies pour un homme tel que vous doit avoir droit à toutes les indulgences, toutes les compréhensions...

— Cela m'étonnerait ! De toute façon, le rôle est rayé du répertoire depuis mon mariage. Ma femme est très belle, j'en ai trois enfants et je l'aime !

— C'est difficile à croire : vous devez être l'un des dix ou douze hommes les plus séduisants d'Europe...

— Et pourtant c'est la réalité. Il y a une princesse Morosini et pas la moindre coadjutrice !

— Vous êtes marié depuis combien de temps ?

— Cinq ans !

— Est-ce que, il y a deux ou trois ans, vous n'avez pas eu des problèmes avec une comtesse russe que vous étiez accusé d'avoir tuée dans une crise de jalousie ? Les journaux en ont beaucoup parlé.

La moutarde dont il n'avait cependant pas usé monta au nez susceptible d'Aldo. Ce joli pot de miel commençait à l'agacer furieusement :

— J'ignorais qu'on en avait parlé jusqu'en Autriche ?

— Je ne sais pas, j'étais à Paris à cette époque... l'histoire était passionnante...

— Alors j'espère que vous l'avez lue jusqu'au bout ? Dans ce cas, vous savez aussi que non seulement je n'ai pas tué cette malheureuse mais que j'étais en danger de mort...

— Ah non, je n'ai pas su la fin. Mon mari est venu me chercher et nous sommes partis ensemble pour New York... Mais racontez !

Un coude sur la table, le menton dans la main et la mine engageante, elle s'installait. Le dîner touchait à sa fin et l'on en était au café. Aldo y renonça, ce qui n'était pas un grand sacrifice, regarda sa montre et fit signe au maître d'hôtel pour qu'il lui apporte l'addition :

— Une autre fois, baronne ! Je vais vous demander la permission de vous laisser boire seule votre café. J'ai eu une journée épuisante et j'ai tellement sommeil que je risquerais de m'endormir devant vous... Ce serait désastreux !

Elle arbora aussitôt la mine boudeuse d'une gamine à qui sa maman refuse de raconter une histoire en la mettant au lit. Elle sembla même si déçue qu'Aldo se demanda un moment s'il n'allait pas lui mettre un pouce dans la bouche faute de sucette à portée de la main... Il régla la note, se leva, salua :

— Je vous souhaite une bonne nuit, baronne !

— Moi... moi aussi ! On se retrouve demain au petit déjeuner ? ajouta-t-elle à nouveau pleine d'espoir. Et... vous me raconterez la suite ?

En regagnant sa cabine, Aldo pensa qu'il allait devoir renoncer aussi à ce premier repas qui était pour lui l'un des plaisirs d'un voyage ferroviaire international par la variété que l'on y trouvait. Il se contenta de prévenir le conducteur qu'il ne quitterait son sleeping qu'une fois le train entré en gare. Sans donner d'explications qu'en employé consciencieux Léopold ne lui demandait pas. Son lit était fait et il se coucha aussitôt, regrettant un peu d'avoir mis fin à une rencontre qui l'avait amusé et grâce à laquelle ses lourds soucis avaient fait trêve, mais la curiosité de cette jolie femme s'annonçait sans limites et il détestait, viscéralement, ce qui, de près ou de loin, pouvait ressembler à un interrogatoire !

Cependant il adressa au Seigneur une fervente action de grâce en pensant à ce qui aurait risqué de se produire si le mari jaloux qui devait le prendre pour l'amant de sa femme avait pu mettre un nom sur son visage...

Au matin, à peine le train eut-il serré ses freins qu'il jaillit de son compartiment – heureusement voisin de la portière ! – sauta sur le quai et prit sa course vers la sortie pour s'engouffrer dans un taxi...

C'était bien la première fois qu'il se comportait de façon si cavalière avec une femme mais il n'en éprouva qu'un regret fugace...

Dans la voiture qui le conduisait vers la place de Brouckère à l'hôtel Métropole qui avait ses préférences lorsqu'une affaire l'amenait dans la capitale belge, son regard accrocha un panneau-réclame à la gloire du chocolat Timmermans. Il haussa les épaules mais se promit d'en acheter avant de partir. Il adorait les produits du cacao et cette marque, il le savait, était la plus réputée d'Europe. Une façon comme une autre de demander mentalement pardon à la baronne Agathe de l'avoir plantée là, avant de la fuir avec tant de coupable désinvolture. Elle ne méritait peut-être pas ça !

DEUXIÈME PARTIE

L'OMBRE S'ÉPAISSIT...

6

L'éventail envolé

Avec sa débauche de bois précieux aux teintes chaleureuses, ses lumières douces, ses marbres, ses glaces miroitantes et son extraordinaire café baroque aux moelleux sièges de cuir, le Métropole de Bruxelles était l'un des quatre ou cinq hôtels du monde qu'Aldo Morosini préférait et c'était toujours pour lui une satisfaction d'y revenir. Il s'y sentait un peu chez lui et, en arrivant, il commença par se précipiter justement au café pour s'y faire servir un confortable petit déjeuner. Après quoi, il gagna sa chambre, prit une douche, se rasa, changea de vêtements, puis s'accorda une pause de réflexion et descendit dans le hall pour s'en aller conférer avec le portier qui, le connaissant depuis plusieurs années, l'avait reçu à son arrivée avec un visible plaisir :

— Je peux quelque chose pour Votre Excellence ?

— Si vous êtes toujours l'homme le mieux renseigné de Bruxelles, je pense que oui. En un mot, je voudrais savoir si le château de Bouchout est à nouveau occupé ou si...

— ... s'il serait possible d'y faire une visite... en forme de pèlerinage ?

— C'est tout à fait ça ! Comment avez-vous deviné ?

— Votre Excellence n'est pas la première à me poser cette question. L'auréole tragique laissée par la défunte impératrice Charlotte frappe bien des esprits et il semble qu'avec le temps sa légende grandisse. Particulièrement auprès des femmes. Cela dit la visite n'est pas autorisée mais... lorsqu'il s'agit de personnes... distinguées, il arrive que le concierge consente à accompagner le visiteur ou la visiteuse dans son pèlerinage. Mais seulement l'après-midi.

— Moyennant, j'imagine, une honnête rétribution ?

— Cela va de soi.

— Merci, Louis... Ah, veuillez me faire livrer deux douzaines de roses rouges par le fleuriste d'à côté. Je les prendrai en partant... Vous me retiendrez aussi un taxi...

— Certainement, Excellence !

Un peu avant trois heures, Aldo, ses fleurs dans les bras, sortait de l'hôtel pour gagner le véhicule dont le voiturier lui tenait la portière ouverte quand quelqu'un de soyeux et de parfumé se jeta littéralement sur lui en s'écriant :

— Ah ! Vous êtes là ? J'aurais dû m'en douter... mais mon Dieu, quelle chance !

Agathe Waldhaus ! Emmitouflée de vison, des violettes de Parme piquées à son manchon, fraîche et volubile, c'était elle qui, une fois de plus, lui tombait dessus. Le voiturier rattrapa les roses de justesse.

— Baronne ! Je commence à croire que c'est votre façon habituelle d'aborder les gens ! Vous devriez prévenir...

— Oh, je suis tellement désolée ! Mais ne me gâtez pas ma joie de vous retrouver si vite ! Il y a là un signe du destin et je...

— Certainement pas ! Je vais même vous demander de m'excuser ! Comme vous le voyez, j'allais partir...

— Quelles jolies fleurs ! Vous avez rendez-vous avec une dame, j'imagine ?

Décidément, cette femme était collante et en plus elle était indiscrète. Il s'arma de froideur :

— C'est vrai ! Je vais voir une dame... et vous comprendrez que je ne veuille pas la faire attendre ?

— Je l'envie ! Néanmoins elle me concédera bien une ou deux minutes ? Il faut absolument que je vous parle ailleurs que sur un trottoir encombré ! Nous pourrions prendre le thé ensemble ?

— Désolé mais je compte le prendre où je vais !

— Alors venez dîner à la maison ! Ma mère sera positivement ravie de faire votre connaissance...

— Un plaisir que je partagerais volontiers si....

Soudain, il y eut des larmes dans les yeux dorés de la jeune entêtée :

— Ne refusez pas, je vous en supplie ! J'ai des choses à vous dire ! Tenez, voici notre adresse, ajouta-t-elle en lui fourrant dans une main un bristol tiré de son manchon. Soyez là à huit heures !

Cette fois, il n'eut pas le temps d'émettre le moindre son. Toujours à son allure de tempête, elle se dirigeait déjà vers un luxueux magasin de dentelles où elle disparut. Libéré, Aldo glissa la carte dans sa poche, et monta en voiture après avoir demandé au chauffeur s'il connaissait le château de Bouchout.

— Le portier m'a prévenu. Ce n'est pas loin. A la périphérie de la ville...

En s'installant au fond de la voiture, les fleurs posées à côté de lui, Aldo se sentit mécontent de tout et de lui-même. Il détestait se montrer grossier envers une femme et, en d'autres circonstances, il l'eût écoutée volontiers, mais son temps ni sa personne ne lui appartenaient plus... En outre, les problèmes conjugaux de la petite baronne ne pouvaient que lui compliquer la vie. Même si son dernier regard mouillé lui laissait un désagréable sentiment de culpabilité. Ce soir, au lieu de se rendre chez les dames Timmermans, il se ferait représenter par d'autres roses accompagnées d'un mot disant que, obligé de repartir à Paris, il lui serait impossible de venir leur présenter ses hommages...

Cette décision prise, il s'efforça de ne plus y penser.

Appartenant au domaine royal qu'en Belgique on concevait seulement entouré de parcs immenses plantés de beaux arbres, le château de Bouchout, rêvant sur un étang entouré de frondaisons magnifiques, apparut à Morosini comme essentiellement romantique : un vaisseau du passé à peine rattaché à la terre par le lien d'un pont-levis. En dépit de son donjon carré et de ses grosses tours rondes et crénelées, il n'avait rien de rébarbatif, peut-être à cause des nombreuses fenêtres dont on l'avait éclairé. Il était bien le cadre où pouvaient s'amarrer les rêves imprécis d'une princesse malheureuse...

Malgré le temps devenu affreux – la pluie s'était mise à tomber au moment où le taxi quittait l'hôtel ! – aucune impression de tristesse ne s'en dégageait, sans doute parce que le domaine était parfaitement entretenu et qu'à entendre le gardien l'intérieur du château recevait la visite des préposées au ménage trois fois par semaine. Des femmes pas autrement rassurées et qui exécutaient leur travail en un temps record : l'impératrice n'était pas morte depuis huit jours que quelqu'un assurait avoir vu son fantôme...

— Les femmes, ça voit des fantômes partout, expliqua l'homme tout en guidant à travers les jardins le visiteur qu'il abritait d'un grand parapluie noir. Remarquez, c'est possible qu'elle revienne, notre pauvre dame, mais elle ne doit pas être si terrifiante. Toujours habillée de jolies robes de soie blanche ou rose, ou bleue, avec des bijoux ou alors avec des fleurs – elle les adorait ! –, et quand on la rencontrait, toujours aimable. Il est vrai qu'il y avait ces jours où elle restait enfermée au château, même par beau temps, et on savait ce que ça voulait dire : c'était quand ça n'allait pas, qu'elle avait ses humeurs noires. Paraît même qu'elle devenait méchante, qu'il lui arrivait de mordre ou de griffer ses serviteurs. Pourtant on l'aimait et on la plaignait...

D'abord méfiant mais vite mis en confiance par le gros billet offert par Morosini, l'homme devint intarissable, évoquant Charlotte canotant sur le lac, s'attardant dans les serres, bavardant avec les jardiniers, se promenant en calèche ou faisant de la musique toutes fenêtres ouvertes, au point que le visiteur croyait apercevoir le balancement d'une crinoline au détour d'un bosquet ou la fuite soyeuse d'une traîne derrière un massif de houx.

A l'intérieur, la volonté de reconstituer le décor était évidente même si l'image que l'on s'en faisait au siècle précédent n'avait que fort peu de chose à voir avec celui conçu au XIIe siècle par Godefroi le Barbu, premier bâtisseur. Aldo détestait le style troubadour mais ses excès, son romantisme échevelé devaient convenir à un esprit troublé et, en parcourant les pièces désertes, il ne pouvait s'empêcher d'évoquer Louis II de Bavière et ses châteaux fantastiques : comme à Bouchout, un être jeune et beau y avait affronté la folie...

Dans la chapelle gothique où demeurait le prie-Dieu de velours rouge, il déposa ses fleurs sur les marches de l'autel après en avoir prélevé une qu'il plaça sur l'appui du petit meuble, après quoi il s'agenouilla pour une courte prière avant de poursuivre sa visite.

Le reste du château ne lui apprit rien de plus. Certes, les meubles étaient toujours en place ainsi que les tentures, mais il ne restait aucun de ces mille objets, précieux souvent, que l'on disposait sur les tables, les consoles ou les cheminées.

Quand on sortit, la pluie continuait de tomber avec une obstination annonçant qu'elle persévérerait. Les deux hommes cohabitèrent à nouveau sous le parapluie et Aldo essaya de savoir si son guide pourrait le renseigner sur les dernières suivantes et servantes de Charlotte :

— Oh ! Moi, je n'avais jamais affaire à elles. Ma femme en saurait peut-être davantage. Il lui arrivait de travailler au château... Si vous voulez bien vous donner la peine d'entrer dans la maison, elle doit être là...

Elle y était, en effet. Petite femme brune à l'air timide et doux, elle était occupée à repasser dans la grande pièce d'une propreté flamande qui servait à la fois de cuisine et de salle commune. Sur le coin de la cuisinière en fonte noire où chauffaient les fers, résidait la traditionnelle cafetière que l'on y tenait au chaud toute la journée. En voyant entrer cet homme élégant que son époux annonçait comme étant un prince, elle rougit furieusement et perdit contenance au point d'abandonner, au profit d'une espèce de révérence, l'outil brûlant sur la chemise qu'elle repassait. S'en apercevant, Aldo empoigna un tampon de protection, saisit l'instrument et le reposa sur le support prévu à cet usage.

— Je suis vraiment désolé de vous déranger, Madame, mais M. Labens, votre époux, m'a conseillé de venir vous demander des renseignements...

Ce faisant, il se trouva face à la cheminée sur le manteau duquel trônait, en belle place, un objet pour le moins insolite dans un tel endroit : un éventail de soie peinte à branches de nacre déployé sur la boîte oblongue de cuir bleu, et frappée au fer à dorer d'une couronne impériale, qui avait dû le contenir. Sous le choc de l'émotion, sa gorge se serra. Se pourrait-il...

— Oh, que c'est joli ! s'exclama-t-il. Et combien précieux, j'imagine !...

— Ça, vous pouvez le dire ! approuva Labens. C'est le trésor de Mme Labens ! Sa Majesté elle-même le lui a offert le jour où elle a sauvé de la noyade son petit chien tombé dans l'étang... Elle l'aime tellement qu'elle ne peut pas le laisser dans sa boîte. Ce serait pourtant plus raisonnable : c'est fragile, ces trucs-là !

— Je la comprends, c'est un tel plaisir pour les yeux ! Voulez-vous me permettre de le voir... de plus près ? Je suis antiquaire...

La voix de l'épouse se fit enfin entendre :

— Ouiiii... mais faites bien attention !

Comme s'il s'agissait du saint sacrement, Aldo enleva l'éventail, le considéra un instant avec respect avant de le poser sur la planche à repasser puis prit la boîte, l'ouvrit... Son cœur battait la chamade. Si les pierres étaient dedans, comment s'y prendre pour les en faire sortir ?

Il n'eut pas à s'interroger longtemps. Il ne pouvait y avoir un double fond... Toujours avec la même lenteur et les mêmes précautions, il remit l'ensemble dans l'état exact où il l'avait trouvé puis se tourna, souriant, vers Mme Labens :

— En dehors de sa valeur sentimentale pour vous, sachez, Madame, que c'est un objet de valeur : cet éventail a été peint au XVIIIe siècle !

Il pensait à une œuvre de Boucher mais il ne le précisa pas. Cela pouvait paraître étonnant de trouver une pièce de musée chez un concierge de château mais l'impératrice pouvait avoir donné ce qu'elle avait sous la main et, au fond, il n'aurait pas été autrement surprenant, si l'on considérait son esprit dérangé, que l'éventail eût été serti de diamants...

Pour le remercier de son « expertise », Mme Labens se hâta de chercher des tasses et d'empoigner sa cafetière. Sachant que là-dedans le café bouillottait doucement depuis des heures, Aldo recommanda son âme à Dieu et trempa ses lèvres dans le breuvage qu'il additionna de cassonade. Moyennant quoi, il l'avala d'un trait et le déclara délicieux.

— Avant de vous quitter, je voudrais vous poser une question, Madame : connaîtriez-vous les dernières dames attachées au service de Sa Majesté à l'époque de son décès ?

— Non. S'il arrivait qu'on me demande au château pour aider, et ce n'était pas souvent, alors j'avais seulement affaire à Mme Moreau, Marie Moreau, la femme de chambre particulière de l'impératrice, mais elle est partie avec les autres quand on a fermé le château...

— Et vous n'avez pas son adresse ? Ni celle d'aucune de ses compagnes...

— Non. Je suis désolée.

— Ne le soyez pas ! C'est sans importance et je vous remercie, vous et votre mari, du bon moment que je viens de passer...

Il ne mentait pas, ayant apprécié l'accueil et la gentillesse de ces braves gens. Il se sentait tout de même un peu perdu. Où chercher la boîte à éventail truquée ? Eva Reichenberg avait dit que l'impératrice en avait une quantité. Dieu sait à qui elle avait pu les distribuer sur un coup de cœur comme elle l'avait fait pour Mme Labens. Sans compter que les plus précieux – sauf lubie imprévisible ! – devaient être répartis entre ses nièces et petites-nièces belges, autrichiennes et aussi françaises, puisque le défunt roi Louis-Philippe était son grand-père. Cela représentait déjà la moitié du tour de l'Europe, difficile à réaliser dans le temps imparti, et si l'on y ajoutait les femmes qui l'avaient servie, soignée, durant près d'un demi-siècle d'internement, cruel tant qu'elle avait été aux mains des Autrichiens et infiniment plus clément depuis que sa famille belge la leur avait pour ainsi dire arrachée, cela équivalait à vider l'océan avec une cuiller à soupe. Il écartait la possibilité que le double fond ait pu être décelé et les émeraudes découvertes. Aucune femme n'aurait été capable de garder le secret pour elle et il y a longtemps qu'elles seraient remontées à la lumière du jour...

Sentant l'accablement l'envahir, il décida de remettre au lendemain l'examen du problème, quand il ne serait plus seul à en débattre. Alors d'abord rentrer à l'hôtel, boucler ses bagages et prendre le premier train pour Paris !

Il se réinstallait dans son taxi quand, ouvrant la vitre de séparation, le chauffeur demanda d'une voix traînante :

— Je ne sais pas si vous avez remarqué, Monsieur, mais on a été suivis à l'aller...

— Vous êtes sûr ? Et qu'est-ce que c'était ?

— Un taxi que je ne connais pas. Quand on est arrivés au château, il s'est arrêté un peu plus loin et il est resté là un bon moment. J'aurais bien été voir, mais comme personne n'est descendu, je n'ai pas osé. Il a fait demi-tour et il est reparti quand on vous a vu revenir à la maison du gardien. J'ai relevé son numéro, si ça peut vous être utile, ajouta-t-il en lui tendant un morceau de papier.

— Vous êtes un homme précieux. Je vous remercie beaucoup... mais pourquoi le faites-vous ? Vous ne me connaissez pas, et ce pourrait être quelqu'un de la police ?

— Dans un taxi ? Jamais de la vie ! Chez nous, la police a l'air de ce qu'elle est. On ne peut pas se tromper ! Quant à ce que je viens de vous dire, j'l'ai fait parce que... quelqu'un qui va porter des fleurs à une pauvre princesse morte, ce ne peut être qu'une personne bien. Vous comptez rester au Métropole ?

— Je pensais partir ce soir mais je vais remettre à demain si vous pouvez m'avoir le renseignement.

Il sortit une carte de visite, inscrivit le numéro de sa chambre et la tendit à cet homme obligeant avec un billet triplant à peu près le prix de la course.

— Ben dites donc ! C'est un plaisir de vous promener... mon prince ! Vous aurez ça avant dix heures ce soir ! Parole d'honneur !

En sortant sa carte, Aldo avait retrouvé celle remise par la baronne Waldhaus. Bien qu'il eût renoncé à quitter Bruxelles dans la soirée, il n'était pas question de la rejoindre. Aussi, en arrivant à l'hôtel, il alla chez le fleuriste, avisa une sorte de buisson d'azalées roses, renouvela ses regrets en quelques mots et expédia le tout à Mme Timmermans puisque c'était chez elle qu'on l'avait invité. Après quoi, il se fit retenir une place dans le train du matin, une table au restaurant, puis se rendit au bar boire une ou deux fines à l'eau. Il en avait le plus grand besoin. D'où pouvait sortir son suiveur ? A moins que...

Il fut à peine surpris quand à la fin du repas – absolument parfait ! – on lui apporta le billet promis par le chauffeur. Le seul détail des violettes piquées sur un manchon suffisait à identifier la « jeune dame » blonde portant un beau manteau de fourrure ! Il eut même envie de rire : celle-là était obstinée mais au moins elle n'était pas dangereuse ! Il l'oublierait très vite !

Prudent néanmoins, il prévint le portier qu'il allait se coucher et ne voulait être dérangé par aucune communication extérieure. Cela fait, il s'accorda quelques heures de bienheureux repos et dormit comme une souche.

Le retour à Paris fut agréable. Le temps avait changé dans la nuit et un soleil tout neuf caressait les campagnes picardes que traversait le grand express. Superstitieux comme ses compatriotes, Aldo y vit un encouragement céleste. Des idées neuves lui étaient venues au réveil : une annonce répétée dans les principaux journaux européens, par exemple, suffisamment discrète pour ne pas exciter les convoitises. Il pourrait en outre faire jouer ses relations afin de toucher certaines chancelleries, certains confrères... sans compter son ami Gordon Warren à Scotland Yard. Il lui fallait à tout prix apprendre, en premier lieu, au bénéfice de qui s'était fait le partage des nombreux joyaux de l'impératrice Charlotte. Quoi qu'il en soit, en sautant sur le quai de la gare du Nord, à Paris, il se sentait revigoré. Presque optimiste...

Cette belle illusion ne résista pas à la lecture du journal qu'il acheta à un jeune vendeur avant d'aller prendre un taxi. On venait de repêcher dans la Seine le corps de Lucien Servon, le majordome fugitif de Gilles Vauxbrun...

Du coup, au lieu de rentrer rue Alfred-de-Vigny, il se fit conduire quai des Orfèvres.

— Il est d'une humeur de dogue ce matin, prévint le nouveau planton qui l'introduisit dans le bureau du « grand chef ». Vous êtes sûr de ne pas préférer revenir plus tard ?

— Ce ne sera pas une première pour moi. Je l'ai déjà vu furieux ! rassura Aldo en s'installant sur l'une des deux chaises qui faisaient face au bureau noir sur lequel un vase de barbotine débordant de primevères mettait une note réconfortante, à l'unisson du kilim d'un beau pourpre foncé, propriété de Langlois, qui réchauffait l'affligeant parquet de la République.

Dominant l'ensemble, le président, Gaston Doumergue, souriait benoîtement dans son cadre accroché au mur principal.

Un violent courant d'air suivi d'un claquement de porte remit Aldo sur ses pieds. Le fauve avait regagné sa cage et donnait de la voix :

— Le téléphone ! Vous connaissez ? Qu'est-ce qui vous prend de venir me déranger à cette heure-ci ?

— J'ignorais qu'il y en avait une où l'on pouvait s'y risquer sans danger ! Je veux seulement vous poser une question.

— Laquelle ?

Morosini lui étala le journal sous le nez :

— Ça. Suicide ou meurtre ?

— Meurtre ! On aurait bien voulu nous faire croire à un suicide mais ce qu'on lui a attaché aux pieds a dû se défaire. Le malheureux trempait dans l'eau depuis un bout de temps... Vous l'auriez su plus tôt si vous aviez été chez vous. Où êtes-vous encore allé ?

Le ton était raide. Aldo réagit derechef :

— C'est un interrogatoire ? Je vous préviens que c'est la dernière chose dont j'aie besoin.

— Vous savez que non, mais vous m'exaspérez, vous et les vôtres : il faut toujours que je réponde mais quand c'est moi qui pose les questions, je me heurte à la conspiration du silence. Vos « dames » sont aussi muettes que des huîtres !

— Tout dépend de ce que vous demandez. Entre parenthèses, elles n'aimeraient pas être comparées à des huîtres. Cela dit, que voulez-vous savoir ?

— D'abord, d'où venez-vous ?

— De Vienne, *via* Bruxelles, lâcha Aldo en reprenant possession de sa chaise.

— Qu'y faisiez-vous ? Mme von Adlerstein est malade ?

— Si c'était le cas, je ne vois pas ce que je serais allé fabriquer à Bruxelles. Non, je cours après cinq émeraudes fabuleuses dont j'ai appris ici même la sortie en Méditerranée...

— Celles que Vauxbrun est accusé d'avoir volées ?

— Non. Les vraies, celles que l'impératrice Charlotte a rapportées du Mexique sans le savoir. Et je ne vous cache pas...

— Un instant !... Pinson !

Le planton apparut aussitôt :

— Du café ! Et fort et avec deux tasses ! A la suite de quoi, vous veillerez à ce que je ne sois pas dérangé... et à ce que personne n'écoute aux portes ! Et au trot !

Il fut obéi dans un temps record qu'il occupa en allant explorer l'un des cahiers d'un grand cartonnier, d'où il tira un flacon poudreux et deux petits verres, ferma la porte à clef, servit son visiteur et revint s'asseoir en face de lui :

— Pour reprendre votre dernière phrase, il est urgent, je pense, que vous ne me cachiez plus rien. Vous pourriez commencer, par exemple, en me parlant du soir où une certaine voiture noire est venue vous chercher rue Alfred-de-Vigny ?

— Comment le savez-vous ? souffla Aldo, sidéré.

— Oh, c'est simple. L'inspecteur Lecoq avait reçu mission de veiller sur vous de façon à ne pas vous gêner. Comme vous ne bougiez pas, c'était relativement facile mais ce soir-là, Dieu sait pourquoi, il a prolongé sa faction et vous a vu partir. Il a enfourché sa bicyclette pour vous suivre mais la dernière fois qu'il l'a aperçue, la voiture filait en direction du Bois et de la porte Dauphine. J'ajoute qu'elle était trop rapide pour lui... et qu'un de ses pneus a crevé !

— Vos inspecteurs en sont encore au vélo ? Je croyais que depuis Clemenceau et ses Brigades du Tigre, vous aviez...

— Evidemment, on a, mais Lecoq est un mordu du vélo qui voudrait courir le Tour de France. C'est aussi un têtu ! Maintenant à vous de jouer !

— Le malheur c'est qu'au cas où je préviendrais la police...

— Le prisonnier sera abattu ! ricana Langlois. La rengaine classique ! Pardonnez-moi si je vous choque, Morosini, mais à mon avis, Vauxbrun est déjà mort ! Et peut-être même le soir du mariage. Sinon, comment expliquer les déménagements successifs de la rue de Lille ? Ces gens-là savent qu'il ne reviendra pas leur demander des comptes.

— Qu'attendez-vous pour les arrêter ?

— Sous quel prétexte ? Vous savez bien que Mme Vauxbrun peut agir à sa guise... Mais nous nous égarons. Continuez !

De deux doigts, Aldo frotta ses yeux fatigués et soupira :

— Finalement, c'est certainement ce que j'ai de mieux à faire ! Je me trouve devant un obstacle à peu près infranchissable !

Il raconta ses pérégrinations : l'entrevue du bois de Boulogne, sa visite à Eva Reichenberg, son pèlerinage au château de Bouchout, laissant seulement de côté la petite baronne qui n'avait strictement rien à voir là-dedans. Il ajouta pour faire bonne mesure les idées qui lui étaient venues à Bruxelles et qui à présent lui semblaient dérisoires...

— Voilà où j'en suis, conclut-il, en recevant le verre de cognac. Quelques semaines seulement pour retrouver une collection d'éventails disséminée sans doute à travers l'Europe... Au fait, puisque Lecoq a vu la voiture noire, il a dû faire comme Marie-Angéline et relever le numéro ?

Langlois haussa les épaules :

— Je ne sais pas si vous allez goûter le sel de la chose mais c'est l'une de celles de l'ambassadeur de Belgique.

— On avait pris le numéro ou on avait volé la voiture ?

— Disons qu'on l'avait empruntée, en profitant de l'absence du ministre. Le chauffeur s'est aperçu le lendemain qu'une des voitures avait roulé pendant la nuit...

— Insensé ! Quelle audace !

— Cela vous surprend ?

— Pas vraiment. Au fait, avez-vous des nouvelles de Phil Anderson ?

— Oui... et en français ! Il a accusé réception de mon courrier, m'a prié de « secouer les mains » avec vous et annoncé qu'il se mettait à l'ouvrage. Rien de plus. Je pense qu'il faut attendre... Qu'avez-vous l'intention de faire à présent ?

— Prendre un bain en fumant un paquet de cigarettes. C'est comme ça que je réfléchis le mieux. On verra bien ce qui en sortira...

En arrivant rue Alfred-de-Vigny, Aldo ne trouva que les serviteurs. Mme la marquise et Mlle du

Plan-Crépin assistaient à des funérailles à Saint-Philippe-du-Roule, ce qui signifiait qu'au retour Tante Amélie serait de fort méchante humeur : ce genre de cérémonie lui donnait toujours l'impression d'assister à la « couturière » d'un théâtre. Ce qui ne manqua pas :

— Les gens qui sont là se demandent visiblement quel âge vous pouvez avoir et si vous ne jouerez pas bientôt le premier rôle ! maugréa-t-elle en ôtant les grandes épingles à tête d'améthyste qui fixaient sur sa tête le plateau chargé de bouillonnés de mousseline violette qui lui servait de chapeau.

— Pourquoi y allez-vous alors ? Envoyez Marie-Angéline !

— Ils seraient trop contents. Ils penseraient que tous les espoirs sont permis et que je suis à l'agonie ! Mais passons, as-tu fait bon voyage ?

— Excellent, merci. Lisa vous embrasse. Ainsi que Marie-Angéline.

— Elle était là-bas ?

— Elle est venue m'y attendre mais je vous raconterai plus tard. Vous avez lu le journal ce matin ?

— Oui. Ce pauvre garçon ! Fallait-il qu'il désespère de la vie pour mettre fin à ses jours ! La Seine doit encore être glaciale !

— Il ne s'est pas suicidé : c'est un meurtre. Je suis passé chez Langlois avant de rentrer et il me l'a affirmé. Il paraît même qu'il est mort depuis un moment...

— Si j'ai compris, fit Plan-Crépin, on ne l'a laissé partir de la rue de Lille que pour le reprendre au piège un peu plus loin ? Il n'aurait jamais dû s'en aller et aurait mieux fait d'imiter la cuisinière : ouvrir ses yeux et ses oreilles, et ne pas piper mot... En tout cas, cela fournit un prétexte en or au commissaire Langlois pour retourner enquêter chez M. Vauxbrun ?

— Quel prétexte ? Servon est parti volontairement, au vu et au su de la maisonnée ! Ils sont blancs comme neige !

Dans l'après-midi, Aldo se rendit boulevard Haussmann dans les bureaux de Maître Lair-Dubreuil qui régnait alors sur le petit monde des commissaires-priseurs et se révélait incontournable dès qu'il s'agissait de joyaux historiques. Il le connaissait de longue date et c'était un réel plaisir pour le prince-expert de le rencontrer, même si leur dernière collaboration avait tourné à l'histoire de fous [1]. Il n'en reçut pas moins un accueil chaleureux.

— Avez-vous encore déniché quelque bijou-catastrophe, cher ami ? lui dit cet homme paisible et volontiers renfermé, mais capable de s'enflammer dès qu'un diamant plus ou moins célèbre montrait le bout de son nez.

— Non, rassurez-vous ! Je voudrais seulement que vous me parliez de la succession de l'impératrice Charlotte du Mexique, décédée il y a un peu plus de trois ans. Vous me direz que vous n'êtes pas belge, mais elle possédait un véritable trésor en bijoux, dont certains remarquables, et je suis persuadé que vous vous y êtes intéressé d'une façon ou d'une autre.

1. Voir *La Perle de l'Empereur*.

— En effet, mais vous-même ?

— Je n'étais pas chez moi et pas davantage en France à cette époque et c'est mon fondé de pouvoir, M. Guy Buteau, qui y a porté son attention, mais ce qu'il a pu m'en dire, à mon retour, c'est qu'il n'y a pas eu de vente.

— Avez-vous consulté mes confrères bruxellois ?

— Non. Je les connais mal, sinon pas, et aucun ne vous vient à la cheville puisqu'il arrive que d'importantes ventes belges passent par vos mains.

Maître Lair-Dubreuil apprécia d'un sourire mais ne releva pas le propos :

— Malheureusement, je n'ai pas grand-chose à vous apprendre et M. Buteau avait raison : il n'y a pas eu de vente.

— Autrement dit, les héritiers de la princesse se sont partagé les joyaux entre eux. Sauriez-vous qui a eu quoi ?

Le commissaire-priseur se carra dans son fauteuil et fronça son nez comme s'il allait éternuer :

— Vous allez être surpris mais ce qu'ils ont eu à se partager fut maigre...

— Maigre ? C'est impossible !

— Oh, que si ! La fortune de cette malheureuse se montait à plusieurs millions. Elle a été confiée à son frère, le feu roi Léopold II de Belgique, ainsi que les joyaux les plus précieux qui ont été déposés dans le coffre d'une banque. A l'ouverture dudit coffre les nièces et les neveux s'attendaient à découvrir un trésor fabuleux, mais il n'y avait plus que quelques perles et des améthystes...

— C'est tout ? Mais où sont passés les diadèmes, les bijoux légués à Charlotte par sa grand-mère, la reine Marie-Amélie veuve de Louis-Philippe, la parure de saphirs offerte à l'occasion du mariage par l'archiduchesse Sophie sa belle-mère, le collier de gros diamants, cadeau de Léopold II [1] lui-même, sans compter les...

— Je sais tout cela, mon cher prince. Et vous aussi puisque vous n'ignorez sûrement pas que le roi Léopold a englouti des fortunes dans son projet sur le Congo. Celle de sa sœur n'y a pas échappé... et pas davantage ses bijoux. Remarquez qu'il pensait être dans son droit : l'entretien de l'ex-impératrice, son train de vie au château de Bouchout coûtaient cher. Il s'est dédommagé. Quant à l'argent, il pensait qu'il ne serait jamais mieux placé que dans la grandiose aventure congolaise. Quoi qu'il en soit, le fait est là : le contenu du coffre s'est volatilisé, dispersé peut-être aux quatre coins de l'Europe ou en Amérique. Mais permettez-moi à présent de me montrer indiscret...

— Entre nous, il n'y aura jamais d'indiscrétion.

— Pourquoi vous intéressez-vous à ces joyaux ? Ou, pour être plus précis, lequel cherchez-vous ?

— Aucun en particulier. En revanche, je voudrais savoir ce qu'est devenue la collection d'éventails.

— Tiens donc ! Ce n'est guère votre partie ?

— Vous oubliez que je suis d'abord antiquaire. En outre, certains de ces « objets de vanité » étaient ornés de pierres précieuses et d'autres sont de véritables œuvres d'art. J'en ai découvert un, notamment, dans la maison du garde de Bouchout, peint,

1. Vincent Meylan, *Bijoux de reines*, Assouline, 2002.

à ce qu'il semblerait, par Boucher. Cadeau personnel de l'impératrice pour avoir sauvé son petit chien !

— Vous êtes allé là-bas ?

— Je dirais que j'en viens. Le château est entretenu, l'intérieur est intact, les meubles en place mais on n'y trouve plus le moindre bibelot, sans doute trop facile à emporter...

— En ce cas, pourquoi ne pas être allé au château de Laeken demander à être reçu par la reine Elisabeth ? Vous portez un nom qui ouvre largement les portes et vous pourriez certainement obtenir la liste des personnes présentes à Bouchout au moment de la mort, sans oublier ce qui a peut-être été attribué aux nièces : l'archiduchesse Stéphanie et la princesse Clémentine Napoléon. Vous auriez la possibilité de les rencontrer ?

— J'y ai pensé mais je ne vous cache pas que cela me gêne. En particulier vis-à-vis de la reine. Elle ne s'occupe guère que de musique et du bien-être de ses sujets. Pas de bijoux, et je n'ai pas envie de jouer les boutiquiers auprès d'une femme d'une telle valeur !

Cette fois, Lair-Dubreuil ne put s'empêcher de rire :

— Vous voilà pris en flagrant délit d'amour-propre mal placé. Ah, ce n'est pas toujours facile d'être prince et commerçant ! Mais je vous comprends tout à fait. (Et, redevenant sérieux et baissant la voix :) Puis-je demander si votre recherche a un rapport avec la disparition inexplicable de notre ami Vauxbrun ?

— Exactement. Pardonnez-moi de ne pas vous en dire plus. Je me contenterai de vous avouer que je vis un vrai cauchemar...

— Je m'en doute. A ce propos, quand vous verrez le commissaire Langlois, dites-lui que jusqu'à présent je n'ai pas trouvé trace des tableaux et meubles enlevés de chez Vauxbrun On a dû les embarquer pour une destination lointaine : les Etats-Unis par exemple. Ou alors les livrer à un collectionneur privé autant que discret dont ils sont en train de faire le bonheur. Cette histoire-là est à proprement parler insensée mais... pour en revenir à votre problème, je pense être à même de vous trouver au moins les noms de ceux qui ont formé le dernier entourage de l'impératrice.

Aldo ne retint pas un soupir de soulagement :

— Je vous en serai infiniment reconnaissant. Pour l'instant, je vous avoue ne plus savoir de quel côté me tourner...

Mme de Sommières recevant quelques contemporaines à déjeuner, Aldo s'en alla demander l'hospitalité à Adalbert. Non qu'il redoutât la compagnie des vieilles dames, Tante Amélie sachant choisir ses amies, mais dans l'état d'esprit où il se trouvait, il se voyait mal au centre d'une conversation mondaine. Question d'atmosphère ! Celle de l'archéologue lui semblait beaucoup plus reposante.

Elle le fut durant tout le repas mitonné par Théobald : œufs brouillés aux truffes, carré d'agneau et riz à l'impératrice arrosés d'un remarquable volnay. Après quoi, retirés dans le confortable cabinet de travail d'Adalbert, les deux amis dégustaient un excellent « moka » accompagné d'un armagnac hors d'âge et venaient d'allumer deux cigares « Rey del Mundo » au parfum suave, quand on sonna à la porte. Un instant plus tard, Théobald vint annoncer que son frère Romuald était là.

— S'il est venu en personne, c'est qu'il s'est passé quelque chose d'important, s'écria Vidal-Pellicorne. Qu'il entre. Apporte une tasse et refais-nous du café ! Alors, Romuald ? Quoi de neuf ?

— Je suis venu annoncer à ces messieurs que ma mission rue de Lille vient de prendre fin ! déclara-t-il avec une solennité aussitôt traduite par Adalbert en langage populaire :

— On vous a fichu à la porte ?

— Non pas, Monsieur, non pas ! Nous avons été remerciés il y a deux heures environ.

— Vous employez le pluriel de majesté, maintenant ?

— Monsieur ne me comprend pas ! Don Pedro Olmedo de Quiroga a donné congé à tout le personnel de l'hôtel à la seule exception du concierge qui reste dans sa loge et de Gomez, le valet mexicain de Don Pedro.

— Tout le monde ? s'étonna Morosini. Y compris la cuisinière ?

— Oui ! Mme Vauxbrun et sa grand-mère sont parties hier pour le Pays basque. Don Pedro les a escortées au train. Selon lui, elles sont excédées « par le mouvement incessant des journalistes autour de la maison qu'ils s'obstinent à assiéger » et elles recherchent un calme plus propice à un deuil. Elles doivent d'abord se rendre à Biarritz...

— Bravo pour la tranquillité, remarqua Adalbert. La grande semaine de Pâques va bientôt commencer et on y retrouvera l'Europe entière !

— Monsieur ne m'a pas permis d'achever, remarqua Romuald. J'allais dire qu'elles vont y attendre que les travaux entrepris dans leur château d'Urgarrain soient terminés. J'ajoute que les serviteurs de l'hôtel ont été généreusement rétribués et que, personnellement, en tant que dernier arrivé, j'ai touché trois mois de paie. Les autres ont reçu l'équivalent de six mois...

— Admirable ! apprécia Morosini, sarcastique. Vous oubliez Lucien Servon ? Lui a eu droit à un plongeon dans la Seine avec un parpaing aux pieds !

— Je sais, Excellence ! J'ai lu les journaux. Quelles sont mes directives à présent ?

— A-t-on fait de nouveaux prélèvements au mobilier ? interrogea Adalbert.

— Un seul... mais de taille : un portrait peu connu de Marie-Antoinette par Mme Vigée-Lebrun qui se trouvait dans la chambre de Don... je veux dire de M. Vauxbrun. Il a disparu il y a trois jours, ou, pour être plus exact, trois nuits.

— Curieux, ce déménagement par petits morceaux et toujours de nuit ? remarqua Aldo.

— C'est facile à comprendre, expliqua Adalbert : la présence en plein jour de camions de transport exciterait la curiosité du quartier et ferait jaser.

— De toute façon, on jase, émit Romuald, et singulièrement à la boulangerie à l'heure des croissants du matin. Puis-je redemander à Monsieur s'il a encore besoin de mes services ? ajouta-t-il en s'adressant à Adalbert.

— Pour le moment, non, mon bon Romuald ! Vous allez pouvoir continuer à surveiller la croissance mélodieuse de vos asperges, mais ne quittez pas Argenteuil sans nous prévenir ! Vous pourriez encore nous être utile. En attendant, merci !

Un long moment, les deux hommes fumèrent en silence, enfoncés dans les « Chesterfield » en cuir noir, légèrement usagés mais tellement confortables. Même après que se fut fait entendre la joyeuse pétarade de la motocyclette de Romuald retourné bichonner son jardin. Finalement, abandonnant un mégot dans un cendrier, Aldo soupira :

— Toi, je ne sais pas mais moi, j'ai bien envie d'aller faire un tour rue de Lille... aux environs de minuit par exemple ?

— Et si je n'avais pas envie de t'accompagner ?

— Ça m'ennuierait fort... mais j'irais ! Tes talents de serrurier vont me manquer !

— Je plaisantais. Il faudrait m'assommer pour m'empêcher d'aller mettre mon nez là-dedans...

Il était un peu plus de minuit quand Aldo gara sa voiture de louage à quelques numéros de l'hôtel Vauxbrun. La rue était calme, silencieuse et presque obscure : le réverbère placé en face de l'ambassade d'Espagne devait avoir eu des problèmes car il ne fonctionnait pas. Ce qui laissait dans l'ombre la maison voisine. Pareillement habillés de noir et chaussés de souples souliers à semelles de crêpe, les deux hommes gagnèrent le portail dans l'intention de s'introduire par la porte piétonne. Adalbert s'apprêtait à extirper d'un sac son assortiment de clefs passées dans un anneau quand Aldo l'arrêta :

— Pas la peine, chuchota-t-il. Le portail n'est que poussé. Regarde !

Appuyant doucement sur le lourd vantail de chêne verni afin d'élargir leur champ de vision, ils purent constater que la cour était encombrée par deux gros camions de déménagement, des authentiques cette fois, autour desquels s'activait sans bruit une noria d'homme vêtus de sombre, transportant des caisses ou des meubles enveloppés de chiffons entre la porte béante de l'hôtel obscur et l'arrière ouvert des véhicules à peine éclairés par des lanternes...

— Ça y est, on embarque tout ! murmura Aldo. Pas étonnant que l'on ait renvoyé le personnel !

— Il doit rester le concierge ? Où est-il ?

— Dans son lit ? Acheté ou drogué ? Ces gens-là m'ont l'air d'en connaître long sur l'art d'abrutir leurs contemporains...

— Et nous ? Qu'est-ce qu'on fait ?

— On attend la fin... et on les suit. Ne serait-ce que pour voir où ils vont.

Ils regagnèrent leur voiture qu'Aldo avança discrètement pour mieux surveiller l'entrée de la maison, allumèrent l'un sa pipe, l'autre une cigarette et attendirent... Ce fut interminable.

— Je parie qu'ils emportent aussi les ustensiles de cuisine, grogna Morosini en tirant son briquet pour la sixième fois. Sans oublier la cave ? Vauxbrun en a une fameuse !

— Pourquoi pas ? ronchonna Adalbert dont les pieds commençaient à geler. Tu n'aurais pas dû en parler ! Je donnerais ma chemise pour un bol de vin chaud copieusement sucré à la cannelle et aux zestes d'orange !

— Courage ! La nuit ne sera pas éternelle et ils partiront sûrement avant l'aube.

— Tu sais à quelle heure se lève le jour en ce moment ?

Enfin, peu avant quatre heures, le premier camion franchissait le portail - au ralenti pour faire le moins de bruit possible ! - suivi par l'autre et, derrière eux, le double battant se referma comme de lui-même.

— C'est ce que je pensais, le concierge est de mèche ! ragea Morosini. Ils l'ont acheté !

— Essaie donc de voir les choses de façon plus objective. Cet homme a reçu un ordre, il exécute, un point c'est tout. N'oublie pas que maintenant ce sont eux ses patrons ! Alors tâche de rester calme quand on viendra l'interroger demain...

— Ah ! Parce qu'on viendra demain ?

— Tu ne le savais pas ? Sacrebleu, Aldo, réveille-toi !

Les feux rouges arrière permettaient de suivre d'autant plus aisément qu'il n'y avait guère de circulation. Ce n'était pas encore l'heure du laitier et des éboueurs... On rejoignit le boulevard Raspail que l'on remonta jusqu'au Lion de Belfort, puis l'avenue et la porte d'Orléans où les camions s'arrêtèrent à l'octroi. Un employé vérifia des papiers avant de les laisser filer avec un vague salut d'un doigt porté au képi.

— Descends et passe-moi le volant, souffla Adalbert.

— Mais... pourquoi ?

— Parce que je suis mieux outillé que toi !

Une minute plus tard, le même employé venait se pencher à la portière :

— Rien à déclarer, Messieurs ?

— Si ! Nous suivons les deux monstres qui viennent de passer.

— Ils vous intéressent ?

— Oui. Nous sommes journalistes, assura Adalbert en produisant comme par un tour de prestidigitation une carte de presse qu'il mit sous le nez du préposé. L'un des chauffeurs est un personnage important... dont je dois taire le nom ! Vous comprenez ? Est-ce que vous pouvez nous dire où ils vont ?

— Ouais ! Vont à Bordeaux !... C'est pour quel canard ?

— *L'Intran* [1] ! clama Adalbert en faisant redémarrer la voiture sur les chapeaux de roues. Merci beaucoup !

On fonça à travers Montrouge en train de s'éveiller jusqu'à ce que l'on eût retrouvé les feux des camions.

— Tu veux les suivre jusqu'à Bordeaux ? fit Aldo encore sous le coup de la surprise.

— Evidemment non ! Maintenant que l'on sait où ils vont – et il n'y a aucune raison d'en douter –

1. *L'Intransigeant*.

on rentre à la maison ! conclut-il en empruntant la première rue à gauche et en fonçant à travers la banlieue sud jusqu'à rejoindre la porte d'Italie où l'on sacrifia de nouveau aux obligations de l'octroi en lançant : « Rien à déclarer ! » presque sans ralentir.

Une demi-heure plus tard, Adalbert était dans son lit et Aldo dans l'escalier de Mme de Sommières en compagnie d'une Marie-Angéline en robe de chambre et bigoudis nantie d'une lampe électrique, d'une boîte de chocolats de « La Marquise de Sévigné » et d'un exemplaire des *Souvenirs de Sherlock Holmes*. Comme il était sorti sans dire où il allait, Plan-Crépin, vexée de n'avoir été ni emmenée ni même consultée, s'était juré qu'il n'irait pas se coucher sans lui avoir raconté sa soirée. Bonne fille, néanmoins, elle l'emmena à la cuisine après qu'il eut éternué deux fois, pour lui confectionner ce vin chaud qui occupait tant les rêves d'Adalbert un moment plus tôt.

Pendant qu'il le buvait, elle cogitait tout haut :

— Pourquoi Bordeaux ?

— Je me suis posé la question et j'y vois deux explications. La première, c'est qu'ils emmènent tout ce fourniment dans le nouveau château de Mme Vauxbrun. La seconde, c'est qu'ils rejoignent un quai d'embarquement. C'est Bordeaux qui dessert l'Amérique du Sud et l'Amérique centrale. Le malheur est que nous n'avons aucun moyen de vérifier quelle hypothèse est la bonne !

— Oh, si ! On peut au moins vérifier la première. Je me demande si je ne vais pas essayer de convaincre notre marquise d'aller passer la fameuse semaine de Pâques à Biarritz ? En outre, elle a de la parentèle dans l'arrière-pays !

— Au fond, ça nous avancera à quoi ? Ce n'est pas là, en tout cas, que je risque de retrouver mon éventail et sa boîte au trésor ! N'importe comment, je suis trop fatigué pour entamer une discussion. Bonsoir, Angelina ! Je vais dormir !

Restée seule, Plan-Crépin se versa ce qui restait de vin, s'assit devant la table, y planta ses coudes et, le bol tenu à deux mains, se plongea dans une méditation si intense que l'on pouvait craindre de voir son cerveau émettre des étincelles. Il était plus de cinq heures à la pendule comtoise qui réglait la marche de la maison. Le moment était venu pour elle de faire toilette afin de n'être pas en retard à la messe de six heures... Quand elle s'y rendit, une détermination farouche était peinte sur son visage.

7

Les surprises d'une maison vide

Ainsi qu'ils l'avaient décidé, Aldo et Adalbert retournèrent rue de Lille dans la journée mais ils eurent beau sonner, sonner et encore sonner, il leur fut impossible de se faire ouvrir. Pensant que peut-être Maillard, le gardien, s'était absenté, ils patientèrent un long moment dans la voiture puis revinrent actionner la sonnette – l'homme pouvait être au fond du jardin la première fois ! – sans autre résultat. Jusqu'à ce qu'enfin le concierge d'en face traverse la rue et vienne les rejoindre :

— Ça fait un moment que je vous observe, Messieurs, et sans vouloir me mêler de ce qui ne me regarde pas, je veux vous dire que vous perdez votre temps. Y a plus personne dans la maison de ce pauvre M. Vauxbrun.

— On nous a dit que Maillard devrait être encore là ? fit Aldo.

— Lui ? Il est parti ce matin sur le coup de six heures avec ses valises et son serin. Un taxi est venu le chercher et ça s'est passé si vite que je n'ai pas pu lui dire adieu. Parce que, si vous voulez mon avis, il reviendra pas. Et ça c'est triste, vu que maintenant cette pauvre maison est vide... De toute façon depuis qu'ce pauvre M. Vauxbrun y était plus, c'était plus ça.

— Que voulez-vous dire ?

L'homme logea son balai sous son bras et entreprit de se rouler une cigarette. Ce que voyant, Aldo lui offrit une des siennes, craignant que le flot verbal ne soit interrompu trop longtemps.

— Ah, merci bien, Monsieur ! C'est pas tant qu'j'aime les tabacs étrangers mais ça va plus vite ! Où est-ce que j'en étais ?

— Vous disiez que c'était plus ça, le renseigna Adalbert. Vous trouviez les nouveaux habitants trop... exotiques ?

— Vous voulez dire la nouvelle Mme Vauxbrun et ses parents ? Y a trop rien à en dire. Les dames d'abord, j'les ai jamais vues. Le vieux monsieur avait l'air bien convenable. De temps en temps, il allait faire une promenade, toujours tout seul et, quand on se rencontrait, il disait bonjour bien poliment.

— Et le jeune ?

— Il était pas souvent là. Comme ça m'intriguait, j'ai un peu observé. Il rentrait tard et quelquefois avec des gens pas bien du tout. Un soir où je sortais les poubelles, il y en a deux qui se sont amusés à donner des coups de pied dedans et j'en ai eu pour un bout de temps à tout ramasser mais ça les faisait rire. Faut dire que c'étaient pas des Français.

— Des Mexicains sans doute ?

— J'crois pas ! Y ressemblaient plutôt aux gangsters qu'on voit au cinéma. Quand ils venaient, ça faisait la fête assez tard dans la nuit... mais j'dois reconnaître qu'au matin y avait plus la moindre trace, sauf dans les boîtes à ordures, les bouteilles vides...

Le concierge dûment récompensé de ses bons offices par un billet bleu, les deux hommes repartirent, aussi soucieux l'un que l'autre. Aldo rompit le silence le premier :

— Comment se fait-il que Romuald n'ait jamais fait mention des plaisirs nocturnes du jeune Miguel ? Selon lui, tout le monde devait être couché à dix heures...

— Il me semble que le personnel est logé dans un pavillon au fond du jardin...

— Et il n'a rien remarqué alors que, de l'autre côté de la rue, le concierge était au courant ?

— Tu as raison, c'est bizarre, et je me demande si ces fiestas ne coïncidaient pas avec les disparitions des tableaux ? Je vais en parler avec Théobald en rentrant mais revenons-en à la maison Vauxbrun. J'ai de plus en plus envie de la visiter sans témoins. On revient cette nuit ?

— J'allais te le proposer !

Quelques heures plus tard, le scénario se répétait avec quelques variantes. La nuit, en lune nouvelle, était plus avancée que la veille et sombre à souhait. En revanche, le réverbère, réparé sans doute, brillait de tous ses feux. En approchant de la petite porte avec son trousseau de clefs, Adalbert ne pouvait s'empêcher de jeter des coups d'œil inquiets de l'autre côté de la rue, priant pour que, derrière l'une des fenêtres sans lumière, le concierge ne soit pas aux aguets.

— Pourquoi veux-tu qu'il passe ses nuits à surveiller une maison où il sait parfaitement qu'il n'y a plus âme qui vive ?

— C'est que, justement, j'en suis moins sûr que vous deux...

Et Adalbert, appuyant délicatement sur le vantail, l'entrouvrit sans avoir approché le moindre passe-partout.

— Quelqu'un serait revenu ? chuchota Morosini.

— Comme ce n'est certainement pas le Saint-Esprit, il doit y avoir un... ou plusieurs visiteurs. Qu'est-ce qu'on fait ?

— Où est passé ton esprit d'aventure ? On y va ! décida Aldo en tirant de sa poche son revolver. Je veux en avoir le cœur net !

Franchie la porte, ils restèrent un moment immobiles dans l'ombre épaisse du mur qui rejoignait le portail et fermait la cour. Celle-ci était obscure mais, derrière les hautes fenêtres dont il semblait que personne n'eût songé à fermer les volets intérieurs, le pinceau lumineux d'une lampe de poche se déplaçait lentement :

— On dirait qu'il y a de la visite. Reste à savoir s'il est seul !

— Le meilleur moyen est d'aller voir...

L'un derrière l'autre, ils rasèrent les murs en se courbant au passage des fenêtres, montèrent les cinq marches du perron où ils se redressèrent. Le visiteur avait quitté le vestibule pour le salon donnant sur le jardin, le reflet de sa lampe découpant un rectangle plus clair. Ce qui permit de constater que des morceaux de papier et de paille, vestiges du déménagement, traînaient sur les dalles de marbre blanc à bouchons noirs. Quand, avec mille précautions, on arriva à l'entrée de la vaste pièce, on put constater – avec soulagement – que l'inconnu était seul. Occupé à balayer de sa lampe l'espace désolé d'un mur encore habillé de damas jaune clair mais dépouillé de ses tableaux, il semblait si occupé à pousser d'énormes soupirs qu'il ne prêtait aucune attention à ce qui se passait derrière lui.

Sans trop d'espoir puisque le lustre aux cristaux anciens avait disparu, Aldo chercha le commutateur et, à sa satisfaction, alluma une ampoule solitaire au bout de son fil. En même temps, il déclarait calmement :

— Si vous cherchez un objet à voler, vous venez un peu tard !

Pas le moins du monde effrayé par les armes braquées sur lui, l'intrus leur fit face, leur permettant de constater que sa main laissée libre par la lampe tenait un browning, qu'il remit aussitôt dans sa poche.

— Je vois, répondit-il sans plus s'émouvoir. Je ne pensais pas que c'était à ce point-là !

Son flegme sentait la Grande-Bretagne... comme son costume de sport – pull noir à col roulé, veste et « knickerbockers » en tweed gris – coupé visiblement outre-Manche. On aurait pu le prendre pour un Anglais s'il n'avait parlé un français dépourvu d'accent, sinon celui de la distinction. C'était un grand garçon d'environ vingt-cinq ans, plutôt filiforme, présentant un visage aux yeux bleus, francs et bien ouverts, aux traits nets, et une bouche agréable dont les coins naturellement relevés plaidaient pour un caractère aimable. Si l'on y ajoutait le foulard de soie noué lâchement afin de pouvoir y dissimuler le bas de la figure – et signé Hermès ! –, on pouvait penser que c'était là un bien curieux cambrioleur.

— Qu'espériez-vous trouver ? demanda Aldo en rengainant lui aussi son artillerie.

— De très belles choses...

Et il se mit à détailler l'un après l'autre les meubles et œuvres d'art qui composaient naguère encore le salon, prouvant ainsi qu'il avait dû y venir plus d'une fois.

— Mais enfin, qui êtes-vous ? s'impatienta Adalbert.

— Excusez-moi ! J'aurais dû me présenter, fit l'étrange garçon avec un sourire en demi-lune. Je m'appelle Faugier-Lassagne, substitut du procureur au parquet de Lyon.

S'il pensait faire son effet, c'était réussi.

— Ah, bon ! émit Aldo. Et c'est à la faculté de droit que l'on apprend à ouvrir les portes fermées et à visiter de nuit les maisons dont les propriétaires sont absents ?

— Non. Je le devrais plutôt à la fréquentation des prisons, mais j'avoue que c'est un modeste talent dont je suis assez satisfait. Au fait, je ne vous demande pas de vous présenter. Vous, vous êtes le prince Morosini et vous, son autre lui-même, M. Vidal-Pellicorne, égyptologue distingué.

Et comme ils le considéraient sans rien trouver à dire, il ajouta :

— Je vous ai vus plusieurs fois en photo. Et je dois préciser que mon prénom est François-Gilles : je suis le filleul de M. Vauxbrun.

— Par tous les saints du Paradis, pourquoi ne m'a-t-il jamais parlé de vous ? s'étonna Aldo.

— Oh... j'étais en quelque sorte son jardin secret. Nous nous écrivions et je venais le voir de temps en temps.

— ... et il allait vous voir à Lyon ! compléta Aldo dont le regard s'attachait à ce visage venu de nulle part et qui, cependant, lui semblait devenu curieusement familier.

— Le moins possible ! Il... il était fâché avec mon père et vous savez comme nous sommes, nous autres Lyonnais ? Un peu rancuniers !... A présent, j'aimerais continuer d'explorer ce... désert ?

— Si vous le voulez bien, nous allons effectuer cette opération de concert...

On parcourut ainsi le rez-de-chaussée, le premier et le second étage. C'était partout le même vide, le même abandon, les mêmes papiers froissés mêlés à de la paille. Morosini en aurait pleuré de rage en passant une main sur les rayons vides de la bibliothèque où s'étaient alignées la collection havane et or des œuvres ayant appartenu au duc d'Orléans, le prince régicide, ou celle de la princesse de Lamballe, l'amie massacrée de Marie-Antoinette, tous ouvrages frappés à leurs armes... Dans la chambre de l'antiquaire, le coffre-fort, installé dans un mur et sous un portrait d'enfant de Greuze, bâillait, largement ouvert sur le vide...

— Que cette femme ait tous les droits, j'en conviens, ragea Aldo, furieux. Mais il ne me semble pas cependant qu'elle ait aussi celui de livrer la maison aux vandales ! Qu'en pensez-vous, Monsieur Faugier-Lassagne, vous qui êtes juriste ?

— Pareil que vous. C'est une honte mais on n'y peut rien.

— Ne croyez-vous pas qu'on en a assez vu ?

— Non. Je veux tout voir. Y compris les sous-sols !

Par extraordinaire, la cuisine et l'office étaient intacts. On n'avait enlevé ni l'une des étincelantes casseroles de cuivre, ni une petite cuillère, ni même les pots de faïence contenant le sel, la farine, le café. Des tasses dont on s'était servi étaient même restées sur la longue table de chêne. Adalbert pencha dessus un nez curieux mais s'abstint d'y toucher :

— Je me demande si l'on ne devrait pas les porter à Langlois pour qu'il relève les empreintes digitales. Ceux qui ont fait tout ce beau travail ne sont sûrement pas des déménageurs patentés.

Il y avait également des verres sales et les cadavres de trois bouteilles de chambertin.

— Allons voir ce qu'ils ont laissé dans la cave ! Vauxbrun en était justement fier...

Mais là aussi, c'était le même spectacle de désolation. Sous les belles voûtes rondes d'un ancien cellier, les casiers de briques étaient inoccupés. On n'avait pas non plus oublié les tonnelets. Il ne subsistait qu'une grosse barrique. Sans doute parce qu'elle était à sec ou presque, le robinet de la bonde, ouvert, ayant laissé dégoutter une flaque rougeâtre.

Les trois hommes parcoururent les deux caves identiques, et celle où l'on entreposait les bouteilles vides et le matériel du sommelier. Au fond se trouvait une porte de fer à demi cachée par un porte-bouteilles en forme de hérisson permettant le séchage après lavage.

— Qu'est-ce qu'il peut y avoir là-dedans ?

— Je ne sais pas, dit le jeune substitut. Je n'ai jamais visité cet endroit... En plus, c'est fermé par un cadenas qui n'a pas l'air vieux.

— Vous sauriez peut-être l'ouvrir, Monsieur le substitut ? ironisa Adalbert.

— Ma foi non, les cadenas, ce n'est pas de mon ressort !

— En ce cas, je peux essayer...

Et, tirant de sa poche un étui contenant divers petits outils, il en choisit un, remit le reste dans les mains d'Aldo et se pencha sur le cadenas... qui céda sans se faire prier sous les yeux admiratifs du dénommé François-Gilles !

— Dites donc ! Vous êtes un maître, vous ! Je meurs d'envie de vous demander des leçons ! Je n'aurais pu imaginer que...

— Quand on est archéologue, il faut avoir plus d'une corde à son arc. Vous n'avez pas idée des astuces déployées par les anciens Egyptiens pour dissimuler leurs momies... ou leurs trésors.

— Il y avait déjà des cadenas ?

— Oh, vous savez, sur les chantiers, on trouve de tout ! répondit Adalbert, désinvolte, tandis qu'Aldo, amusé, glissait :

— Vous pourriez vous associer dans certaines circonstances ?

L'envie de rire ne dura pas longtemps. La porte ouvrait sur un réduit sans éclairage où flottait une odeur bizarre. A première vue, c'était un débarras où l'on reléguait vieux outils et ustensiles de rebut.

— Ça sent drôle ! constata Adalbert.

A quoi Faugier-Lassagne, soudain soucieux, répondit :

— Je redoute de reconnaître cette odeur...

— Nous aussi ! Il y a une caisse au fond. Ça doit venir de là...

Il y avait en effet une de ces grandes boîtes en bois qu'emploient les déménageurs pour transporter les objets fragiles. Le couvercle ne tenait que par quatre clous qui sautèrent vite. Ce qu'elle contenait arracha un triple cri d'horreur : le cadavre de Gilles Vauxbrun gisait devant eux... visiblement mort depuis plusieurs jours...

Il portait encore ses habits de cérémonie, à l'exception de ses chaussures, et il était évident qu'on l'avait abattu à coups de pistolet. Aldo eut un hoquet qui ressemblait à un sanglot. Et le jeune magistrat, lui, en eut de vrais et se mit à pleurer sans fausse honte. Ce que voyant, Adalbert, le moins touché des trois puisqu'il n'avait jamais été intime de l'antiquaire, reposa le couvercle, se hâta de ramener ses compagnons dans la cave éclairée et referma la porte, mais sans le cadenas devenu inutilisable. Là, il les fit asseoir sur les bâtis de bois supportant habituellement les tonneaux, chercha l'une des rares bouteilles rescapées, un tire-bouchon et deux « taste-vin » en verre qu'il remplit, et leur en fit avaler le contenu. Lui-même s'octroya une lampée à la régalade jusqu'à ce qu'Aldo, qui se remettait, lui enlève la bouteille pour en faire autant. La tête dans ses mains, Faugier-Lassagne pleurait toujours...

— Ce sera la première fois que je vois un procureur en larmes ! chuchota Adalbert. D'habitude ils ont le cuir plus dur. Il est vrai que celui-là est un jeunot.

— Je suis de ton avis. C'est un bien gros chagrin pour un filleul et j'ai mon idée à ce sujet...

— Tu crois qu'il pourrait être ?...

— Son fils, oui. A l'exception des cheveux blonds, Vauxbrun devait lui ressembler à son âge. Et pourquoi cacher un simple filleul à un aussi vieil ami que moi ?

— Très juste ! Qu'est-ce qu'on fait maintenant ?

— On referme tout, on rentre rue Alfred-de-Vigny et on confie notre substitut à Tante Amélie. Elle a le don d'apaiser les grandes douleurs...

Appuyant une main sur l'épaule du garçon dont les sanglots s'étaient calmés, il questionna :

— Où habitez-vous à Paris ?

Celui-ci releva un visage décomposé :

— Hôtel Lutetia ! Pourquoi ? Oh ! je vous demande pardon pour cette... explosion involontaire...

— Ne vous excusez pas. C'est naturel quand on tombe par hasard sur le corps de son... père, surtout dans de telles conditions !

— Vous saviez ?

— Non, mais ce n'était pas sorcier à deviner ! A présent, vous allez venir avec nous !

— Où ?

— Chez ma grand-tante, la marquise de Sommières. C'est en quelque sorte notre quartier général...

— Mais non ! Pourquoi irais-je ? Je vais rentrer à l'hôtel !

— Dans cet état ? Pas question de vous laisser seul. En outre, nous avons à causer !

— Vous ne prévenez pas la police ?

— Pas maintenant.

— On ne peut pourtant pas l'abandonner dans ce... ce charnier ! Vous avez vu cette abomination ?

— Oh, j'ai vu ! Mais il faut que les choses demeurent ainsi pendant encore quelque temps. Je vous en expliquerai la raison mais pas ici. Allez, je vous emmène...

— Essayez de comprendre, renchérit Vidal-Pellicorne. Si la police est prévenue, on risque de déclencher d'autres catastrophes. Il faut nous faire confiance et, puisque vous savez qui nous sommes, cela ne devrait pas vous être trop difficile !

Le jeune homme se leva, regarda chacun d'eux, tira son mouchoir pour essuyer une dernière larme et trouva même une ébauche de sourire :

— Pardonnez-moi ! Je vais avec vous...

Ce qui était merveilleux dans la maison du parc Monceau, c'est que l'on pouvait y débarquer à n'importe quelle heure du jour ou de la nuit, on trouvait toujours quelqu'un prêt à vous écouter, à vous réconforter. Il devait être un peu plus de trois heures du matin mais, dix minutes environ après y avoir fait son entrée, François-Gilles Faugier-Lassagne se retrouvait assis au milieu des plantes vertes et en face d'une vieille dame en robe de chambre de velours parme et « fanchon » de dentelles gonflé comme une montgolfière par une abondante chevelure argentée et qui posait sur lui un regard vert étonnamment jeune et plein de sympathie. Etait apparue une demoiselle d'âge certain coiffée de cheveux jaunes et frisés, enveloppée d'un peignoir en laine des Pyrénées rose assorti au ruban qui maintenait sa toison semblable à celle d'un mouton. Celle-là était grande et maigre, arborant un long nez fureteur et des yeux de couleur indéfinissable. Suivie d'un vieux maître d'hôtel en gilet rayé et charentaises à carreaux portant un plateau chargé de tasses et de tartines, elle tenait d'une main une chocolatière d'argent et de l'autre une cafetière armoriée. Le plus étonnant était que le jeune homme se trouvait si bien dans cette espèce de serre où flottait une odeur d'oranger qu'il se sentait tout naturellement porté aux confidences – pour la première fois de sa vie ! – sans plus d'envie d'en bouger.

— Mon histoire, ou plutôt celle de ma mère, est simple et, je le crains, assez dépourvue d'originalité. Une jeune fille de l'aristocratie lyonnaise peu argentée, mariée par convenances à un haut magistrat plus âgé qu'elle mais fort riche. Après deux ans de mariage... improductif, elle rencontra au cours d'une chasse un jeune mais déjà renommé antiquaire parisien de belle mine et de belle prestance. Tous deux furent victimes d'un coup de passion qu'avec une chance incroyable ils réussirent à cacher à leur entourage. Ma mère a toujours considéré cela comme un miracle, tant la haute société lyonnaise où n'accèdent que les grands « soyeux », la noblesse et autres personnalités de haut vol, est attentive – je dirais jour et nuit ! – à l'observation de ceux qui en font partie.

— Ce n'est pas spécifique à la capitale des Gaules, remarqua Tante Amélie. Vous en trouverez autant – aux « soyeux » près – à Lille, à Rennes, à Toulouse, à Bordeaux ou à Marseille ! Que voulez-vous, dès l'instant où l'on a trop d'argent, trop de domestiques et rien à faire, il faut bien trouver des moyens de se distraire ! Ensuite ?

— En dépensant pas mal d'argent et grâce à la complicité compréhensive de ma grand-mère maternelle qui détestait son gendre et ne s'en cachait guère ainsi que du parrain de ma mère, les amoureux ont réussi à arracher les rares moments d'un de ces bonheurs qu'on ne vit qu'une fois, et puis Maman s'est retrouvée enceinte et il a fallu se séparer. Non sans peine : mon père... je veux dire Gilles Vauxbrun, voulait qu'elle divorce afin de l'épouser mais c'eût été aller au-devant d'un énorme scandale doublé de l'éviction de l'Eglise qui eût mis ma mère au ban de la société...

— Elle aurait vécu à Paris. Cela changeait tout, dit Aldo.

— Cela ne changeait rien du tout ! reprit la marquise. A Paris comme à Londres, Rome, Madrid ou

Tombouctou, on ne reçoit pas une femme divorcée et le remariage s'apparente alors au concubinage... Il aurait été salutaire que le mari consente à quitter cette vallée de larmes...

— Malheureusement, le président Faugier-Lassagne dont je porte le nom jouissait d'une santé de fer, même s'il avait vingt-cinq ans de plus que ma mère. Il a fallu, il y a dix ans, le déraillement du rapide Paris-Lille pour en venir à bout...

— Qu'est-ce qu'il faisait là-dedans ? demanda Marie-Angéline.

— D'après ce que j'en sais, il avait été invité à un congrès de magistrats européens et, grâce à Dieu, il n'avait pas emmené ma mère ! En fait, il ne l'emmenait jamais nulle part, en dehors de Lyon et de ses environs. Il n'a pas douté un instant que je ne fusse son fils, ce qui ne veut pas dire qu'il débordait d'affection pour moi. Que je sois assez solide pour assurer la pérennité du nom, que je fasse de bonnes études et que je me tienne convenablement à table était ce qui importait. Jamais je n'ai eu de lui la moindre marque d'affection mais, si je faisais une sottise quelconque, il ne me ratait pas...

— Vous avez des frères, des sœurs ? s'enquit Aldo.

— Aucun. J'en arrive à penser que le président, par chance, était stérile mais il avait de lui-même une trop haute opinion pour seulement l'imaginer et il rendait ma mère responsable de cette unique contribution au développement de la famille. En fait – je regrette de le dire ! – sa mort a été une délivrance pour elle comme pour moi.

— Et votre mère, comment est-elle ? s'intéressa Tante Amélie.

— Attendez que je devine, coupa Aldo. Elle est très belle, brune avec des yeux noirs ou gris, un teint chaud...

— Vous n'y êtes absolument pas, interrompit le jeune homme, surpris. Elle est encore très belle c'est vrai mais plus blonde qu'elle ne se peut faire et ses yeux sont aussi transparents que de l'eau de source. Nous sommes très proches l'un de l'autre et, après la mort du président, elle n'a pas hésité à m'avouer la vérité. J'avais quinze ans alors....

— Le choc n'a pas été trop rude ? s'inquiéta Adalbert.

— Vous voulez dire que j'ai été soulagé. L'idée que peut-être avec l'âge je pourrais ressembler au président me glaçait le sang.

— Pourtant, à son exemple, vous êtes magistrat ?

— Il n'y est pour rien. La Justice, la lettre de la loi m'ont toujours fasciné. Cela amusait beaucoup mon vrai père. Il disait qu'il n'aurait pas imaginé avoir un fils pourvoyeur de l'échafaud !

— Quand l'avez-vous connu ? fit Aldo.

— Au lendemain de la mort du président. Depuis ma naissance, il n'avait jamais remis les pieds à Lyon mais, quand il a su la nouvelle, il a écrit à ma mère et c'est ainsi que je suis « monté » plusieurs fois à Paris. On s'entendait si bien ! Nous avons même fait deux voyages ensemble : l'un en Italie, l'autre en Autriche et en Hongrie. Il m'a fait découvrir Versailles, le parc, les Trianons, et j'ai suivi avec passion dans les journaux vos démêlés avec le Vengeur de la Reine, l'an passé. J'aurais aimé être là ! Voir tous ces gens et cette lady Crawford...

Après un bref regard de connivence avec Tante Amélie, Aldo changea délibérément de conversation. Il se voyait mal annonçant à ce garçon que son père était, à l'époque, amoureux fou de la belle Léonora, comme il l'avait été auparavant de Pauline Belmont et de la danseuse tsigane Varvara Vassilievitch. Trois brunes incontestables ! Et que Vauxbrun parlait d'épouser ! Pour deux d'entre elles du moins, et si la belle Américaine – qui possédait encore le pouvoir de faire trembler son cœur ! – eût fait une belle-mère plus qu'honorable, on pouvait se demander quelle tête eût fait le futur procureur de la République en accueillant dans sa famille une tribu tsigane bourrée de talents au nombre desquels le lancement du couteau brillait en bonne place !

— Comment se fait-il qu'il ne m'ait jamais parlé de vous, alors que j'étais son plus vieil et je crois son meilleur ami ? J'en éprouve un peu de tristesse, je ne vous le cache pas...

— Il ne faut pas ! Cela n'entame en rien la profonde amitié qu'il avait pour vous mais il préférait que nos relations demeurent secrètes. Comment voulez-vous être à la fois le célibataire le plus recherché de Paris et le père déclaré d'un escogriffe dans mon genre ?

— Je me serais contenté du filleul.

— Oh, ce n'est pas faute de lui avoir demandé de nous mettre en présence, mais il n'y a jamais consenti. Vous étiez un peu trop séduisant pour lui, j'ai l'impression : il craignait qu'une part de mon affection n'aille vers vous. De même, je n'ai rien su de son mariage avec la jeune Mexicaine. Ce sont les journaux qui me l'ont appris ainsi que sa disparition. A ce moment, voulant en savoir davantage, je suis venu voir Maître Baud... qui d'ailleurs venait de m'écrire.

— Le notaire ? Il connaît votre existence, lui ?

— C'est le seul ! C'était nécessaire puisque mon père a fait de moi son légataire universel.

Sans réfléchir, Adalbert lâcha :

— Voilà pourquoi on vous a rencontré cette nuit ? Vous vouliez faire l'inventaire ?

— Cela ne vous ressemble pas de dire des sottises, Adalbert, protesta Mme de Sommières cependant qu'au regard dont François-Gilles enveloppa le maladroit on pouvait deviner ce que seraient plus tard ses réquisitoires.

— Non, fit-il sèchement. Je voulais visiter la tanière de ces gens dans l'espoir d'y retrouver une trace... n'importe laquelle. Je ne pensais pas me trouver face à la preuve absolue de leur culpabilité. Et puisque vous n'avez pas voulu appeler la police, je vais me mettre à leur recherche et m'en occuper personnellement !

Cette fois, ce fut Marie-Angéline, remarquablement silencieuse depuis l'arrivée du jeune homme, qui s'en mêla :

— Un instant ! Il faut que vous sachiez d'abord pour quelle raison mon cousin et M. Vidal-Pellicorne préfèrent que le meurtre lui soit dissimulé encore quelque temps. Il y va d'autres vies humaines... dont les leurs peut-être...

Et sans permettre à quiconque de l'interroger, presque sans respirer, elle expliqua la situation dans laquelle Aldo se débattait :

— Si le meurtre est découvert avant les trois mois impartis, l'assassin saura que son chantage ne tient plus et il prendra d'autres otages qui pourraient être Lisa Morosini, ses enfants, Adalbert ou notre marquise ! J'espère que vous pouvez comprendre ça ?

— Oui, j'ai compris et je vous prie de m'excuser. En revanche, vous admettrez que, pour moi, le crime soit signé, aussi ai-je l'intention de les approcher. Et s'ils sont à Biarritz, eh bien, j'y vais ! Et pas plus tard que demain...

— Qu'y ferez-vous ? fit Aldo, agacé. Vous ne savez pas où ils sont : c'est vaste Biarritz !

— Oh, je trouverai. Ils ne sont pas gens à passer inaperçus, d'après ce que vous en avez dit. A présent, il me reste à vous remercier, ajouta-t-il en le levant. Et à vous demander où je peux me procurer un taxi !

— A cette heure ? s'étonna Mme de Sommières. On vous a préparé une chambre ici.

— Je suis confus ! J'étais tellement accablé tout à l'heure que je me suis laissé emmener comme un petit garçon et votre accueil si chaleureux m'a soulagé un peu mais, maintenant, il faut que je fasse quelque chose... moi-même !

— On peut le concevoir... à condition de regarder où vous mettez les pieds, concéda Adalbert.

Cela dit, puisque moi je rentre rue Jouffroy, je vais vous ramener au Lutetia. Tu me prêtes ta voiture ? ajouta-t-il à l'intention d'Aldo.

— Naturellement.

Les adieux furent vite expédiés. François-Gilles promit de donner de ses nouvelles et partit avec Adalbert. Tante Amélie prit le bras d'Aldo pour gagner le petit ascenseur vitré qui lui évitait l'escalier.

— A y réfléchir, dit-elle, je pense qu'il n'a pas entièrement tort. L'idée de ce pauvre homme entassé dans sa caisse pour y pourrir pendant des semaines m'est désagréable...

— Que fait-on d'autre dans un cercueil capitonné ? lança Marie-Angéline.

— Quand vous n'aurez que des réflexions de ce genre, vous pourrez les garder pour vous, Plan-Crépin ! C'est d'un goût !... Je pensais que Langlois mis en face de la preuve flagrante du crime n'aurait plus qu'à signer des mandats d'arrêt. Cette intéressante famille une fois sous les verrous, la menace qui pèse sur toi tomberait automatiquement.

— Sauf qu'elle n'a pas été proférée par Don Pedro, ni par son fils et moins encore par les deux femmes mais par un chef de bande recruté à New York par Miguel. Je me demande à présent si les Vargas et autres Olmedo sont toujours les maîtres du jeu et s'ils ne sont pas plus ou moins pris à leur propre piège.

— Qu'est-ce qui te le fait penser ?

— Le dernier billet de Vauxbrun. Souvenez-vous qu'il me demande de « veiller sur elle ». Ce ne peut être qu'Isabel et vous dites vous-même, Tante Amélie, qu'en dépit de son caractère rébarbatif, la vieille dame ne vous a pas laissé un si mauvais souvenir ! En outre, elle croit toujours que le collier prétendument volé par Vauxbrun est le vrai.

— J'aurais tendance à être d'accord pour les deux femmes, quoique la jeune ait joué, il me semble, un rôle déplaisant mais, à mon sens, les deux hommes sont tout sauf innocents.

Le court voyage en ascenseur interrompit la conversation. Elle reprit dans la galerie desservant les chambres, et ce fut Marie-Angéline qui s'en chargea en déclarant d'autorité :

— Nous devrions avertir Aldo que nous avons décidé de passer la semaine de Pâques à Biarritz et de rendre visite à une cousine que nous n'avons pas vue depuis une éternité : la vicomtesse Prisca de Saint-Adour dont le château... n'est pas éloigné de celui d'Urgarrain...

Il y avait une note de triomphe dans cette annonce. Aldo en conclut que le « fidèle bedeau » avait dû rompre quelques lances pour arracher la décision à « notre marquise ». Celle-ci d'ailleurs détournait les yeux avec un petit reniflement qui en disait long. Auquel cependant elle crut devoir ajouter :

— A condition que nous fassions un séjour à l'hôtel du Palais avant d'aller chez cette folle : elle vit habillée en paysan la plupart du temps, élève des vaches, et s'est fait confectionner un magnifique cercueil d'acajou aux bronzes dorés où, en attendant de l'occuper définitivement, elle conserve sa provision de pommes de terre !

En dépit de ses soucis, Aldo ne put s'empêcher de rire :

— En voilà une que je ne connaissais pas ! Vous en avez beaucoup de cet acabit en réserve ?

— Celle-là au moins a le mérite du pittoresque. C'est par-dessus le marché le meilleur fusil de la région.

— Même sous sa protection, l'idée de vous savoir dans ces parages ne m'enchante pas. Je crains que vous n'y soyez en danger...

C'était la dernière chose à dire.

— Si tu as si peur, viens avec nous ? C'est très cosmopolite, la semaine de Biarritz. On y trouve de tout : des Belges, des Autrichiens... des rastaquouères. Au point où tu en es, tu auras peut-être un coup de chance... et puis, si tu fais chou blanc, cela ne fera jamais que sept jours sur les deux mois et demi qui te restent...

— Je vais y réfléchir et en parler à Adalbert. Mais c'est surtout l'idée de pouvoir vous surveiller qui me séduit...

Réintégrée dans sa chambre où Aldo la suivit, la vieille dame alla s'asseoir sur la « Récamier » de velours gris où elle aimait s'étendre dans la journée, quand elle souhaitait prendre un petit repos sans déranger l'harmonie de son grand lit à falbalas de satin et de mousseline. Aussitôt Marie-Angéline protesta :

— Nous ne nous couchons pas ?

— On verra plus tard, je n'ai plus sommeil ! Viens t'asseoir près de moi, Aldo ! ajouta-t-elle en tapotant le siège.

— Quelque chose ne va pas ?

— En effet, mais je ne voulais en parler qu'en famille... dans laquelle, bien sûr, Adalbert a gagné sa belle place. Voilà ! Ne le prends pas en mauvaise part mais je partage le sentiment de ce jeune substitut, il m'est profondément désagréable de savoir ce pauvre Vauxbrun abandonné au fond de sa maison dévastée, tel un détritus dans une poubelle !

— Je suis d'accord avec vous, Tante Amélie. Si la découverte n'avait pas été faite en présence de ce fils tombé du ciel, j'aurais déjà confié l'affaire à Langlois, sous le sceau du secret. Il n'ignore rien de ma situation actuelle et je pense qu'il aurait agi en conséquence. D'autant que plus on attendra et plus l'autopsie sera difficile. Mais il fallait à tout prix clouer le bec à ce jeune fou.

— Et le voilà parti à la recherche de ceux qu'il croit les assassins de son père. On ne sait s'il sera, à l'avenir, un champion du réquisitoire, mais il est encore jeune et pourrait laisser échapper une parole malheureuse...

— Dans ce cas, que voulez-vous que je fasse ?

— Toi, rien... sinon m'autoriser à inviter ce cher commissaire à dîner, à déjeuner... ou à boire un verre de champagne... mais hors de ta présence. Tu pourrais, pendant ce temps, te rendre, en compagnie d'Adalbert, dans un lieu suffisamment fréquenté pour que l'on vous y remarque...

— Qu'avez-vous en tête ?

— Rien que de très naturel...

— Je n'ai pas l'impression d'avoir compris ! s'indigna Marie-Angéline. Nous sommes une dame âgée, fragile et tourmentée par une vilaine affaire dans laquelle notre neveu préféré est enfoncé jusqu'au cou. Alors, nous voulons demander à ce sympathique commissaire de le faire surveiller discrètement...

— Bien que je lui aie tout raconté des derniers événements, je ne serais pas étonné qu'il le fasse déjà.

Elle lui jeta un coup d'œil sévère :

— Aldo, mon ami, vous êtes fatigué : c'est la version officielle. En réalité, nous allons lui faire savoir le résultat de votre visite rue de Lille et l'entrée en jeu du parquet de Lyon ! Ai-je convenablement traduit ?

— A merveille ! A cela près que personne ne vous le demandait, et que n'ayant pas encore atteint le gâtisme absolu, j'étais parfaitement capable de m'en sortir seule...

— N'importe, l'idée est bonne, conclut Morosini. Reste à savoir où je pourrais emmener Adalbert. Il est impossible quand Théobald ou Eulalie ne sont pas aux fourneaux !

La question ne se posa pas longtemps. Au courrier du matin, il y avait une lettre de Maître Lair-Dubreuil communiquant l'adresse de Marie Moreau, la dernière femme de chambre de l'impératrice Charlotte. Et le lendemain, Morosini prenait la route de Valenciennes. Le temps devenant printanier, il avait choisi de faire le chemin en voiture pour le plaisir de conduire, un plaisir plutôt rare quand on habitait Venise...

Mme Moreau logeait, au cœur de la vieille ville, près de l'église Saint-Nicolas dans une belle maison ancienne. C'était une femme encore jeune dont le visage régulier portait, sous les cheveux gris sévèrement tirés en chignon, les traces de vieilles douleurs. Elle reçut Morosini avec la courtoisie inhérente à ceux qui ont longtemps fait partie d'entourages royaux. Il s'était présenté à elle pour ce qu'il était, ajoutant qu'il cherchait à reconstituer, pour un client ami, la collection d'éventails ayant appartenu à la défunte souveraine du Mexique.

— Elle aimait à s'en servir et en possédait énormément, me suis-je laissé dire. Ce qui est normal pour une jeune femme ayant séjourné longuement à Milan, à Venise, à Trieste et au Mexique. En outre, elle aurait apprécié particulièrement ces charmants objets dont le maniement gracieux a fini par constituer une sorte de langage...

— Je pense que vous aurez du mal, prince, et que votre client ne devrait pas se limiter à la seule et malheureuse impératrice. Elle les assortissait souvent à ses toilettes – c'est ce que l'on m'a rapporté car je n'ai été à son service que sept ans – mais quand est venue la fin de ses tourments, il ne lui en restait que six...

— Qu'en avait-elle fait ?

— Elle en a donné, dont celui que je vous montrerai dans un instant – mais je refuse de le vendre. Cela doit rester bien entendu entre nous ?

— Je le déplore naturellement mais ce n'en sera pas moins, pour moi, un privilège ! fit Aldo cachant sa déception sous un sourire. Que sont devenus les autres ?

— Vous voulez parler de la collection ou des derniers ?

— Commençons par la collection. Nous finirons comme il se doit par les derniers !

— On lui en a volé dans les débuts de son mal où elle était autant dire captive des Autrichiens dans une dépendance du château de Miramar. D'autres ont disparu lors de l'incendie qui a détruit le château de Tervueren où la reine Marie-Henriette l'avait installée après l'avoir ramenée en Belgique. Elle en a elle-même brisé plusieurs au cours des terribles crises qui la retranchaient du monde.

— Elles étaient fréquentes, ces crises ?

— Davantage vers la fin, bien sûr ! Et parfois très pénibles. Elle devenait un animal furieux, griffant et mordant les téméraires qui l'approchaient. Et pourtant, dans ses périodes de rémission, c'était une dame charmante, s'intéressant aux arts et aux fleurs de son jardin. Toujours tirée à quatre épingles et soucieuse de son aspect. Vous devez savoir qu'elle est morte octogénaire, mais elle avait conservé une fraîcheur qui faisait notre admiration. Elle avait été très belle et le restait.

Il y avait une tendresse dans la voix de cette femme, qui, cependant, avait eu à pâtir des fameuses crises. La mince cicatrice qu'elle portait à la joue gauche en était sans doute la preuve mais il se garda de poser la question, se contentant de remarquer :

— Comme toutes les princesses belles et malheureuses, elle a maintenant ses dévots, presque sa légende. J'ai pu m'en rendre compte au château de Bouchout où j'étais récemment. Ce qui m'a permis de contempler, dans la maison du gardien, l'un des éventails que ces braves gens exposent comme un objet de piété. Est-ce l'un des derniers dont vous parliez, Madame ?

— Non, celui-là, Sa Majesté l'avait donné à Mme Labens peu après ma prise de service... Voulez-vous patienter deux minutes ?

Sans attendre la réponse, elle se leva – il en fit autant ainsi que le voulait la bienséance ! – et s'éclipsa. En revenant, elle tenait en main l'une de ces fameuses boîtes de cuir qu'elle posa sur une table. En sortit un bel éventail d'ivoire gravé d'or dont la feuille était de dentelle blanche légèrement jaunie par le temps.

— Il est joli, n'est-ce pas ? C'était l'un de ceux qu'elle préférait.

— En effet... et d'autant plus émouvant ! Ah, le coffret est semblable à celui de Mme Labens, ajouta-t-il en le prenant sans hésiter.

— Ils étaient tous semblables, quoique de tailles différentes.

Après l'avoir ouvert, Morosini le reposa presque aussitôt. Celui-là aussi était sans secret.

— Puis-je demander à présent ce que vous savez des derniers ?

— C'étaient les plus beaux. Ses sœurs et sa belle-sœur se les sont partagés. La princesse Clémentine Napoléon en a eu un, la princesse de Lonyai, ex-archiduchesse Stéphanie, un autre, un troisième a été envoyé à la fille de la princesse Louise décédée en 1924, un autre encore à Sa Majesté la reine Elisabeth et le dernier... Au fait, je ne me souviens pas à qui on l'a offert. On a dû en décider après mon départ.

— Une princesse de la famille d'Orléans peut-être ?

— Elles ne sont que cousines, et puis laquelle choisir ? Voilà ! Je ne peux pas vous en apprendre davantage. Vous voyez que votre parent devra renoncer à son projet et se contenter de ce qu'il a. Croyez que j'en suis désolée !

L'entretien se prolongea, à bâtons rompus, autour de l'incontournable tasse de café. Aldo rejoignit sa voiture et reprit la route de Paris, non sans avoir hésité à remonter plus au nord, mais il y renonça par découragement et c'était bien la première fois qu'il éprouvait cette sensation désagréable de donner des coups d'épée dans l'eau. Où chercher désormais ?

Il se voyait mal priant une souveraine régnante et trois princesses de le laisser fouiller leurs souvenirs de famille et, moins encore, en cas de succès, trouver un moyen de les délester. Et le temps s'écoulait, un jour après un autre jour... Les trois mois seraient vite usés.

La solution de facilité serait, sans chercher plus loin, de faire passer l'annonce dans la presse et d'aller au rendez-vous qu'on lui fixerait, les mains vides évidemment, mais suivi discrètement par les hommes de Langlois. Une folie ! Ce serait sous-estimer un ennemi qui, sans doute, y avait pensé avant lui, auquel cas, l'entrevue pourrait se transformer en catastrophe. Il risquait d'être tué ou, pis encore, capturé afin de l'obliger à assister au supplice d'un être cher, quel qu'il soit. Le souvenir du petit rire cruel n'était pas près de s'effacer...

C'est alors qu'une autre idée lui vint, tandis que s'étiraient interminablement devant lui les deux cents kilomètres séparant Valenciennes de Paris. Vauxbrun avait été piégé par une copie du collier sacré. Copie que le ravisseur lui-même estimait grossière mais il était peut-être possible d'en faire exécuter une capable de tromper un expert et même plusieurs. Pour cela il fallait retrouver l'artiste que Simon Aronov avait chargé de reproduire les gemmes manquant au Pectoral du Grand Prêtre [1]. Aldo n'avait jamais su qui il était ni où il vivait mais en posant les bonnes questions aux bons endroits, il serait plus facile de découvrir sa retraite que de continuer cette course à l'éventail qui avait quatre-vingt-dix-neuf chances sur cent de ne mener à rien. Et d'abord interroger Adalbert, qui avait travaillé pour le boiteux bien avant leur rencontre...

Revigoré, il appuya sur l'accélérateur et dévora l'espace sans s'arrêter, sauf pour se ravitailler en essence et boire un café.

A huit heures du soir, il stoppait son moteur rue Jouffroy devant le luxueux et sévère immeuble où habitait son complice habituel. La nuit était venue mais un coup d'œil à la fenêtre éclairée du bureau lui apprit qu'il était au logis. Dédaignant l'ascenseur, il escalada en quelques enjambées l'étage sur

1. Voir *Le Boiteux de Varsovie,* tome I.

entresol dont la porte vernie aux cuivres étincelants s'ouvrit devant lui sous la main d'un Théobald visiblement enchanté :

— Oh ! Monsieur le prince ! Monsieur allait passer à table mais j'ajoute tout de suite un couvert !

En veste d'intérieur à brandebourgs en velours usagé et « charentaises » à carreaux, ses cheveux blonds en désordre pour ne pas changer, Adalbert apparut aussitôt et, prenant Aldo par le bras, l'entraîna dans son cabinet de travail :

— Alors, que rapportes-tu ?

— Une déception de plus mais aussi une idée. D'abord, donne-moi quelque chose à boire ! A part deux cafés dans un bistrot de campagne, je n'ai rien avalé depuis ce matin...

Connaissant les goûts de son ami, Adalbert le nantit d'une fine à l'eau puis l'emmena à la salle à manger où Théobald venait d'ajouter le couvert annoncé.

— Ce n'est que du pot-au-feu, ce soir, s'excusa celui-ci.

— A merveille ! Juste ce qu'il convient quand on vient de faire une longue route ! D'autant plus que le vôtre n'est pas celui de n'importe qui !

Tout en savourant le délicieux consommé aux croûtons et les différentes viandes escortées de légumes dont le valet cuisinier composait une sorte de chef-d'œuvre, Morosini relata son voyage éclair et ce qu'il en résultait.

— C'est encore pis que je ne le pensais, conclut l'égyptologue. Ça revient à chercher une aiguille dans une botte de foin ! Voyons ton idée maintenant !

— Saurais-tu par hasard où et par qui notre ami Simon avait fait exécuter, entre autres, les copies parfaites de l'Etoile bleue et du diamant du Téméraire ?

— Il ne me l'a jamais confié ! Tu songerais à faire reproduire ce fichu collier ?

— A l'identique absolu, oui !

— Pas idiot ! Encore faudrait-il savoir à quoi il ressemblait ? Cinq grosses émeraudes, d'accord, mais taillées de façons différentes et séparées par des ornements d'or. Avoue que c'est vague !

— Pas pour moi. J'ai dans ma bibliothèque, à Venise, un vieux bouquin traitant des joyaux disparus et qui est l'une de mes bibles. Il y a tout ! Même les cotes et les nuances des pierres... Je n'ai qu'à aller le chercher.

— Pour le porter à qui ? Je te répète que je ne sais rien de ce véritable artiste qui nous a été d'un si grand secours. Et je ne vois pas qui pourrait nous renseigner. Ceux qui composaient l'entourage immédiat d'Aronov ont été tués.

— Pourquoi celui-là serait-il mort puisque personne n'a jamais rien su de lui !

— Il n'empêche que ton idée débouche malheureusement sur une impasse, philosopha Adalbert en allumant sa pipe dont il tira quelques bouffées, avant d'ajouter : Tu veux un cigare ?

— Plus tard...

— Tu as tort : ça aide à réfléchir...

— Alors, fumes-en un, au lieu de ta pipe de grenadier ! Et, s'il te plaît, tais-toi pendant une ou deux minutes...

Il ne les utilisa pas. Trente seconde à peu près s'écoulèrent avant qu'il n'émette, pensant à voix haute :

— S'il existe quelqu'un sur terre qui peut nous aider, ce ne peut être qu'un seul homme. Celui qui était son meilleur ami, l'unique dépositaire d'au moins une partie de ses secrets...

— A qui penses-tu ?

— Le baron Louis, voyons !

— Rothschild ?

— Evidemment. Souviens-toi ! C'est lui qui m'a permis de rencontrer à Prague le maître du Golem et dont le yacht nous a conduits à Jaffa pour rapporter le pectoral reconstitué.

— Difficile d'oublier son hospitalité. Tu sais où le trouver ?

— Normalement dans son palais de la Prinz Eugenstrasse à Vienne, mais il possède d'autres domaines et il voyage beaucoup...

— Une excellente raison pour ne pas perdre de temps. Appelle-le ! conclut Adalbert en désignant le téléphone.

— Tu sais qu'il peut y avoir trois ou quatre heures d'attente ?

— Il m'est arrivé de te supporter plus longtemps ! Appelle !

Aldo consulta son calepin de galuchat vert à coins dorés où il avait consigné les informations présentant une éventuelle utilité, décrocha le combiné et demanda le numéro à la téléphoniste.

— Pour Vienne, une demi-heure d'attente ! répondit-elle à sa surprise incrédule.

— Pas plus ?

— Non, Monsieur ! A cette heure, les lignes sont rarement encombrées !

C'était une nouveauté qu'il se garda bien de faire remarquer. Quelques jours plus tôt, il avait attendu près de quatre heures pour obtenir sa femme au téléphone. Pourtant, vingt-cinq minutes seulement s'étaient écoulées avant qu'il n'entende la voix distinguée d'un maître d'hôtel. L'entretien ne dura guère. Pas plus de deux minutes. Rasséréné, Aldo avait raccroché :

— On dirait que notre chance tient bon. Il est à Paris pour une petite semaine...

— Et tu sais où le dénicher à Paris ? Si c'est chez l'un de ses cousins...

— Non. Lorsque qu'il n'est pas chez lui ou sur son yacht, il adore les hôtels de luxe. A Paris, c'est le Crillon, qui a l'avantage d'être à deux pas de la rue Saint-Florentin où son cousin Edouard habite l'ancienne demeure de Talleyrand et à trois pas d'un autre cousin, Robert, qui possède l'hôtel de Marigny en face de l'Elysée. Etant à presque égale distance des deux, il ne blesse personne. Je vais lui laisser un message...

— Tu t'y retrouves, toi, dans les Rothschild ? gloussa Adalbert.

— Non, avoua Aldo en riant. Il y en a trop. Rien qu'en France, trois branches – et je salue les membres de cette famille qu'il m'arrive de rencontrer dans les grandes ventes de joyaux ou d'objets précieux ! – sans compter les Anglais et les Autrichiens que représente le baron Louis. Encore les deux autres branches, celle de Francfort et celle de Naples, ont-elles disparu [1].

— Grâce ! Ne me délivre pas un cours magistral sur les cinq flèches de leur blason, représentant les cinq fils que le vieux Mayer Amschel, le prêteur de Francfort, a lâchés sur l'Europe à la fin du XVIIIe siècle. Je les connais aussi bien que toi ! Appelle plutôt le Crillon !

Aldo s'exécuta dans l'intention de laisser un message mais, comme il venait de le dire, sa chance semblait tenir bon. Le baron rentrait à l'instant et se montra enthousiaste :

— Quelle heureuse surprise que vous soyez à Paris en même temps que moi, mon cher prince ! J'avais justement l'intention d'aller, demain, saluer Mme de Sommières et Mlle du Plan-Crépin...

— Pardon si je vous choque, mais je voudrais que vous acceptiez seulement de déjeuner avec moi, justement demain si vous êtes libre, et au Ritz... Je vous expliquerai pourquoi. Il serait préférable que l'on ne vous voie pas venir rue Alfred-de-Vigny.

— Ah ! Au ton de votre voix, je devine qu'il se passe quelque chose... peut-être en rapport avec la curieuse disparition de M. Vauxbrun ?

— Exactement !

— En ce cas, voulez-vous demain à treize heures ?

— C'est parfait. Je vous attendrai...

Reposant le combiné, Aldo ajouta :

1. La branche autrichienne disparaîtra en 1938, pendant l'Anschluss, sous les coups de la Wehrmacht.

— Voilà ! On déjeune demain au Ritz à treize heures ! Naturellement tu m'accompagnes ?

— Sûrement pas ! N'oublie pas que tu risques d'être surveillé. De même que tu as eu raison de ne pas le laisser venir chez notre marquise, il vaut mieux que tu sois seul avec lui. Cela paraîtra plus naturel : une rencontre fortuite en quelque sorte... Avec moi, ça devient presque un concile...

Si les circonstances n'avaient été aussi dramatiques, Aldo eût été ravi de revoir le chef de la banque Rothschild autrichienne, parce que c'était un homme selon son cœur, qui, au fil des ans, était devenu un véritable ami. D'autant que les Morosini avaient fait leur voyage de noces sur son yacht. Aussi fut-ce avec un large sourire qu'il le vit pénétrer dans le bar de l'hôtel où il l'attendait, heureux de constater que six années ne l'avaient pas changé. Il est vrai que c'était un personnage hors normes.

Mince, blond, élégant, généreux, cultivé, d'un imperturbable sang-froid, le baron Louis était en outre bourré de talents variés. C'était un savant en botanique et en anatomie ainsi qu'un connaisseur, à la limite de l'expert, dans tous les arts. Grand chasseur devant l'Eternel, il montait à cheval mieux qu'un centaure – il était même l'un des rares cavaliers autorisés à monter les fameux « lipizzans » blancs de l'Ecole espagnole de Vienne – et c'était bien entendu un remarquable joueur de polo. Sans compter ses capacités d'homme d'affaires et de banquier. Et, évidemment, sa fortune était énorme, même si le terme semble faible. Dans ces conditions, on peut comprendre que ce célibataire endurci – il avait plus de quarante ans ! – ait été le point de mire d'une multitude de mères pourvues de filles à marier. Ce qui ne l'empêchait pas d'adorer les femmes et de savoir à merveille s'en faire aimer autant pour son charme que pour sa fastueuse générosité.

— Ce déjeuner avec vous m'enchante, déclara-t-il en s'installant en face de Morosini après avoir répondu au salut de la plupart des hommes présents. J'avais l'intention de faire en mai un tour en Méditerranée et d'aller vous surprendre chez vous...

— Surtout ne changez rien à votre programme ! Vous recevoir sera un réel plaisir pour Lisa et pour moi...

— Quelle femme merveilleuse ! Mais je ne vous demande pas si elle va bien puisqu'elle partage tous vos soucis et il n'est pas difficile de deviner que vous en avez !

— Elle est à Vienne avec les enfants. Ils y sont plus en sécurité que dans une demeure que mes magasins ouvrent à tous les vents...

— C'est aussi grave que cela ?

— Hélas... mais nous en parlerons au déjeuner...

Ils bavardèrent à bâtons rompus en dégustant le cocktail au champagne que leur avait préparé Georges, le chef barman, puis sans se presser se dirigèrent vers le restaurant au seuil duquel le célèbre maître d'hôtel Olivier Dabescat, qui les connaissait l'un et l'autre depuis longtemps, les accueillit avec l'étroit sourire soulignant chez lui une joie extravagante. Il les précéda pour les conduire à la « table discrète » que Morosini avait réservée : au fond de la salle et près de la dernière porte-fenêtre donnant sur le jardin abondamment fleuri de tulipes, de myosotis et de primevères par les jardiniers de l'hôtel.

— C'est parfait, Olivier ! approuva Aldo en s'installant. A présent, qu'avez-vous prévu pour M. le baron et moi ?

La carte du Ritz étant, en effet, assez courte, les habitués avaient coutume de s'en remettre à Dabescat qui, connaissant leurs goûts – ce qui représentait une performance de mémoire ! –, ne se trompait jamais.

— Avec votre approbation : une cassolette de queues d'écrevisses, une escalope de foie gras au beurre noisette et un cœur de charolais Marigny. Pour les vins...

— Laissez-nous la surprise, Olivier ! fit Rothschild. C'est plus amusant...

Débarrassés du choix, les deux hommes parlèrent peinture durant la première partie du repas. L'élégante salle aux boiseries claires se remplissait peu à peu mais Dabescat avait fait en sorte que leur table, protégée d'un côté par le mur et de l'autre par la fenêtre, n'eût pas de trop proches voisins et ce ne fut seulement, après s'en s'être assuré, qu'entre charolais et brie de Meaux, Morosini posa sa question :

— Vous n'ignoriez rien... ou presque des secrets de Simon. Nul n'a été plus proche de lui que vous...

— Je le pense effectivement... et m'en honore. L'avoir connu est un privilège que je suis heureux de partager avec vous et Vidal-Pellicorne qui avez été ses fidèles limiers. Interrogez-moi et si je peux je répondrai...

— Connaissez-vous cet artiste qui a réalisé pour lui les copies des pierres du pectoral ?

— Oui. J'avoue même avoir eu recours à son talent en deux ou trois circonstances et il me semble unique au monde. Vous avez besoin de lui ?

Il ne restait plus à Aldo, soulagé d'un grand poids, qu'à raconter les dessous de l'affaire Vauxbrun et le problème qui se posait à lui. Louis de Rothschild l'écouta sans se manifester avant qu'il n'en vienne à sa décevante quête des éventails.

— Permettez-moi de vous interrompre ! J'ai toutes les possibilités de joindre la reine Elisabeth de Belgique et les autres princesses...

— Jusqu'à les convaincre de vous montrer leurs éventails ?

— Je me fais fort d'y parvenir. Le commun des mortels connaît notre manie collectionneuse à nous autres, Rothschild ! Vous serez au moins rassuré sur ce point. Reste évidemment le dernier éventail dont on ne sait où il se trouve.

— C'est pourquoi j'ai pensé faire copier ce damné collier. Mais le temps imparti se rétrécit comme peau de chagrin...

— Je vais vous donner l'adresse du maître... Vous connaissez Amsterdam, j'imagine ?

— Assez bien.

— C'est là qu'il habite, fit le baron Louis en tirant un carnet de sa poche de poitrine, où il écrivit quelques mots avant de déchirer la feuille. N'hésitez pas à dire que vous venez de ma part...

L'ombre s'épaissit...

Pour la première fois depuis pas mal de nuits, Aldo put goûter les joies d'un sommeil paisible. Avant de se coucher, il avait téléphoné à Venise pour prier Guy Buteau de lui envoyer, par le premier train, son secrétaire, Angelo Pisani, avec le livre où était reproduit le collier aux cinq émeraudes maléfiques...

8

Le lapidaire d'Amsterdam

En débarquant, le soir, à la Gare centrale, Aldo n'avait qu'une envie : aller se coucher dans un lit confortable avec quelque chose de bouillant, grog, vin chaud ou Dieu sait quoi. Le voyage à travers les plaines du nord de la France, de la Belgique et de la Hollande lui avait paru d'autant plus ennuyeux qu'il avait plu sans discontinuer sur le paysage. L'impression d'assister à un film de cinéma dont la pellicule serait brouillée. Il faisait encore plus mauvais, si possible, en arrivant à destination. Il ne s'attarda donc pas à contempler l'incroyable station terminale en briques rouges, bâtie sur le modèle du Rijksmuseum et longue de plusieurs centaines de mètres. Il s'engouffra dans un taxi en indiquant l'hôtel Krasnapolsky où il savait qu'il trouverait le nécessaire pour soigner ses bronches fragiles. Il couvait un rhume, c'était indubitable ! Il connaissait ce palace, pour être venu deux ou trois fois dans la capitale du diamant, et se souvenait que sur la place majeure de la ville, le Dam, où s'élevait le Palais royal et sous sa façade d'un modernisme hideux, se cachait le luxe le plus raffiné et le plus douillet qui soit. Milliardaires et artistes de renom s'y précipitaient avec une rare constance. Peut-être aussi parce que ce curieux édifice marquait une sorte de frontière entre les fastes officiels et certains quartiers chauds où florissaient bouges à matelots, prostituées en vitrine et les paradis artificiels de l'opium ou de la cocaïne.

N'ayant que le minimum de bagages, il eût par beau temps parcouru à pied la distance entre la gare et le Dam pour respirer l'air chargé d'iode de la mer du Nord en se mêlant aux nombreux passants, mais certes pas sous cette pluie désespérante. Aussitôt arrivé, il fila au bar boire un grog brûlant puis, nanti d'une chambre où l'acajou s'harmonisait avec les cuivres étincelants et le velours vert foncé, il se fit couler un bain bouillant, en ressortit rouge comme un homard, s'enveloppa d'un peignoir en épais tissu éponge et, pour finir, fit monter pour son dîner la traditionnelle soupe aux pois cassés – plat des plus complets avec ses saucisses, ses pieds de porc, son lard et ses divers légumes –, suivie de minces tranches d'édam, d'un café et d'un vieux genièvre. Après quoi, il avala deux comprimés d'aspirine et se mit au lit en compagnie du livre qu'Angelo Pisani lui avait apporté la veille avec une lettre de Guy Buteau l'assurant qu'au Palais Morosini il n'y avait rien à signaler, qu'aucun visiteur suspect ne s'était présenté, que la maison était un peu vide depuis le départ des enfants, de leur mère, de la fidèle Trudi et de la nourrice qui, après quelques mois, avait relayé Lisa pour nourrir le bébé Marco, au grand soulagement d'un père fort soucieux de la perfection du corps de sa femme... Enfin, Guy rendait compte de plusieurs transactions couronnées de succès...

Cette épître, en replongeant Aldo dans l'atmosphère de sa vie familiale, lui avait été bénéfique. Il l'avait placée en guise de signet à la page du livre représentant les émeraudes devenues son souci permanent mais évita de les contempler trop longtemps, conscient de la difficulté que rencontrerait l'artiste pour les recopier parfaitement et surtout dans le délai imparti... Finalement la fatigue l'emporta et il s'endormit d'un seul coup, oubliant même d'éteindre sa lampe de chevet.

Il n'avait pas davantage fermé rideaux et volets, et ce fut un rayon de soleil qui le réveilla : comme il avait bien dormi, il se sentait ragaillardi. Surtout quand il eut constaté que l'inquiétude pour ses bronches n'était plus fondée. Deux heures après, son livre sous le bras, il se dirigeait au pas de promenade vers le Judenbuurt – le quartier des Juifs – où habitait évidemment Jacob Meisel, le magicien en pierres précieuses.

A Amsterdam, l'appellation Judenbuurt n'impliquait nullement l'idée de ghetto ou d'un quelconque monde à part. Les gens de la « Venise du Nord » – un surnom qui agaçait Morosini ! – ayant toujours été totalement étrangers aux préjugés religieux, il ne leur était pas apparu utile de recourir à des circonlocutions hypocrites. De même, les juifs n'avaient jamais cherché à s'identifier ou à éviter de le faire. La question ne se posait pas, tout simplement. Ils étaient venus jadis d'Espagne ou du Portugal, chassés par l'Inquisition, et avaient apporté avec eux leur savoir-faire et leur art du négoce. Ils contribuèrent avec succès aux entreprises commerciales avec les Indes, fondèrent des librairies dont les ouvrages en hébreu se répandirent dans toute l'Europe et furent suivis d'autres en différentes langues, éditant des livres passés en contrebande parce que interdits ailleurs. Enfin l'industrie du diamant constituait un autre secteur juif et la fameuse maison Asscher, qui eut l'honneur de tailler le plus gros diamant du monde, le Cullinan, dont la partie la plus importante brille sur le sceptre des rois d'Angleterre, occupait une sorte de château féodal en briques rouges avec créneaux et merlons se situant à la lisière du Judenbuurt. Ses ouvriers logeaient aux alentours, dans des rues aux noms évocateurs : rue de l'Emeraude, du Saphir, de la Topaze, du Rubis. La ségrégation était à ce point inexistante que Rembrandt habita le quartier, juste en face de la maison du rabbin, durant quelques années, ainsi qu'en témoigne *La Fiancée juive*, l'une de ses plus belles toiles [1].

Jacob Meisel habitait, dans la Judenbreestraat, une belle vieille maison à pignon « en cloche » et la porte fut ouverte au visiteur par une jeune fille aux joues roses dont le bonnet et le tablier blanc soigneusement amidonné semblaient nés en même temps que le logis. En réponse à son sourire, à son regard interrogateur, Aldo, qui ne parlait pas le

1. Entre 1941 et 1943, le quartier a été entièrement détruit par les nazis et sa population exterminée ou déportée.

néerlandais, usa de l'anglais pour demander si le maître de maison acceptait de le recevoir et tendit une de ses cartes de visite sur laquelle il avait spécifié qu'il était envoyé par Louis de Rothschild. Il fut aussitôt introduit dans un long couloir pavé de carreaux blancs et noirs, étincelants de propreté, qui filait jusqu'à une haute fenêtre dont on avait l'impression qu'elle était au moins à un kilomètre. C'était typique des anciennes maisons, accolées les unes aux autres, qui rattrapaient en profondeur leur peu de largeur. L'impression d'entrer dans un Vermeer.

La jeune fille s'esquiva mais revint rapidement, invita Morosini à la suivre, le menant presque au bout du couloir, et l'introduisit dans une pièce dont la large fenêtre à petits carreaux donnait sur un jardin. Les massifs meubles anciens, les faïences de Delft et les tentures tissées qui avaient fait, jadis, le voyage de Sumatra accentuaient l'impression de retour au passé. Fugitive, parce qu'un homme déjà âgé dont le front dégarni s'entourait de rares cheveux gris s'était levé de sa table à écrire pour venir à sa rencontre :

— Soyez le très bien venu, Monsieur le prince ! Les amis du baron Louis sont chez eux dans ma maison et je suis heureux de connaître celui qui a si souvent risqué sa vie pour reconstituer le Grand Pectoral...

— L'un de ceux, corrigea Aldo en serrant la main qu'on lui tendait. Sans Adalbert Vidal-Pellicorne... et sans vos pierres si merveilleusement imitées, je n'en serais jamais venu à bout.

— Qui peut savoir ? Mais prenez place, s'il vous plaît, et dites-moi ce qui me vaut une si heureuse visite... Puis-je vous offrir du thé, du café, du chocolat ?

— Votre choix sera le mien, murmura Aldo en s'asseyant sur un siège d'ébène garni de coussins jaunes... et en luttant désespérément contre une soudaine envie de pleurer parce qu'il venait de s'apercevoir que la manche gauche du vêtement de laine brune de Jacob Meisel pendait à son côté. Vide !... Cet homme souriant au visage affable, aux doux yeux gris, à la voix chaleureuse, était manchot. Jamais plus il ne pourrait réaliser l'exploit qu'il s'apprêtait à lui demander !

En dépit de son habituel empire sur lui-même, sa déception dut transparaître sur sa figure car, en reprenant sa place, Meisel dit :

— L'accident qui m'a privé de ce bras est relativement récent. Le baron Louis n'est pas au courant...

— Que vous est-il arrivé ?

— Une affaire stupide, il y a six mois... Sur les quais, une voiture de livraison m'est passée dessus : il a fallu m'amputer mais j'espère pouvoir porter, bientôt, une prothèse... Vous êtes très désappointé, n'est-ce pas ?

— Je suis surtout désolé, comme le sera le baron, qu'un sort malheureux vous ait infligé cette épreuve !

— Oh, il y a pire ! Je ne suis plus jeune et ma femme, mes enfants ne savent que faire pour m'aider... Voulez-vous un peu de genièvre dans votre café ? Quelque chose me dit que vous en avez besoin ?

Devant la petite flamme d'humour qui pétillait dans les yeux du lapidaire, Aldo ne put s'empêcher de rire :

— Vous lisez en moi comme dans un livre ! Ce sera avec plaisir...

Le café était bon et l'alcool ajouta à son parfum. Ils en burent deux tasses puis Meisel reprit :

— Votre cas n'est peut-être pas désespéré ! Dites-moi ce qui vous amène ?

— Ainsi que vous le savez, j'ai eu en main certaines des pierres que vous avez copiées si magistralement. A commencer par l'Etoile bleue, le saphir wisigoth qui a jadis coûté la vie à ma mère, et, sur le conseil de Rothschild, je voulais vous demander de réaliser pour moi cinq émeraudes bien particulières que je croyais disparues depuis le XVIe siècle et qui viennent de reparaître de la façon la plus désastreuse qui soit...

— Lesquelles ?

Morosini ouvrit sa serviette, en tira le livre dont la vue fit sourire Meisel :

— Ah ! Le Harper ! Je l'ai aussi ! Simon Aronov m'en avait trouvé un exemplaire...

— Encore un de ses exploits ! Selon moi, il ne doit en rester que cinq ou six au monde !

— Mais de quoi n'était-il pas capable ? Une sorte de génie l'habitait. Et puis il a disparu un jour sans que je puisse réussir à savoir ce qui lui était arrivé...

— Moi, je peux vous le dire puisque c'est moi qui ai mis fin à ses souffrances...

Et en quelques phrases simples Aldo raconta ce qu'avaient été les derniers moments du Boiteux de Varsovie, à la suite de quoi tous deux gardèrent un silence plein de respect.

— Ainsi, conclut Meisel avec tristesse, me voilà désormais assuré de ne plus le revoir. Je le redoutait mais je gardais espoir.

— Je suis navré de vous avoir ôté cette illusion parce que je sais combien cela peut être apaisant...

— La vérité est toujours préférable... (Puis, revenant au livre ouvert par Morosini à la bonne page :) Avant l'accident, il m'aurait plu de tenter la réalisation de ce travail... mais maintenant..., ajouta-t-il avec un regard sur sa manche.

Aldo cependant se refusait à renoncer :

— N'y a-t-il personne à qui vous ayez pu transmettre votre savoir ? Vous avez des enfants ! Des fils peut-être ?

— J'en ai un, effectivement, mais les pierres ne l'intéressent pas. Il a choisi de servir le Seigneur et je ne peux que m'en réjouir. C'est une bénédiction pour une famille...

Il n'empêchait que l'ombre d'un regret perçait dans sa voix et son visiteur ne voulut pas y ajouter en évoquant la possibilité d'un élève. On le lui aurait déjà conseillé. Il referma le livre, le remit dans sa serviette et se leva :

— Vous avez raison : c'en est une et moi, j'emporte au moins le plaisir de vous avoir rencontré et d'avoir pu parler de Simon Aronov : vous êtes le seul avec mon ami Adalbert et le baron Louis avec qui ce soit possible !

— Voulez-vous attendre encore un instant ? Je serais trop désolé que vous ayez fait ce long voyage pour rien...

Il se dirigea vers une bancelle médiévale en ébène égayée de coussins jaunes qu'il ôta, en souleva le siège, découvrant ainsi un coffre-fort dont il fit jouer la combinaison, y prit quelque chose qu'il mit dans sa poche, referma et revint à sa table sur laquelle il déposa deux grosses émeraudes d'un vert chatoyant. Leur grosseur équivalait à peu près à celles qu'Aldo recherchait...

— Vous voyez ? dit-il. Avant de devenir infirme, j'avais formé le projet de refaire les pierres de Montezuma et j'en avais déjà fabriqué deux que je comptais tailler quand les trois autres seraient prêtes. Je n'en ai pas eu le temps. Aujourd'hui j'aimerais que vous les acceptiez... en souvenir.

Aldo prit l'une des gemmes qu'il examina à l'aide de la loupe de joaillier qui ne le quittait jamais :

— Incroyable ! commenta-t-il au bout d'un moment. Elles sont absolument parfaites. Capables de tromper n'importe quel expert ! Comment obtenez-vous un tel résultat ?

— Permettez que j'en garde le secret ! Je l'ai découvert par un coup de chance et j'ai juré qu'il mourrait avec moi. Essayez de me comprendre ! Quelle que soit la perfection où je suis parvenu, ce n'en est pas moins un faux pouvant s'assimiler à un vol !

— Ne soyez pas trop sévère ! Au Moyen Age, par exemple, à l'époque des croisades, il est souvent arrivé que l'on confonde émeraude et péridot. Les joyaux dont on les sertissait ont conservé leur valeur...

— Due surtout à leur histoire et à la part de rêve qu'ils suscitent, mais la fraude, même inconsciente, demeure. Simon Aronov aurait pu reconstituer aisément le pectoral sans vous lancer dans l'aventure mais il était conscient que le résultat en serait faussé et que la prophétie d'Elie ne pourrait se réaliser ! Cela dit, ajouta-t-il en glissant les pierres dans un sachet de peau fermant par une coulisse, j'insiste pour que vous les acceptiez. Faites-moi plaisir ! Qui sait ? Elles vous aideront peut-être ?

Les « émeraudes » reposaient à présent au creux de la main d'Aldo. Leur magnificence était telle qu'elle réussissait à émouvoir l'expert quasi infaillible qu'il était. En même temps, une idée lui venait : les faire tailler à Paris selon les formes de deux des pierres du collier ? Cela permettrait, sinon de gagner du temps, d'attirer l'ennemi dans un piège...

— Merci du fond du cœur, Monsieur Meisel, dit-il enfin. Je me sens honoré de vous avoir rencontré et si, d'aventure, vous passiez par Venise, je serais heureux de vous y recevoir...

Sur le chemin de l'hôtel, il s'accorda une flânerie au long des canaux, souvent bordés de vieux arbres, dessinant, sur la terre hollandaise, un éventail déployé pour qui les regardait du ciel. Les maisons anciennes, surmontées de leurs pignons variés, qui les bordaient, les petits ponts en dos-d'âne qui les enjambaient leur donnaient un charme indéniable auquel, pour la première fois, il fut sensible. Peut-être parce qu'il s'accordait à sa mélancolie. Sans doute Venise était-elle plus somptueuse sous son immense ciel bleu. En revanche, celui si changeant d'Amsterdam convenait à la grâce un peu austère de la cité des eaux située à plusieurs mètres au-dessous de la difficile mer du Nord, que le génie des hommes, et cela depuis des siècles, protégeait de ses fureurs hivernales par un réseau de grandes digues... Il s'attarda auprès d'un des orgues de Barbarie monumentaux que l'on ne trouvait qu'ici. Ces énormes machines incrustées de tambours, de cloches, de statues et de scènes guerrières aux couleurs vives attiraient toujours leur public. Il fallait trois hommes pour les déplacer mais à l'arrêt, chacun avait son rôle : l'un tournait la manivelle pour démarrer le mécanisme et les deux autres se plaçaient de chaque côté pour recueillir l'obole des passants. Aldo ne manqua pas d'apporter une contribution, saluée par de larges sourires et ce qui devait être des vœux de bonheur. Du moins il l'espéra, et Dieu sait s'il en avait besoin !

Le temps marqua soudain la fin de la récréation. Le beau soleil disparut sous un gros nuage gris qui se hâta de déverser sa charge d'eau. Morosini prit sa course vers son hôtel d'où il ne sortirait plus avant l'heure de son train.

Sa visite à Jacob Meisel avait beau lui laisser un souvenir de chaleur et d'amitié en forme de retour vers le passé... elle n'en constituait pas moins un échec de plus...

S'il espérait quelque réconfort en rentrant au bercail, il lui fallut déchanter. Au lieu de rester tranquillement assise dans son vénérable fauteuil sous les retombées fleuries – et récentes – d'un fuchsia géant, Tante Amélie allait et venait, bras croisés sur sa poitrine, sous l'œil consterné de Marie-Angéline assise sur une chaise basse, un livre sur les genoux.

Il fut accueilli par un :

— Te voilà tout de même ! Je pensais que tu devais rentrer ce matin ?

— Moi également ! Mais mon train a eu plusieurs heures de retard à cause d'un accident : un automobiliste a jugé bon de s'engager sur un passage à niveau au moment où l'express arrivait. Le malheureux a volé en éclats...

— Pouah ! Quelle horreur ! J'aurais préféré une autre excuse.

— On fait avec ce qu'on a... Au fait, vous, votre dîner ?

— Si Langlois n'était un homme du monde aussi charmant...

— ... et aussi intéressant ! coupa la lectrice.

— Taisez-vous quand je parle, Plan-Crépin ! Je disais donc, s'il n'avait été ce qu'il est, je ne serais pas près de te pardonner. Tu m'as couverte de ridicule !

— Vous ? Devant lui ? C'est impossible !

— Ah, tu crois ? Alors écoute ! Je fais préparer par Eulalie un petit dîner fin mais pas trop somptueux ! J'envoie Cyprien chercher à la cave une ou deux bouteilles de nos meilleurs bourgognes, je le traite comme s'il était mon neveu. Je me mets en frais, juste ce qu'il faut. Je lui prête toute mon attention, je le dorlote, nous parlons et, après l'avoir incité à fumer un bon cigare, je lui sers le triste secret de la maison Vauxbrun, espérant quelque indulgence en récompense de tant de gâteries et...

Elle prit un temps pour mieux faire ressortir l'intensité dramatique du moment.

— Et ?...

— Cela ne lui a fait ni chaud ni froid : il était au courant.

— Quoi ?

— Il le savait, si tu préfères. Et ne demande pas comment : il me l'a dit. Avant de quitter Paris, certain apprenti procureur l'en a informé par lettre en le priant de tenir la chose secrète.

— Miséricorde ! Le jeune Vauxbrun ! J'aurais dû m'en douter en voyant sa hâte de rentrer à son hôtel ! Qu'en dit Adalbert ?

— Il était furieux et, à cette heure, il doit être parti pour Biarritz, intervint Marie-Angéline. Résolu à se mettre à sa recherche pour... comment s'est-il exprimé ? Ah oui : essayer de mettre un frein à ses initiatives avant qu'il ne commette d'autres con...

— Plan-Crépin ! rugit la marquise. Ne poussez pas trop loin le respect des citations !

— Pardon ! D'autres sottises ! Donc il est parti et nous attendions votre retour pour en faire autant. Puisque vous voilà, je peux m'occuper du train ? proposa-t-elle en consultant Mme de Sommières du regard. Nous pourrions partir demain ?

— Un moment, s'il vous plaît ! Es-tu satisfait de ton voyage à Amsterdam ?

— Oui et non, fit-il en tirant de sa poche le sachet de daim de Meisel. L'homme vit toujours mais l'artiste n'est plus. Il a perdu un bras et ne peut plus travailler. J'ai cependant la satisfaction d'avoir rencontré un être de qualité... et il m'a donné ceci, expliqua-t-il en faisant glisser les émeraudes sur le napperon de damas rouge d'un guéridon. Et voyez comme la réalité peut dépasser la fiction ! L'idée lui était venue justement de copier les cinq émeraudes que nous cherchons. Il avait préparé ces deux-là avant de passer sous un camion...

— Encore ? protesta la marquise. Ne nous parleras-tu aujourd'hui que de gens écrasés ? Le pauvre homme !

— Il ne souhaite pas qu'on le plaigne... Il jouit d'une belle aisance et possède d'autres moyens de s'occuper l'esprit. Mais constatez comme sont les choses ! Sans ce drame, le collier était recopié en quelques semaines.

Chacune d'elles avait pris une pierre et l'examinait avec une réelle admiration :

— C'est à s'y méprendre ! Tu penses t'en servir ?

— Je vais voir Chaumet et lui demander de les tailler à l'image de deux des émeraudes puis, le moment venu, les offrir à notre truand en disant que je n'ai pas pu retrouver le reste. Cela permettra au moins de fixer un rendez-vous dont Langlois pourrait être averti discrètement. Ce pourrait être notre seule chance de piéger ce misérable.

— Il ne s'en satisfera pas, assura Marie-Angéline. C'est l'ensemble des cinq pierres qui est doué de pouvoirs magiques.

— Je le sais aussi bien que vous ! s'emporta soudain Morosini. Mais que puis-je faire de plus ? Si vous avez une idée, donnez-la ou gardez vos critiques pour vous !

Le jardin d'hiver n'ayant pas de porte, il ne put la claquer. Plan-Crépin n'en mesura pas moins sa déception à la mesure de sa colère et suivit sa sortie d'un regard où la stupeur se mêlait à l'offense. Il était déjà loin qu'elle restait encore figée sur place, incapable d'émettre un son. Mme de Sommières ironisa :

— Où est votre sens de la psychologie, Plan-Crépin ? Vous qui aimez tant l'histoire, vous devriez parcourir celle de Venise : elle vous apprendrait que chez les Morosini on a l'oreille plutôt chatouilleuse !

— Mais il ne m'a jamais parlé sur ce ton, gémit-elle, près de pleurer.

— Cela veut dire qu'il y a un commencement à tout !

Après une brève visite chez Vidal-Pellicorne pour savoir quand il avait quitté les lieux, Aldo alla rendre sa voiture à la maison de location puis, avisant un fleuriste dans le voisinage, acheta un bouquet d'œillets roses et de mimosa fraîchement débarqués de la Côte d'Azur et revint l'offrir à sa victime avec ses excuses. Du coup, celle-ci en pleura. Pour la consoler, il l'embrassa mais elle sanglota de plus belle en balbutiant qu'il ne fallait pas...

— Il ne fallait pas quoi ? émit la marquise, agacée. Vous offrir des fleurs ou vous embrasser ?

— Le... le baiser suffisait ! Ce joli bouquet va se faner tout seul puisque nous partons après-demain... En outre, cela fait double emploi. Dans... dans le langage des fleurs, l'œillet signifie « je vous envoie des baisers » !

— La prochaine fois, il vous apportera des cactus !

Le surlendemain au soir, on s'embarquait en gare d'Austerlitz à destination de Biarritz. Aldo s'était accordé le temps d'une visite chez le joaillier Chaumet puis, dans la journée même, il avait vainement tenté de rencontrer le commissaire Langlois, momentanément absent de Paris ainsi que le lui expliqua l'inspecteur Lecoq qu'il dérangeait visiblement :

— Que lui vouliez-vous ?

— Savoir s'il avait des nouvelles de New York ?

— Pourquoi ? Il devrait en avoir ?

— Si vous ne le savez pas, ce n'est pas à moi de vous en parler. Cela dit, ajouta-t-il sans laisser le jeune policier placer une parole, je venais informer M. Langlois de mon départ pour Biarritz.

— Vous y restez longtemps ?

— Je n'en ai pas la moindre idée. Je vous salue, inspecteur !

Le feu arrière rouge du train venait juste de disparaître dans la brume du soir quand Alcide

Truchon, de l'agence « L'œil écoute », se précipita au buffet de la gare d'Austerlitz, commanda un sandwich, un café et un numéro de téléphone qu'il attendit sagement en mangeant l'un et en buvant l'autre, qu'il fit suivre d'une seconde ration, accompagnée cette fois d'un verre de calvados. Au bout d'un moment, enfin, il eut la communication. Il entendit une voix d'homme légèrement enrouée :

— Alors, où en êtes-vous ?

— A la gare d'Austerlitz. Il vient de monter dans le sleeping pour Biarritz avec la vieille marquise et sa secrétaire. Je voudrais savoir si j'y vais aussi ?

— C'est peut-être un peu tard pour le demander, non ?

— Je m'en tiens à vos consignes... et le train suivant est à sept heures quinze. De plus vous m'avez dit...

— Je sais ce que je vous ai dit ! Inutile de vous déplacer. Rentrez chez vous et attendez des instructions en cas de besoin.

— Vous êtes satisfait ?

— Je ne suis pas mécontent.

Et sur cette litote on raccrocha. Alcide Truchon en fit autant avec un soupir de soulagement. Il avait beau aimer son métier et y être apprécié, il arrivait toujours une période où l'on éprouvait la nécessité de prendre du repos. Ce soir c'était le cas : ce diable d'homme l'avait mis sur les genoux... Il paya ses consommations et s'en alla chercher un taxi en anticipant le bain de pieds au sel de mer où il ne tarderait pas à tremper ses extrémités douloureuses...

En dépit de l'atmosphère pesante dans laquelle ils vivaient depuis le mariage, les trois voyageurs la sentirent s'alléger en arrivant à destination. Sous le beau soleil qui caressait les grandes vagues vertes de l'océan, c'était un bonheur de découvrir le foisonnement des genêts jaunes sur la lande que terminait l'entassement des rochers roses. La lumière, en ce matin de jeune printemps, avait quelque chose d'allègre, convenant parfaitement à la semaine de fête qui venait de s'ouvrir et au cours de laquelle la fine fleur d'une partie de l'Europe allait faire assaut d'élégance et de faste...

Il y avait à peine un siècle qu'un certain nombre d'aristocrates espagnols, empêchés de se rendre aux bains de San Sebastian par la révolte carliste qui allumait une ceinture de feu sur la côte basque espagnole, avaient passé la frontière pour venir s'installer dans ce qui n'était alors qu'un village de chasseurs de baleines implanté dans un paysage plein de charme. Parmi eux, il y avait Mme de Montijo, comtesse de Teba, et sa toute jeune fille Eugenia dont la beauté s'affirmait de jour en jour. Devenue plus tard impératrice des Français par son mariage avec Napoléon III, Eugénie ne devait pas oublier la plage de son adolescence et, l'année qui avait suivi son union, elle y revint en compagnie de son époux aussitôt séduit, qui ordonna sur-le-champ la construction d'un palais qui serait la Villa Eugénie. A partir du 26 juillet 1865, le couple impérial y séjourna chaque été avec une partie de sa Cour, celle qui composait le cercle d'amis. Ils devaient y donner des fêtes magnifiques, notamment en l'honneur des princes espagnols, et la ville se développa autour de ce séduisant pôle d'attraction.

Après la chute de l'empire et surtout la disparition de son fils, l'impératrice vendit la villa à une banque qui en fit un hôtel. D'autres ensuite avaient été construits sur le site, amenant des têtes couronnées, tels l'inévitable reine Victoria, son fils Edouard VII qui aimait trop la France pour ne pas y venir souvent, l'impératrice errante, Elisabeth d'Autriche, le roi des Belges Léopold II puis plus tard le roi Gustave V de Suède, avec ses longues jambes et ses raquettes de tennis, enfin les souverains espagnols, Alphonse XIII et la reine Victoria-Ena. Sans compter les riches Argentins, de presque aussi riches réfugiés mexicains et nombre de notabilités.

Indépendamment du fait qu'elle comptait de la famille et quelques amis dans les environs, Mme de Sommières y était venue à plusieurs reprises, avec son époux d'abord, puis plus tard. Elle avait toujours apprécié le décor magnifique et le confort de ce qui était devenu l'hôtel du Palais, reconstruit à l'identique après l'incendie qui en 1903 avait ravagé l'ancienne Villa Eugénie.

Ayant pris possession de ses quartiers, Aldo se mit en quête d'Adalbert. Il le trouva occupé à se faire dorer au soleil sur la terrasse d'où l'on découvrait la mer depuis la pointe Saint-Martin où s'érigeait le phare jusqu'au Rocher de la Vierge, le site le plus célèbre de la ville fréquenté par les amoureux en face des vagues déferlantes, minuscule îlot relié à la pointe par une passerelle métallique due à

Gustave Eiffel et dominé par la statue mariale, au pied de laquelle venaient soupirer les joueurs décavés sortis du proche casino Bellevue. Entre l'hôtel du Palais et le rocher, les vagues de l'Atlantique venaient mourir sur la grande plage où le soleil déjà chaud attirait ceux qui n'allaient pas tarder à s'y plonger car la sacro-sainte heure du bain approchait.

La terrasse aussi se remplissait mais Adalbert, les yeux protégés par un panama, n'avait pas l'air de s'en apercevoir et pas davantage de l'arrivée de son ami. C'était tout simple : il dormait, ainsi qu'Aldo put s'en apercevoir en soulevant ledit chapeau. Ce qui le réveilla :

— Qu'est-ce que... ah, c'est toi ?

— En personne... et heureux de constater que tu prends la vie du bon côté ! J'espère que je ne te dérange pas ?

— Si ! Il y avait bal à l'hôtel et je n'ai pas beaucoup dormi.

— Tu as trop dansé ? Et moi qui te croyais attelé à la filature du jeune Faugier-Lassagne ? A moins qu'il ne soit ici et n'ait partagé tes ébats chorégraphiques ?

Adalbert remplaça son chapeau par des lunettes noires, non sans avoir considéré Morosini avec un franc dégoût.

— Ce que tu peux être agaçant quand tu t'y mets ! Et d'abord, assieds-toi ! Tu me fais de l'ombre...

Aldo appela un serveur pour lui commander un café, ôta les jumelles posées sur le siège voisin d'Adalbert et s'installa en soupirant :

— Le voilà qui se prend pour Diogène !

— Plains-toi donc ! Ça te permet de tenir le rôle d'Alexandre le Grand. Tu devrais te sentir flatté.

— Assez tourné autour du pot. Où en es-tu ?

Adalbert prit les jumelles et les lui tendit :

— Regarde toi-même ! A ta gauche, le maillot de bain noir avec une ceinture blanche !

Il n'y avait pas encore foule. Aldo trouva sans peine la silhouette indiquée. C'était sans doute possible le substitut lyonnais qui, après un ou deux mouvements de culture physique, se dirigeait vers l'eau au pas de course, plongeait et se mettait à plumer l'eau d'un crawl efficace.

— Il nage bien, apprécia-t-il, mais à part ça ?

— Il fait l'idiot ainsi qu'on le redoutait. N'ayant pas trouvé de place à l'hôtel, il s'est logé en face, au Carlton, mais il passe dans nos murs le plus de temps qu'il peut, surtout après avoir repéré les dames mexicaines. Il faut avouer que la beauté de Doña Isabel se remarque facilement. Il a même réussi à se présenter...

— Sous quel prétexte, Seigneur ? Il n'a pas eu le bêtise de dire de qui il est le fils ?

— Il est un brin idiot mais pas à ce point-là. Elles étaient seules ici. Il a dû se débrouiller pour leur rendre de menus services et j'ai pu le voir causer avec elles à deux reprises et, si tu veux le résultat de mes observations, je peux t'assurer qu'il est tombé amoureux de sa trop jolie belle-mère !

— Il ne nous manquait plus que ça ! Mais comment le sais-tu ?

— C'était visible comme le nez au milieu de la figure. Hier, ça s'est plutôt mal passé : il les a rejointes au salon de thé où je me trouvais à l'abri d'une plante verte et il a voulu prendre place à leur table. Ce qui n'a pas plu à la grand-mère qui lui a intimé l'ordre de les laisser tranquilles. Elle a le verbe haut quand elle est en colère. Elle lui a déclaré qu'elle et Doña Isabel quitteraient l'hôtel s'il continuait à les importuner. Il ne lui restait plus qu'à prendre la porte avec la mine que tu imagines...

— Et la belle Mme Vauxbrun n'a rien dit ?

— Rien. Cela n'avait pas l'air de la concerner. Elle a continué de déguster sa tartelette aux fraises en regardant dans le vide... Je ne sais pas si tu te souviens mais, au soir du mariage civil, tu as dit à Mme de Sommières, qui me l'a répété, que cette jeune fille ne semblait pas vivante ? Cela m'avait frappé aussi à l'église. Si elle n'était pas si gracieuse dans ses mouvements, on pourrait même penser à une poupée animée.

— Une éternelle absente ! En tout cas je ne l'ai jamais vue sourire...

— Moi si ! Hier, justement, après l'exécution du jeune Faugier-Lassagne, elle a souri à ce dragon de Doña Luisa et lui a adressé quelques mots. J'avais l'impression qu'elle la remerciait... Je peux te garantir que le sourire est charmant... Pauvre garçon !

L'intéressé sortait de l'eau et se bouchonnait rêveusement, avant de remonter vers la cabine où il avait laissé ses vêtements, apparemment peu désireux de se mêler à ces gens qui commençaient à se précipiter à la plage. L'heure sacrée du bain était arrivée, une partie de la jeunesse dorée séjournant alors à Biarritz accourait après avoir troqué ses vêtements contre des tenues de bain aux couleurs vives. La plage s'anima d'un seul coup, pleine de rires et des petits cris des jeunes femmes qui entraient dans la fraîcheur de l'eau, les bras levés au-dessus de la tête en s'éclaboussant joyeusement. D'autres, plus courageuses, s'y jetaient carrément et se mettaient à nager aussitôt pour se réchauffer, le menton relevé afin d'éviter de « boire la tasse ». Sur le sable, un cercle se formait autour de deux très beaux garçons, magnifiquement bâtis, qui sortaient de l'eau en arrachant leurs bonnets de caoutchouc. Depuis la terrasse on pouvait entendre leur rire sonore.

— Les princes Théodore et Nikita de Russie ! commenta Adalbert. Depuis la révolution d'Octobre, les Romanov se sont mis à coloniser Biarritz. Hier, j'ai vu le grand-duc Alexandre, cousin et beau-frère du tsar dont il a épousé la sœur Xénia, sortir de l'église Saint-Alexandre-Nevski. Il habite une belle villa non loin d'ici, à Bidart, où il écrit un bouquin et s'adonne au spiritisme...

— D'où sors-tu ces connaissances ? émit Aldo sidéré. Je ne te savais pas si au fait de l'ancienne famille impériale ?

— Figure-toi qu'avant d'avoir l'honneur de te connaître, j'ai vécu un certain nombre d'années... dirais-je... aventureuses. Je suis allé plusieurs fois en Russie avant la guerre.

— Il ne me semble pas qu'on y rencontre énormément de pyramides !

— Ne fais pas l'imbécile. Tu sais très bien que je ne suis pas seulement égyptologue et qu'il m'est arrivé de servir la France autrement ! Cela fait voir du pays et crée des relations. Ainsi, je peux t'apprendre que dans cet hôtel vit une autre sœur de Nicolas II : Olga, princesse d'Oldenburg, en compagnie d'une collection de poupées... Je l'ai croisée hier et, si tu veux, je te présenterai ?

— Je préfère être aussi discret que possible...

— Erreur magistrale ! Il faut nous comporter comme s'il n'y avait pas d'affaire Vauxbrun. Nous allons évoluer sous les yeux de deux femmes qui nous sont proches et, officiellement, nous venons nous reposer et nous changer les idées. Demain soir, il y a gala au golf de Chiberta et nous irons avec la famille : j'ai retenu une table... Ça va beaucoup plaire à Plan-Crépin.

— Et à Tante Amélie ?

— Elle ? Je parie qu'elle connaît tout le monde !

Peut-être pas tout mais une grande partie. Aldo put s'en convaincre, lorsque le quatuor fit son entrée vers neuf heures dans la lumineuse salle de restaurant donnant sur la mer, au nombre de saluts qu'elle récolta. Il s'en était déjà aperçu lors de la fête à Trianon, l'an passé, les apparitions de la marquise, où qu'elle aille, prenaient facilement des allures d'entrées royales. Sa classe, son élégance – même si elle restait fidèle aux modes d'il y a cinquante ans ou peut-être même à cause de cela – étaient inimitables et les sourires qu'elle recevait étaient tous empreints de sympathie et de respect.

Il n'en fut pas ainsi, quelques minutes après leur arrivée, quand les dames mexicaines vinrent s'installer à une table voisine de la leur. Il y eut un léger murmure et des regards admiratifs rendant hommage à la beauté de la jeune femme mais la silhouette noire et monolithique de Doña Luisa n'eut pas l'air d'éveiller les sympathies. L'oreille sensible d'Aldo capta un chuchotement !

— ... la Reine de *Ruy Blas* et sa Camarera Mayor ! Saisissant, non ?

Les deux groupes étaient trop voisins pour ne pas se reconnaître. Aldo et Adalbert se levèrent pour une brève inclination du buste. Tante Amélie, alors occupée à consulter le menu à travers son face-à-main, pencha un peu la tête avec l'ombre d'un sourire. Marie-Angéline, qui leur tournait le dos, à son grand dépit, ne fit rien bien entendu.

Doña Luisa, plus raide que jamais, rendit le salut. Quant à Isabel, elle dirigea vers eux un instant son beau regard sombre dépourvu d'expression. Elle eût peut-être contemplé avec plus de chaleur un pot de fleurs ou un plant de tomates.

— Incroyable ! chuchota Adalbert. On a l'impression qu'elle est sous hypnose ! Lui arrive-t-il quelquefois de sourire ?

Au supplice, Marie-Angéline se tordait le cou dans le vain espoir de regarder derrière son dos sans y paraître.

— Vous risquez le torticolis, Plan-Crépin, fit la marquise, amusée. Et allez devoir souffrir le martyre car voilà du nouveau ! Si je ne me trompe, c'est ce « charmant » Don Miguel qui vient de rejoindre sa tribu !

La malheureuse s'empourpra. Adalbert eut pitié d'elle :

— Changez de place avec moi, Angelina !

— Oh, c'est si gentil !

Ce fut rapidement fait tandis que l'orchestre attaquait un pot-pourri de *La Périchole*. L'arrivée du jeune homme empêcha les Mexicains de s'en apercevoir. Celui-ci – superbe dans un smoking impeccable – s'excusait de son retard après avoir baisé la main des deux femmes puis, arborant un sourire satisfait, s'installait et consultait brièvement la carte qu'un maître d'hôtel lui tendait. Il porta ensuite son attention sur les tables qui se trouvaient dans son champ de vision. Il semblait d'une humeur charmante et souriait encore lorsque son regard se posa sur Morosini. Le changement fut immédiat : les sourcils se froncèrent tandis qu'il se penchait sur la vieille dame pour lui adresser des mots qui pouvaient se traduire par : « Qu'est-ce que ces gens-là font ici ? » Ce à quoi elle répondit par un haussement d'épaules et détourna la tête. Voyant que l'autre s'obstinait à le fixer, Aldo l'imita, accompagnant son geste d'un demi-sourire dédaigneux.

Il put croire un instant que Miguel allait se jeter sur lui, mais la main de Doña Luisa s'était posée, impérieuse, sur celle du jeune homme et il cessa de s'intéresser à ses voisins.

— Il n'a pas l'air de te porter dans son cœur, remarqua Adalbert qui, lui, n'avait pas hésité à se retourner.

— C'est entièrement réciproque.

— Alors pourquoi continuer à l'observer ?

— Je me demandais si le désagréable personnage que j'ai rencontré au bois de Boulogne pouvait être lui...

— Et alors ?

— En toute sincérité, je ne le pense pas. L'autre m'a paru plus grand, avec de plus larges épaules et un comportement différent ! Plus rude, plus maître de lui ! En revanche, il se peut que Miguel ait été l'un de ceux qui étaient à ses côtés...

— N'importe comment, ce n'est pas ce soir que nous aurons une réponse à ces questions... n'est-ce pas, Angelina ?

Mais elle ne l'avait pas entendu. Son attention était si centrée sur le jeune homme qu'elle en oubliait ce qui refroidissait dans son assiette. Elle le contemplait avec la même expression béate qu'elle eût réservée à une apparition céleste.

— Il suffit, Plan-Crépin ! intima Tante Amélie en lui tapant sur le bras avec son face-à-main. Un peu de tenue, que diable !

Le dîner s'acheva sans incident, les Français abandonnant la place les premiers. Fatiguée par le voyage, Mme de Sommières déclara qu'elle allait se coucher et force fut à son « fidèle bedeau » de lui emboîter le pas. Quant aux deux hommes, ils décidèrent de finir la soirée au casino Bellevue et s'y rendirent à pied en longeant la grande plage pour mieux profiter de la douceur du soir. Le bruit de la ville s'estompait pour laisser la place au ressac.

Dans la nuit, le casino brillait comme une comète. On dansait dans la rotonde et des cordons de lumière soulignaient l'architecture palatiale. L'intérieur mélangeait l'art moderne au style Eugénie avec un certain bonheur, l'élégance des habitués faisait le reste. Pas une robe qui ne fût signée d'un grand couturier, pas un smoking qui ne fût l'œuvre d'un grand tailleur. C'était l'exigence de Biarritz, peut-être parce que, lancée par une impératrice, elle était fréquentée par des rois, l'aristocratie – en majorité espagnole ! – ou les fortunes considérables, telle celle du constructeur André Citroën dont les nuits se passaient au « privé » du casino. Autour des tables de jeu, singulièrement celle du baccara où de très jolies femmes prenaient part à la partie tandis que d'autres, derrière un joueur, en suivaient le déroulement en maniant avec grâce de longs fume-cigarettes en ivoire, en écaille ou en or. Un silence de bon ton, troublé seulement par les voix des croupiers, y régnait avec parfois un murmure suscité par un coup particulièrement heureux.

Aldo et Adalbert mirent quelque argent sur le tapis. Le premier ne gagna rien mais le second, après deux succès, prit la chaise d'un joueur dégoûté par ses poches vides et s'installa.

— Je sens que je suis en veine ! déclara-t-il à Aldo qui resta avec lui un moment puis en eut assez :

— Quand tu auras ruiné la banque, chuchota-t-il, viens me rejoindre au bar...

— Ne bois pas trop ! Ça peut s'éterniser !

Morosini s'apprêtait à quitter la salle quand il se heurta à une dame qui, très occupée à compter les plaques remises par le changeur, ne l'avait pas vu. En outre, elle lui marcha sur un pied, lui arrachant un :

— Aïe ! Vous ne pouviez pas...

— Oh, Dieu tout-puissant ! Mais c'est vous ? Voilà deux jours que je vous cherche...

La consternation chez Aldo remplaça la douleur en reconnaissant la baronne Waldhaus. Ravissante, il fallait l'avouer, dans une robe de dentelle d'argent ponctuée de strass, un bandeau assorti ceignant son front. Mais c'était bien la dernière femme qu'il eût envie de rencontrer. Que venait-elle de dire ? Qu'elle le cherchait depuis deux jours ?

— Vous me cherchiez ? Comment pouviez-vous savoir que je me trouvais à Biarritz ?

— Pourquoi expliquer ? Je le savais, point final ! Vous devriez savoir que tout s'achète ?

— Ne me dites pas que vous m'avez fait suivre ?

— Peut-être !...

Avec un sourire mutin, elle s'accrocha à son bras sans vouloir remarquer son recul instinctif et enchaîna :

— Vous devriez vous sentir flatté que je vous porte tant d'intérêt. (Puis, voyant se froncer les sourcils de celui qu'il fallait se résigner à appeler son gibier, elle ajouta :) Allons, ne vous fâchez pas ! Je dois dire que la chance était avec moi puisque c'est justement ici que vous veniez.

— Et qu'est-ce qu'ici a de particulier ?

— C'est ma plage d'enfance. Ma mère y possède la Villa Amanda sur la côte des Basques. Et j'espère que, cette fois, vous allez accepter une invitation à dîner ?

— Veuillez m'en excuser mais je n'en ai pas l'impression, répliqua-t-il en se dégageant doucement. Je ne suis pas venu seul mais avec deux dames de ma famille...

— Celles avec qui vous avez quitté Paris, n'est-ce pas ?

— Bravo ! Vous êtes vraiment merveilleusement renseignée ! J'ajoute que je suis également en compagnie d'un ami. Il est en train de jouer au baccara mais nous ne nous sommes pas déplacés pour nous distraire. Nous avons à traiter une affaire... importante ! Aussi vais-je avoir le regret de vous quitter...

La baronne Agathe s'esclaffa :

— C'est une manie, décidément ? Suis-je à ce point antipathique ?

Tout en parlant, elle avait pris du recul et déployé un éventail de plumes d'autruche blanches derrière lequel elle cachait son visage dans un geste plein de coquetterie, ne laissant dépasser que son regard pétillant de malice...

— Vous savez bien que non et, en d'autres circonstances...

Les yeux d'Aldo repérèrent soudain sur la maîtresse branche d'écaille blonde, frappé en minuscules diamants, le monogramme C surmonté d'une couronne impériale.

— Hé ? Que vous arrive-t-il ? fit-elle en le voyant se figer.

— Pardonnez-moi, j'admirais votre éventail ! Il est superbe... et vous n'ignorez pas que je m'intéresse aux objets anciens... en particulier lorsqu'ils sont beaux, rares et ressemblent à des joyaux. Si je ne me trompe, celui-ci a appartenu à une... plus que reine, mais j'avoue que le chiffre me déroute...

Le voyant s'humaniser, elle s'amusait franchement :

— Vous ne vous trompez pas et ce n'est pas sorcier à deviner. En revanche, je suis enchantée que l'initiale vous pose un problème. Je vous en donnerai la solution à condition que vous veniez dîner demain soir. Ma mère est absente ces jours-ci... et j'en ai profité pour lui emprunter cette adorable chose à laquelle elle tient particulièrement...

Aldo s'accorda un instant de réflexion. En dépit de ce qu'il venait de dire, la cause était entendue pour lui car l'éventail avait sûrement appartenu à Charlotte. D'un autre côté, la perspective d'un dîner en petit comité ne le réjouissait pas. Il devinait trop comment cela risquait de s'achever...

La chance cependant continuait à lui sourire : avant qu'il eût émis une parole, Adalbert, rayonnant de satisfaction, les rejoignait :

— Quelle merveilleuse soirée ! s'écria-t-il. Je viens de gagner une somme rondelette et je te trouve en compagnie d'une fort jolie dame... à laquelle j'aimerais être présenté.

— Avec joie ! Baronne, je vous présente mon plus cher ami, Adalbert Vidal-Pellicorne, égyptologue et académicien distingué, homme de lettres, homme du monde et mon plus fidèle compagnon d'aventure. Adalbert, voici la baronne Agathe Waldhaus dont je t'ai parlé...

— En effet, en effet ! approuva Adalbert qui ne se souvenait de rien de tel. Vous me voyez positivement ravi de cette rencontre, baronne ! ajouta-t-il en s'inclinant sur la main de la jeune femme.

— C'est un plaisir partagé, Monsieur... et j'espère que vous me ferez celui de venir un jour prochain visiter ma maison, mais je vous demande de m'excuser si je ne vous prie pas de vous joindre au prince Morosini dès demain soir. J'ai à parler avec lui d'une chose importante... et assez intime ! A moins que vous n'ayez besoin de lui ?

— Absolument pas, je vous assure, nous nous reverrons quand il vous plaira !

— Vous êtes l'amabilité même ! A bientôt donc, et vous, mon cher Aldo, à demain vers dix heures ? Vous savez qu'ici l'heure espagnole prédomine.

En s'éloignant, elle lui envoya un baiser du bout d'un doigt, les laissant aussi stupéfaits l'un que l'autre.

— Elle est peut-être un peu familière mais charmante, fit Adalbert. Comment se fait-il que tu ne m'en aies jamais parlé ?

— Parce que je préférais l'oublier. Elle est charmante mais surtout collante. C'est d'ailleurs une relation récente : je l'ai rencontrée dans le train qui me ramenait de Vienne à Bruxelles...

En quelques mots, il raconta l'embarquement de Vienne et ce qu'il en était résulté.

— C'est simple : elle est amoureuse de toi, conclut Adalbert. Ce n'est pas la première fois que cela t'arrive mais ce que je ne comprends pas, c'est pourquoi tu as accepté d'aller dîner chez elle ?

— A cause de son éventail ! La maîtresse branche porte une couronne impériale et un C majuscule en diamants. La baronne m'a avoué qu'elle l'avait emprunté à sa mère dont c'est l'un des trésors. Et la mère, Mme Timmermans, des chocolats, pour lui donner son nom, est absente pour le moment. Tu commences à comprendre ?

— Mais c'est bien sûr ! s'exclama Adalbert en frappant sa paume de son poing fermé. Tu veux te faire montrer la boîte... Seulement, si c'est la bonne – et cela n'aurait rien d'étonnant vu la taille de l'objet –, tu ne seras pas plus avancé.

— Ça, mon garçon, on en parlera plus tard ! D'abord acquérir une certitude.

9

Où les choses se compliquent

La Villa Amanda dressait sa tour à créneaux et ses lucarnes médiévales à hauts pignons sculptés au-dessus de grandes fenêtres à arcades résolument antinomiques sur les hauteurs de la côte des Basques, sauvée de la laideur par la luxuriance d'un beau jardin dont les aristoloches et autres plantes fleuries montaient à l'assaut de ce délire architectural. L'intérieur, avec son patio arabe, son espèce de hall à l'anglaise, sa cheminée Tudor et son escalier de chêne à tête de lion, était tout aussi délirant. Ce hall devait servir pour les dîners à nombreux couverts, si l'on en jugeait par les dimensions de la table qui l'encombrait car, de là, on passait dans deux salons communicants meublés dans le style Pompadour, avec sièges tendus d'une attendrissante soie bleue Nattier à petits bouquets assortie aux rideaux. Le couvert pour deux était mis dans le second, sur une table nappée de dentelle et chargée de cristaux à facettes, de vermeil et de très belles assiettes en porcelaine de Sèvres. La baronne Agathe attendait dans le premier, à demi étendue sur un canapé garni de coussins brochés d'or en provenance directe des Indes. Le vase où s'épanouissaient les cinq douzaines de roses envoyées par Aldo ornait une console de bois doré surmontée d'un trumeau à bergerie. Habillée comme pour un bal d'une robe de mousseline rose givrée de broderies argentées, Mme Waldhaus portait dans ses cheveux blonds un croissant en diamants et son avant-bras gauche disparaissait en partie sous plusieurs bracelets étincelants qui lui faisaient pratiquement un manchon. Quelque deux cents carats ! Décidément, cette femme n'était pas dans la misère ! En revanche, aucun collier ne cachait la ligne gracieuse de son cou ni les agréables perspectives de sa gorge largement dévoilée par le tissu diaphane que retenaient aux épaules de minces barrettes scintillantes. De même, la robe ne laissait rien ignorer de la perfection d'une paire de jambes révélées jusqu'au-dessus des genoux.

Du fond de ses coussins, elle tendit une main languissante aux lèvres de son invité :

— Comme c'est gentil d'être venu ! roucoula-t-elle. Servez le champagne, Ramon ! ordonna-t-elle au valet qui venait d'introduire Morosini. Puis laissez-nous !

— A quelle heure Madame la baronne veut-elle être servie ?

— Disons... dans une demi-heure ! Venez vous asseoir près de moi, mon cher prince !

Elle recula afin de libérer la partie du canapé qu'elle indiquait et force fut au malheureux de s'y incruster alors qu'il eût cent fois préféré l'un des inconfortables fauteuils crapauds. De là évidemment, il avait une vue imprenable sur les chevilles et les pieds de son hôtesse chaussés de sandales à hauts talons en cuir argenté : ils étaient quasiment sur ses genoux !

— Buvons à l'heureux destin qui nous remet en présence dans un lieu que j'adore ! s'écria-t-elle en levant sa coupe de cristal. Le Ciel en personne a dû présider à notre rencontre du premier soir !

Ils trinquèrent.

— Le Ciel, croyez-vous ? interrogea Aldo sans reposer son verre. Le baron Waldhaus n'a pas dû voir les choses sous cet angle.

— N'en parlez plus, voulez-vous ? Notre séparation est irrévocable et, bientôt, ce sera pour nous une vieille histoire !

— Pour nous ? J'ose espérer que vous ne m'avez pas réservé un rôle dans ce drame ?

Elle éclata d'un rire perlé tout en lui tendant sa coupe vide pour qu'il la remplisse. Ce qu'il fit avec empressement, profitant de cette occasion inespérée pour se lever.

— Un drame ? Où en voyez-vous un ?

— La séparation de deux êtres qui se sont aimés en est toujours un. Je n'ai fait qu'entrevoir le baron Waldhaus mais il ne m'est pas apparu comme susceptible d'accepter vos décisions sans broncher ! Il va à coup sûr se défendre.

— Oh, tel que je le connais, il fera davantage. Il n'aime guère la contradiction et il lui arrive de se montrer violent ! Mais assez parlé de lui ! Occupons-nous plutôt de sujets plus intéressants pour nous ! Par exemple...

Pressentant ce qu'elle allait dire, il saisit la balle au bond :

— Votre éventail de plumes blanches ! Souvenez-vous que vous avez promis de me révéler le secret du C !

— Vous y tenez vraiment ? dit-elle en faisant la moue.

— Naturellement, j'y tiens ! Comprenez-moi, baronne ! Les joyaux sont mon métier, un métier qui me passionne. Surtout quand l'Histoire est présente.

— Et si je ne veux pas vous le dire ?

— Alors, j'essaierai de me débrouiller seul ! Notez qu'il m'est quand même venu une idée. Si l'on tient compte de la date de fabrication de l'éventail et du nombre relativement restreint des dynasties impériales, je ne vois qu'une princesse : l'impératrice du Mexique Charlotte de Belgique, votre compatriote !

Une vive déception se peignit sur le visage d'Agathe :

— Si vous le saviez, pourquoi êtes-vous venu ?

Il lui offrit un sourire moqueur :

— Mais pour avoir une confirmation, en parler avec vous... et passer un moment des plus agréables.

Banco ! Le charme opéra et Agathe Waldhaus retrouva sa belle humeur !

— Dans ce cas, parlons-en ! s'exclama-t-elle avec enjouement en réclamant une nouvelle ration de champagne. Vous avez absolument raison ! Il vient effectivement du château de Bouchout. L'impératrice en personne l'a donné à ma mère qui la plaignait et avait obtenu d'être sur la fin l'une de ses dames de compagnie. L'une des plus appréciées, soit dit en passant ! Sa Majesté raffolait du chocolat et, naturellement, elle en a eu plus que son content ! L'éventail a été donné à ma mère en remerciement et en témoignage d'amitié.

— Je comprends qu'elle y tienne et vous, baronne, vous ne devriez peut-être pas le risquer dans des soirées mondaines. A fortiori dans un casino où le monde se trouve parfois mélangé !

— Sans doute avez-vous raison mais, hier soir, je n'ai pas pu résister à l'envie de le prendre ! Il me va bien, n'est-ce pas ?

— Mieux que je ne saurais dire ! Accepteriez-vous de le manier à nouveau pour moi ce soir ?

Elle rosit de plaisir et sonna son valet :

— Ramon, dites à Josiane de m'apporter l'éventail de plumes blanches que j'avais hier !

Aldo ouvrait déjà la bouche pour réclamer également la boîte mais elle enchaîna aussitôt :

— Avec son écrin ! Il vaut, lui aussi, la peine d'être vu !

Le cœur d'Aldo battait à se rompre quand, quelques instants plus tard, une jeune femme de chambre pénétra dans le salon, portant l'un des fameux écrins de cuir bleu. L'un des plus grands, apparemment.

Agathe le prit sur ses genoux, l'ouvrit et en tira le bouquet de plumes d'autruche blanches qu'elle déploya pour en jouer avec coquetterie. Aldo en profita pour s'emparer de la boîte en disant :

— Ravissant ! Mais vous avez raison, baronne, de montrer le coffret ! Il est fort intéressant.

O combien ! Aldo n'eut pas besoin de l'examiner longtemps pour acquérir la certitude que les émeraudes devaient être là ! Le fond gainé de velours blanc était plus haut que ce qu'il avait vu jusqu'alors. Sans compter une nette différence de poids. En s'efforçant de maîtriser le tremblement de ses mains, il le reposa sur le guéridon pour sourire avec extase à la baronne Agathe qui s'était levée et voltigeait à travers la pièce en prenant des poses...

L'entrée de Ramon annonçant que Madame la baronne était servie figea la danseuse en plein vol.

— Passons à table ! dit-elle en prenant Aldo par le bras. J'espère que vous aimez les huîtres ? Moi, j'en suis folle !

— Nous serons toujours d'accord sur ce point ! D'autant plus qu'elles manquent fâcheusement à Venise !

— Oh, Venise n'en a pas besoin ! Elle possède tellement de moyens d'inciter à l'amour.

— Ah, parce que les huîtres ?...

— Evidemment ! Vous ne le saviez pas ?

— Mon Dieu, non ! Mes notions en matière d'aphrodisiaques sont élémentaires et ne vont guère plus loin que les truffes, certains poivres, certains champignons et bien entendu la mythique cantharide.

— Pourquoi mythique ? Elle est on ne peut plus réelle... et très efficace. A ce que l'on m'a assuré tout au moins, ajouta-t-elle en baissant les yeux et en réussissant un « fard » dont son invité ne fut pas dupe.

Il le fut moins encore en voyant arriver le deuxième plat – une omelette aux truffes ! –, le troisième – un salmis de faisan aux piments d'Espelette... et aux truffes ! Une véritable hérésie culinaire ! Le quatrième, une salade dans laquelle une main négligente avait laissé tomber de fines tranches du savoureux tubercule. Il s'attendait à en trouver dans la mousse au chocolat couronnée d'une crème Chantilly neigeuse – avec, pourquoi pas, une pincée de poudre provenant de la dangereuse mouche évoquée précédemment – que Ramon apportait avec l'onction d'un lama tibétain soutenant le Livre sacré. Et s'apprêtait à se priver de dessert quand une voix furieuse fit trembler les vitres et provoqua chez le valet une telle commotion qu'il poussa un cri, tandis que le compotier lui échappait et allait se répandre sur le sol.

— Quel charmant spectacle ! Mais pas vraiment inattendu : ma femme à moitié nue en partie fine avec son amant ! Vous ne m'attendiez pas, n'est-il pas vrai ?

L'œil furibond, la moustache en bataille et le chapeau enfoncé jusqu'aux sourcils, en tous points conforme à l'image qu'en gardait Aldo depuis la gare de Vienne, le baron Waldhaus effectuait une entrée d'autant plus fracassante qu'il brandissait une canne avec l'évidente intention de s'en servir. Cependant, Agathe ne parut pas autrement émue. En colère, oui ! Se levant brusquement, elle jeta sa serviette sur la table et protesta :

— En vérité, Eberhardt, vous êtes impossible ! Vous n'êtes pas chez vous ici et vous le savez. Alors qu'est-ce qu'il vous prend d'y jouer les cyclones ?

— Vous êtes toujours ma femme, Agathe, et partout où vous vous trouvez, je suis aussi chez moi !

— Ma parole, vous êtes malade ! Alors, quand je vais chez le coiffeur vous pensez pouvoir y enfiler vos pantoufles ?

— Je me suis mal exprimé. Je voulais dire que je peux exercer mes droits d'époux où que vous soyez. Quant à vous, Monsieur...

Plus amusé qu'inquiet, Aldo avait allumé une cigarette et considérait le nouveau venu avec bienveillance, en regrettant seulement qu'il n'ait pas fait irruption suffisamment tôt pour lui éviter le salmis incendiaire.

— Je crains que vous ne commettiez une erreur, baron. Je ne suis que l'invité de la baronne...

— Vous l'étiez aussi, je suppose, quand, au départ du train de Bruxelles, je vous ai vu la prendre dans vos bras ?

— Elle risquait de glisser. Je l'ai seulement aidée à monter et n'importe qui en aurait fait autant. J'ajoute qu'avant cet incident, je n'avais jamais eu le plaisir de la rencontrer.

— C'est ce qu'il faudra prouver. On vous connaît, Monsieur le prince !

— Moi, en revanche je ne vous connais pas et vous ne me donnez guère envie de le regretter. A présent, soyez bon, cessez d'agiter cette canne !

— Elle vous gêne ? ricana Waldhaus.

— Plus que je ne saurais dire. Il me déplairait, pour une première rencontre, de vous mettre mon poing dans la figure. (Puis, sur un ton plus conciliant, il continua :) C'est un déplorable malentendu.

Nous sommes des gentilshommes et j'espère que vous me ferez l'honneur de le croire si je vous donne ma parole que...

Ce qui se produisit alors devait se retrouver à plusieurs reprises dans les cauchemars d'Aldo : Agathe lui coupa la parole et s'écria en se mettant à sangloter :

— Inutile d'aller jusque-là, cher Aldo ! Il... il ne nous croira jamais... ni l'un ni l'autre... Et, de toute façon, cela ne changera rien à ce qui est ! Un... un amour comme le nôtre...

Il manqua s'étrangler :

— Un amour... Vous perdez la tête, baronne ? Je vous serais reconnaissant d'avoir l'obligeance de la retrouver ! Nous sommes à peine des amis... des relations de voyage, et j'aimerais que vous vous souveniez que je suis marié et père de famille !

— Ne soyez pas inutilement cruel, mon chéri ! gémit Agathe. Il fallait qu'un jour cette situation intenable se dénoue ! En avons-nous assez parlé ? Ce n'est qu'un mauvais moment à passer : nous divorçons chacun de notre côté et...

Furieux, Aldo fit face au mari :

— Est-ce que, sincèrement, vous avalez cette couleuvre ?

— Et pourquoi non ? Ma femme fait preuve avec moi d'une franchise sans faille... sauf peut-être depuis quelque temps, j'en conviens. Mais vous, vous devriez avoir honte de renier ainsi vos fautes !

— Mes fautes ? Je n'ai pas conscience d'en avoir commis d'autre que celle de venir ce soir... pour parler d'un éventail !

L'Autrichien partit d'un rire tonitruant qui fit trembler ses bajoues :

— Un éventail ?... Vous pourriez trouver mieux... Un éventail !... C'est à pleurer de rire !

— Riez ou pleurez mais c'est la stricte vérité : celui de l'impératrice Charlotte du Mexique. Il doit être resté sur la table du salon ! Et moi je suis antiquaire, sacrebleu !

— Et moi, je suis le petit Jésus ! Mais coupons court ! Je sais ce que j'ai vu, ce que j'ai entendu. Où logez-vous ?

— Hôtel du Palais. Pourquoi ?

— Demain matin vous recevrez mes témoins ! Nous nous battrons, Monsieur !

Un ululement déchirant de la baronne acheva d'exaspérer Aldo :

— Comme il vous plaira ! fit-il. Décidément, nous sommes en plein mélo ! Je vous tuerai donc aussi proprement que je pourrai... mais si j'ai un conseil à vous donner, puisque vous êtes viennois, c'est de confier le plus rapidement possible votre « moitié » au docteur Freud ! Il se peut qu'on puisse encore la soigner de sa mythomanie avant que ce ne soit irréversible !

Le lamento d'Agathe qu'il avait eu le temps de voir s'écrouler en larmes sur le canapé le poursuivit jusque dans le vestibule où Ramon, impavide, lui rendit son chapeau, sa canne et ses gants avant de le raccompagner à la porte. Ce fut un soulagement ineffable de retrouver l'odeur des algues et le vent de mer qui s'était levé dans la soirée. Aldo s'en remplit les poumons avant de se mettre en marche vers son hôtel mais, soudain, Adalbert se matérialisa devant lui :

— Tiens, tu étais là ?

— Depuis un moment. Je n'arrive pas à rester en place ! Je meurs d'impatience ! Tu as vu l'éventail ?

— Je l'ai vu... et aussi son coffret ! Et j'ai acquis la certitude que c'est le bon !

— Génial !

— Par la même occasion, j'ai récolté un duel !

— Un duel ? Avec qui ?

— Le mari. Si tu es là depuis le début, tu as dû le voir rappliquer ? Un grand type, corpulent, enjolivé d'une paire de moustaches à la François-Joseph !

— Et il veut se battre avec toi ? Est-ce qu'il vous aurait trouvés, toi et sa femme, dans une situation... équivoque ?

— Tu parles d'une situation équivoque : nous finissions de dîner ! Il nous est tombé dessus comme la foudre et tu ne sais pas le plus beau : cette folle a entrepris de le persuader que je suis son amant !

— C'est une attitude plutôt curieuse. Les aveux ne font pas partie du répertoire d'une femme normale.

— Surtout quand ils sont faux ! Je me demande ce que j'ai pu lui faire pour qu'elle me joue un pareil tour !

— C'est peut-être justement parce que tu ne lui as rien fait ?

— Possible ! En tout cas il m'envoie ses témoins demain matin. Nous en découdrons à l'aube, paraît-il !

— Outre que le duel est interdit par la loi, c'est proprement grotesque. Vous allez faire rigoler tout Biarritz !

— On va surtout se faire une publicité dont, personnellement, je n'ai pas besoin ! Naturellement, tu es mon témoin mais il m'en faut un deuxième.

— Ça, je m'en charge, fit Adalbert après un instant de réflexion. Je pense que tu seras content ! On fait quoi maintenant ? On va se coucher ?

— On va boire quelque chose de frais. Que dirais-tu d'un gin-fizz ? Je suis bourré jusqu'à la gueule de piment et de truffes ! Ça m'éclaircira les idées pour cogiter sur la façon dont nous allons récupérer le coffret de l'éventail. Parce que, en plus, il n'est pas à elle mais à sa maman dont c'est – air connu ! – l'un des plus « chers trésors ».

Les nouvelles de la nuit inquiétèrent Mme de Sommières mais enthousiasmèrent Plan-Crépin. Un duel ! Comme à l'époque des Mousquetaires ! Qu'y avait-il de plus romantique ! Et pour une femme !

— Non, rectifia la marquise. Pour un mensonge proféré par une folle sans doute hystérique ! Vous rendez-vous compte, tête en l'air, de ce qui se passera si cette histoire arrive aux oreilles de Lisa ? Je vous rappelle qu'elle est à Vienne actuellement, que le baron est viennois et qu'il y aura automatiquement des échos sur le Danube. C'est un tracas supplémentaire dont nous aurions aimé nous passer alors que, enfin, nous savons où se trouve ce fichu collier !

— C'est pourtant vrai et nous avons absolument raison ! Puisque vous y étiez, Aldo, pouvez-vous nous donner une idée de l'intérieur de la maison ? Et de l'endroit où l'on range l'éventail ?

— Plan-Crépin, protesta la marquise. Vous êtes ici pour vous occuper de moi, pas pour mijoter des plans de cambriolage !

— Il faudra peut-être envisager d'en arriver là ? hasarda Adalbert. Aldo ne pourra plus remettre les pieds dans la Villa Amanda. Et je vous rappelle qu'il ne s'agit pas de voler l'éventail mais de prélever ses entrailles dont sa propriétaire ne se doute même pas ! Rien de bien méchant ! Mais d'abord essayer d'éviter cette absurde affaire de duel !

Il achevait sa péroraison quand la réception de l'hôtel annonça que deux messieurs demandaient à parler au prince Morosini. On les fit monter dans la « suite » dont Mme de Sommières leur abandonna le petit salon. Il s'agissait de deux Autrichiens : le baron Ochs et le général von Brach qui ferait office de directeur du combat. Ils s'excusèrent de l'absence du second témoin mais Morosini n'ayant à offrir que le seul Vidal-Pellicorne, on mena l'affaire rondement. Waldhaus, étant l'offensé, avait le choix des armes et optait pour l'épée...

— Cela ne me gêne pas, dit Aldo, mais vu l'embonpoint du baron, je m'attendais au pistolet...

— Trop bruyant ! expliqua Ochs. Il faut éviter à tout prix de donner une quelconque publicité à cette affaire. Si vous en êtes d'accord, le combat s'arrêtera au premier sang !

— Entièrement ! approuva Adalbert. Espérons seulement que ce sang ne viendra pas d'un cœur transpercé ou d'une gorge ouverte !

— Si c'est de l'humour, Monsieur, je le trouve macabre ! observa le général avec sévérité.

— Où voyez-vous de l'humour ? Si vous voulez mon avis, cette histoire est stupide et je ne vois pas pourquoi M. Waldhaus n'a pas réclamé le duel à outrance pendant qu'il y était. Autrefois, on se battait pour tuer l'adversaire mais s'estimer satisfait d'une égratignure administrée au petit matin dans un endroit écarté m'a toujours semblé le comble du ridicule. On pourrait aussi bien prélever dix centimètres cubes avec une seringue !

— Libre à vous de penser ce qui vous plaît. Nous sommes venus pour donner satisfaction à notre ami qui souhaite donner une leçon à son adversaire et l'empêcher de courtiser les honnêtes femmes.

On en était là quand on décida que l'affrontement aurait lieu le lendemain à l'aube dans le parc du château de Brindos, à Anglet, où les belligérants n'auraient rien à craindre d'une incursion des autorités. Les Autrichiens se chargeaient d'apporter les armes, Morosini ayant fait observer qu'il n'avait pas pour habitude, pendant ses vacances, de mettre flamberge au vent entre un parcours de golf et une partie de tennis. Sur ce, on se sépara cérémonieusement.

Adalbert suivit les Autrichiens en déclarant qu'il allait se mettre à la recherche du second témoin et demander au portier de lui louer une voiture pour un temps indéterminé. Il n'eut pas à aller loin.

Comme il sortait de l'hôtel, on achevait de charger des bagages à l'arrière d'une grosse Hispano-Suiza dans laquelle Miguel Olmedo aidait Doña Luisa puis Doña Isabel à s'installer. Du regard, Adalbert balaya les environs du palace et n'eut aucune peine à découvrir ce qu'il cherchait : à demi caché par un bosquet de tamaris, le jeune Faugier-Lassagne suivait ce départ d'un œil désespéré.

Tellement que, lorsque l'égyptologue le rejoignit, il gémit lamentablement, comme s'il continuait une conversation inachevée :

— Pourquoi ce départ précipité ?... Cela s'est fait en deux minutes et, moi, je suis pris au dépourvu : je n'ai même pas le temps de chercher une voiture ! Elle s'en va et je n'ai aucun moyen de savoir où !

Il en avait les larmes aux yeux. Adalbert n'eut pas la cruauté de lui rappeler qu'il s'était lancé à la poursuite des Mexicains dans le noble but d'attirer sur eux une vengeance exemplaire. Ce pitoyable garçon était victime lui aussi du brutal coup de foudre qui avait conduit son père à la mort. Question de gènes sans doute. Sans aller jusqu'à évoquer le mythe de Circé dont un regard pouvait transformer un homme en cochon, il reconnaissait que la jeune femme était redoutable et remerciait Dieu qu'Aldo ou lui-même n'eussent pas succombé à un charme qui prenait des allures de malédiction...

Il prit le désespéré par le bras :

— Venez ! dit-il, on va boire un verre au Bar Basque afin d'étudier la question en toute quiétude. Il se peut que je puisse vous renseigner.

On s'installa à la table la plus éloignée et, jaugeant l'état de prostration de son invité, Adalbert commanda d'autorité des « Irish coffees », éveillant un semblant de curiosité.

— Qu'est-ce que c'est ? Je n'en ai jamais bu.

— De l'honnête café additionné de whisky irlandais et d'un ou deux ingrédients supplémentaires. Ça vous requinquera !

De fait, François-Gilles se ranima telle une salade altérée sous l'arrosoir :

— Dites-moi où elle va ? implora-t-il.

— Un peu de patience ! D'abord, j'ai un service à vous demander. Un service qui exige la plus grande discrétion. C'est la raison pour laquelle j'ai pensé à vous.

— Lequel ?

— Mon ami Morosini doit se battre en duel demain. Je suis son témoin mais il lui en faut un deuxième et ce sera vous.

Faugier-Lassagne prit feu :

— Moi ? Que je... N'y comptez pas ! Songez à ma fonction... à ma carrière ! Je représente la Loi, Monsieur, et la Loi interdit formellement ce genre de pratique médiévale.

— Commencez par vous calmer et écoutez-moi ! Primo, ne mélangez pas les genres : vous ne représentez la Loi que dans le prétoire quand il s'agit de faire payer son crime à un assassin. Deuzio, un duel est l'affaire du préfet, des flics ou des gendarmes et vous n'êtes ni l'un ni l'autre. Et tertio, Aldo Morosini, qui s'est fait piéger dans une histoire idiote, souhaite avant tout que l'affaire reste secrète. La moindre indiscrétion, la moindre publicité – j'entends avant tout la presse – pourrait flanquer sa vie en l'air. Et n'oubliez pas qu'il a une femme et des enfants auxquels, croyez-moi, il est attaché...

— Je peux le comprendre. J'ai vu une photo de la princesse Morosini. Elle doit être...

— Elle l'est plus encore ! Mais revenons à nos moutons ! En tant que premier témoin, je serai muet comme un tombeau et, si je vous ai choisi, c'est justement à cause de votre fonction. On vous présentera sous votre nom sans ajouter de qualité et votre intérêt est de vous taire.

— Admettons ! Mais la partie adverse ?

— Des Autrichiens. Depuis qu'ils ont combattu au côté de l'Allemagne, on ne les apprécie guère chez nous... à moins qu'ils ne soient archiducs ou quelque chose d'approchant. Ce que je veux dire est que, s'ils faisaient parler d'eux, ce serait à leurs dépens. La maréchaussée locale serait trop heureuse d'en coller trois au trou. Alors, votre réponse ?

— Vous me direz où « elle » est partie ?

— Ma parole contre la vôtre !

— Topez là ! J'accepte !

— Et moi je paie : château d'Urgarrain, non loin d'Ascain. Après le duel, je pousserai la bonté jusqu'à vous y conduire avec armes et bagages : il y a une excellente auberge...

Les deux hommes scellèrent leur accord avec une seconde tournée de café irlandais puis on convint de se retrouver le lendemain à cinq heures du matin devant l'entrée du Carlton.

Anglet se situant entre Bayonne et Biarritz, la distance n'était pas longue. Personne ne parla. Adalbert, qui conduisait – raisonnablement, pour une fois ! –, afin de ménager les nerfs de son passager cachait de son mieux son inquiétude. Il savait Aldo entraîné à plus d'un sport et celui-ci l'avait rassuré en lui confiant que l'escrime ne lui était pas étrangère et qu'il l'avait pratiquée dans sa jeunesse. Il n'en restait pas moins méfiant en vertu de l'adage affirmant que personne n'est plus dangereux qu'un maladroit. Il préférait cependant cette arme au pistolet. Faugier-Lassagne, lui, était proprement terrifié à la pensée qu'appartenant à la bonne société lyonnaise il pourrait être reconnu par un quidam quelconque. Aldo, lui, subissait avec agacement une épreuve qu'il jugeait grotesque sans qu'elle l'inquiétât le moins du monde. Pour lui, c'était du temps perdu ! Rien d'autre ! Et cela à un moment où, à peu près sûr de mettre la main sur les émeraudes de Montezuma, sa pensée s'attachait surtout aux moyens – quels qu'ils fussent ! – de les récupérer. Le tour pendable que lui avait joué la baronne Agathe lui ôtait jusqu'à l'ombre d'un scrupule.

Enfin, on fut à destination.

Construit l'année précédente par un noble espagnol, le château de Brindos, d'architecture mêlant harmonieusement le moderne et le néo-mauresque, reflétait sa blancheur de palais arabe dans un beau lac où glissaient de majestueux cygnes neigeux. Un parc immense planté de pins noirs l'entourait et, dans la lumière encore incertaine du petit matin, il évoquait plus que jamais un château de légende. Les fêtes dont il était le cadre étaient sublimes mais pour le moment il sommeillait...

Aldo et les siens étaient juste à l'heure mais l'adversaire les avait précédés, ainsi qu'il convenait puisque le propriétaire de Brindos était une relation du général. Celui-ci faisant office de directeur du combat, on avait déniché un autre témoin, russe celui-là. On avait délimité le terrain choisi, abrité par un rideau d'arbres et, un peu à l'écart, un médecin préparait, sur une table pliante, les instruments et pansements de premiers secours.

— Dieu, que c'est agréable à contempler par un joli matin de printemps ! grommela Adalbert. En outre, ton adversaire a une tête à claques. Un bon match de boxe eût été plus amusant !

C'était aussi l'avis d'Aldo mais il fallait se contenter de ce qu'on avait... A l'exception de la chemise et du pantalon, les combattants se dévêtirent, ce qui permit à Aldo de constater que le baron affichait une bedaine confortable. Ils se réunirent ensuite avec le directeur qui mesura les épées qu'il avait apportées, donna ses instructions puis recula en ordonnant :

— En garde, Messieurs !

Ce que l'on fit dans les règles séculaires de l'académie duelliste. Chose curieuse, à voir en face de lui cet homme rougeaud qui le regardait d'un air féroce en brandissant sa lardoire, Aldo fut pris d'une soudaine envie de rire. C'était d'un ridicule !...

Les fers venaient de s'engager quand, à sa surprise, il entendit une paisible voix émettre la même opinion. D'un pas tranquille, tenant d'une main la laisse d'un cocker caramel et de l'autre une canne d'affût, une dame d'un certain âge effectuait son apparition. Petite et plutôt ronde, elle n'en avait pas moins l'allure d'une impératrice. Admirablement habillée d'un tailleur gris clair, une cape anglaise en homespun négligemment jetée sur les épaules, une écharpe de soie enveloppant sa tête aux cheveux argentés, la nouvelle venue poursuivait son discours comme si de rien n'était :

— ... et quand je dis ridicule, je pèse mes mots. Grotesque serait plus approprié ! Cette scène hors d'âge ressemble à une bouffonnerie !

— Belle-maman ! rugit Waldhaus. Que nous vaut votre présence ? Ceci est une affaire d'hommes et vous n'avez pas à vous mêler de ce qui ne vous regarde pas.

— Ah, vous trouvez ? Ce n'est pas mon sentiment dès l'instant où vous faites bon marché du renom de notre famille en vous livrant à des gesticulations de gamin.

— Il ne s'agit pas de renom mais d'honneur !

— Qu'est-ce que l'honneur vient faire là-dedans ? Je n'en vois aucun à tenter d'éborgner un membre de l'aristocratie européenne, mondialement connu en tant qu'expert en joyaux anciens, sur un vague racontar...

— Un vague racontar ? L'aveu formel par ma femme qu'il est son amant ? Que vous faut-il de plus ?

— La vérité ! Il se trouve que je la connais... Il n'y a pas un mois qu'Agathe a rencontré le prince

Morosini dans le train qu'elle a attrapé au vol pour rentrer chez nous le jour où elle vous a quitté. Et je peux vous apprendre qu'il lui a évité de passer sous les roues. Vous devriez le remercier, sans lui, vous seriez veuf !

— C'est elle qui vous l'a dit ?

— Naturellement, et, faites-moi confiance, jamais elle ne s'est avisée de me mentir parce que, après deux ou trois tentatives infructueuses, elle a compris qu'avec moi c'était du temps perdu.

— Alors pourquoi a-t-elle avoué ?... Et devant lui par-dessus le marché ?

— Elle a pensé que cela suffirait à vous faire comprendre qu'elle souhaitait rompre son mariage. Il y a des gens contre lesquels il serait imbécile de lutter. C'est idiot, je vous l'accorde ! Il faut admettre, prince, ajouta-t-elle en s'adressant à Aldo, que ma fille n'est pas très intelligente. Elle doit le tenir de ma belle-mère. Aussi je vous prie de bien vouloir lui pardonner le mauvais tour qu'elle vous a joué. Je pense qu'elle a dû le trouver distrayant...

Aldo ne put s'empêcher de rire. Cette reine du chocolat lui plaisait :

— J'aurais mauvaise grâce à lui en vouloir, Madame, puisque cette... méprise me vaut le plaisir de vous rencontrer. Ce que vous venez de dire est l'absolue vérité : je ne connais guère la baronne Waldhaus et pas depuis longtemps. Quant au dîner que nous avons partagé avant-hier soir, c'était le second, le premier ayant eu lieu dans le Vienne-Bruxelles. Je ne l'ai même pas revue à la descente du train... j'étais pressé. Enfin, nous nous sommes croisés au casino Bellevue où je me détendais avec mon ami Vidal-Pellicorne que voici... Et cela, je vous en donne ma parole de gentilhomme !

Mais elle ne l'entendait plus. Tandis qu'Adalbert la saluait, son visage s'illumina :

— Etes-vous Monsieur Vidal-Pellicorne, l'égyptologue ?

— Ai-je l'honneur d'être connu de vous ?

— O combien ! Voyez-vous, l'Egypte est ma passion depuis toujours. J'ai lu vos livres, j'ai suivi vos travaux, mais ma mauvaise chance a voulu que je sois absente de Bruxelles lorsque vous venez donner une conférence ! Ah, vous ne pouvez imaginer à quel point je suis heureuse de cette rencontre ! C'est bien la première fois que les agissements de ce pauvre Eberhardt me valent une bonne surprise ! (Puis, se baissant pour détacher son chien :) Tiens, Cléopâtre, va jouer ! (Après quoi elle glissa son bras sous celui d'Adalbert visiblement ravi.) Faisons quelques pas ensemble !...

— Mais enfin, Mère, brama Waldhaus, je vous rappelle que Monsieur a été convoqué à titre de témoin d'un duel, pas pour se promener !

— Ah, parce que vous en êtes encore là ?

— Oui, j'en suis encore là et ces messieurs ici présents...

— Eberhardt, vous me fatiguez ! J'ai pris la peine de me déplacer pour vous expliquer que vous avez commis une sottise de plus et dérangé ces messieurs à une heure indue pour du vent. Il vous reste, si je me suis fait clairement comprendre, à présenter vos excuses à votre innocent adversaire, remercier vos amis de vous avoir soutenu, et à rentrer chez vous... Et j'ai bien dit chez vous ! Pas chez moi ! Quant à ma fille, je pense que vous n'en aurez plus d'autres nouvelles que par vos avocats... Messieurs, ajouta-t-elle avec un sourire épanoui qui engloba tous les participants, je vous salue ! Prince, pardonnez-moi si je vous enlève votre ami mais j'ai une foule de choses à lui dire et je le ferai raccompagner à son hôtel ! Viens ici Cléopâtre : nous retournons à la voiture !

Et elle s'éloigna avec Adalbert à qui elle avait confié sa canne.

Le silence des grandes catastrophes suivit son départ. Ce fut Aldo qui le rompit :

— Eh bien, Messieurs, que vous en semble ? Si vous êtes toujours dans les mêmes dispositions, baron, j'y souscrirai....

— Après ce que nous venons d'entendre, intervint le général, je pense que cette rencontre n'a plus de raison d'être. Votre opinion, Waldhaus ? Sincèrement ?

— Il se peut que vous ayez raison ! fit-il de mauvaise grâce. Il n'en demeure pas moins que M. Morosini dînait avant-hier avec mon épouse...

— Dois-je répéter, dit Aldo patiemment, que j'étais invité à voir de plus près certain éventail ayant appartenu à l'impératrice Charlotte du Mexique ? Vous n'avez pas voulu me croire et pourtant c'est la stricte vérité. Maintenant, si les excuses évoquées par Mme Timmermans vous contrarient, sachez que je n'en veux pas. J'attends votre décision.

— Vous avez tous deux fait preuve de votre courage, reprit le général. Ce sera consigné dans le procès-verbal. Je suis d'avis de nous séparer...

On se salua protocolairement ; Aldo rendit son épée, reprit ses vêtements et rejoignit la voiture en compagnie de François-Gilles. A sa grande surprise, celui-ci avait perdu son air empesé et souriait aux anges :

— On dirait que ça vous a amusé ?

— Mon Dieu, oui ! J'aurais regretté de ne pas avoir assisté à ce spectacle. Cette dame est la plus étonnante que j'aie jamais vue. Et quelle classe ! Vous pouvez me dire qui elle est ?

— Mme Timmermans. Son époux était le roi du chocolat belge et, comme vous l'avez compris, elle est la belle-mère de mon adversaire. Plus pour longtemps il me semble.

— Comment est sa fille ? La baronne ?

— Charmante, primesautière et complètement folle ! Ou d'une redoutable hypocrisie ! Songeriez-vous à poser votre candidature ? ironisa-t-il. Vous pourriez faire pis : ces dames sont fabuleusement riches ! Ça compte, paraît-il, dans l'ex-capitale des Gaules ?

— Oui, mais pas chez moi. Et j'ai d'autres projets ! Pensez-vous que M. Vidal-Pellicorne sera longtemps absent ?

— Rassurez-vous, ils ne vont pas passer la journée ensemble ! L'espace d'un petit déjeuner, sans doute. Et à propos, si nous allions prendre le nôtre ?

Adalbert reparut peu avant midi. Non seulement son admiratrice et lui avaient pris le petit déjeuner au club-house de Chiberta mais encore ils avaient fait un parcours de golf. Ce qui avait eu l'avantage de lui rouvrir l'appétit :

— Quelle femme étonnante ! déclara-t-il à la « famille » réunie en dépliant sa serviette. Je n'ignore plus rien du pourquoi de la conduite de sa fille l'autre soir !

— Parce qu'il y a une explication logique ? fit Aldo, le regard noir.

— Oh, oui ! Pardonne-moi d'avance, mon vieux, si j'égratigne ton amour-propre mais ça tient en peu de mots : Agathe a un amant...

— Mais elle m'a pratiquement juré qu'elle n'en avait pas ?...

— Elle t'a menti. J'explique. Elle venait de jurer la même chose à son mari au cours d'une scène violente – une occasion saisie au vol ! – à la suite de laquelle elle avait claqué la porte derrière elle pour rentrer chez sa mère. Le temps d'acheter son billet, Waldhaus était sur ses talons et elle a dû courir pour prendre son train, le mari à ses trousses. Par chance, une portière n'était pas encore fermée et un gentilhomme d'une remarquable élégance l'occupait...

— Arrête, veux-tu ?

— Non. C'est nécessaire. Un gentilhomme qui l'a attrapée au vol... et qu'elle a reconnu aussitôt. D'où l'idée de nouer une intrigue avec toi afin de faire croire à Waldhaus que tu étais l'amant en question. Tu te rends compte de l'aubaine que tu représentais ? Un prince, connu universellement, séduisant par-dessus le marché...

— Tu aurais tort de te plaindre, Aldo, remarqua Mme de Sommières, Adalbert a une façon d'égratigner merveilleusement sympathique !

— Ça, Tante Amélie, c'est la sauce qui fait passer le poisson. Et le poisson, c'est la douce Agathe me destinant au rôle de « chandelier ». En se fichant comme d'une guigne des conséquences. Si elle me connaissait à ce point, elle devrait avoir entendu parler de ma femme et de mes enfants ?

— Je n'ai jamais prétendu qu'elle était intelligente ! Rusée, oui. Et elle a poussé le vice jusqu'à te faire suivre par un détective privé. Que tu viennes à Biarritz l'arrangeait grandement, sa mère ayant l'habitude d'y passer le printemps. Ainsi elle était au courant de ta présence au casino l'autre soir !

Tenté de s'abattre sur la table, le poing d'Aldo se crispa :

— Dis-moi que je rêve ? Et c'est elle qui t'a raconté cette salade ?

— Qui veux-tu d'autre ? Elle est sa mère et souviens-toi qu'Agathe aussi nous a confié n'avoir jamais pu lui cacher quoi que ce soit. A présent c'est elle qui prend les choses en main. Elle fait venir son avocat afin de mettre en route la procédure de divorce...

— Sur quoi compte-t-elle s'appuyer ? fit Marie-Angéline, acide. C'est sa fille qui a abandonné le domicile conjugal et si en outre elle a un tendre ami, le divorce la mettra au ban de la bonne société !

— Si vous me laissiez parler ? Notre Agathe a, désormais, le meilleur des prétextes. J'allais vous apprendre que, après ton départ, Aldo, Waldhaus l'a battue comme plâtre. En rentrant hier matin, Mme Timmermans l'a trouvée dans cet état et a immédiatement appelé son médecin. En dépit des objurgations de sa femme de chambre, la baronne n'avait pas osé par crainte du ridicule. Le chirurgien l'a transférée sans attendre dans sa clinique où, dans l'après-midi, le capitaine de gendarmerie est venu dresser un constat. Tu vois, mon cher, tu es vengé.

— Je n'en demandais pas tant ! Elle est très abîmée ?

— Pas mal à ce qu'il semble. Un œil poché, une balafre à la commissure des lèvres due à une chevalière agressive et de copieux hématomes sur les épaules et sur le cou. Ça s'arrangera mais pour le moment elle n'est pas belle à voir.

— Mais quel cuistre ! Je commence à regretter de ne pas avoir pu l'embrocher ce matin ! fit Aldo, indigné.

— Elle devrait plaire un peu moins à cet amant qu'elle a protégé à la perfection, remarqua Plan-Crépin avec satisfaction. Sait-on qui il est ?

— Un banquier belge richissime qui, pour la voir de temps en temps, a acheté dans la banlieue de Vienne une maison, pas grande mais somptueuse, enfouie dans un jardin luxuriant – c'est le cas de le dire ! – et sous la protection d'un serviteur de confiance. Il paraît qu'il en est fou et Agathe le paierait de retour... Cette fois, elle n'aura aucune peine à obtenir le divorce.

— Une divorcée ? Elle ne sera plus reçue dans la bonne société, glapit Marie-Angéline qui tenait à son idée.

— Je ne vous savais pas si féroce, Plan-Crépin, coupa la marquise d'un ton las. Après tout, la bonne société, comme vous dites, n'est plus ce qu'elle était depuis la guerre. Tout change, vous savez ! Cela posé, nous pouvons, je pense, considérer cette affaire comme classée en ce qui nous concerne ?

— Celle-là oui, reprit Adalbert. Reste celle de l'éventail. Par chance – ou son contraire ! – je suis dans les meilleurs termes avec Mme Timmermans. Je l'ai invitée à dîner ce soir à la Réserve pour en savoir davantage sur ses projets immédiats et comment il serait possible de récupérer les émeraudes, puisque tu penses, Aldo, qu'elle les a...

— On ne peut jurer de rien mais si elles se trouvent vraiment dans le double fond d'une boîte, ce ne peut être que celle-là ! A moins qu'elles n'aient été découvertes, ce qui m'étonnerait : la boîte est légèrement plus lourde qu'il ne le faudrait ! D'autre part, j'ai reçu ce matin un courrier de Maître Lair-Dubreuil m'informant qu'aucun des coffrets à éventails hérités par la famille de l'impératrice ne peut receler de cache.

— Donc il faut arriver à explorer celui-là, et à l'insu de sa propriétaire. J'ai beau avoir conscience que ce ne sera pas un vrai vol, je ne vous cache pas que cette fois je me sens gêné. Cette femme est extraordinaire ! J'avoue qu'elle me fascine.

— Normal, grogna Aldo, elle t'adore. Pourquoi ne pas l'épouser ? Tu nageras dans le chocolat jusqu'à la fin de tes jours ! Et l'un des meilleurs qui soient !

Adalbert s'apprêtait à riposter quand un groom s'approcha de Morosini pour lui dire qu'on le demandait au téléphone. Aldo s'excusa, se leva et suivit le jeune garçon jusqu'à la discrète cabine ménagée dans l'espace dévolu à l'homme aux clefs d'or. Celui-ci, qui gardait encore l'écouteur à l'oreille, la lui indiqua du geste. Aldo s'y enferma, décrocha :

— Allô ! Ici Morosini !

Et il entendit le petit rire horripilant qui hantait parfois ses cauchemars. Son sang se glaça.

— Que me voulez-vous ? fit-il avec rudesse. Le temps imparti n'est pas révolu que je sache ?

— En effet... Mais j'estime que vous le dépensez à mauvais escient ! Cette parenthèse mondaine me paraît hors de propos.

— Je suis meilleur juge que vous et dès l'instant où je fais en sorte de vous donner satisfaction, je me soucie comme d'une guigne de votre opinion.

— Vous peut-être mais d'autres pourraient se poser des questions. Votre femme par exemple, si elle apprenait vos relations avec certaine petite baronne et la bouffonnerie qui s'en est suivie ce matin !

Aldo sentit une sueur glacée glisser le long de son dos. Ce démon n'ignorait rien de ses faits et gestes...

— Au lieu de me parler de la princesse Morosini, il serait plus intelligent de me donner des nouvelles de Gilles Vauxbrun ! Ou ne fait-il plus partie du marché ?

— Il se porte bien, rassurez-vous ! Seulement il trouve le temps long, ce temps que vous gaspillez si allègrement !

Une partie du poids qui pesait sur le cœur d'Aldo s'envola. Allons, Langlois avait parfaitement su préserver le secret qu'on lui avait demandé ! Et ça, c'était une bonne chose !

— Moi aussi, quoi que vous en pensiez ! Arrangez-vous pour que je le retrouve dans un état satisfaisant...

— Ça, je ne peux pas vous le garantir ! Il a tendance à décliner.

— Prenez garde qu'il ne meure pas ! Sinon notre marché ne tient plus...

— Je vous ferai remarquer que vous n'avez aucun moyen de le savoir, mon cher ! De toute façon, au cas où il lui arriverait malheur, j'aurais toujours la ressource de chercher ailleurs d'autres garanties... Que diriez-vous de Vienne ? Même une forteresse comme le palais Adlerstein peut avoir... une fissure... Sans compter cette attendrissante famille qui ne vous lâche pas d'une semelle.

A nouveau, le rire et puis le déclic annonçant que l'on avait raccroché. Aldo en fit autant mais il dut s'appuyer un instant à la paroi de velours de la cabine pour garder son équilibre. Ses jambes menaçaient de se dérober sous lui... Il attendit un moment que le malaise passe et alla trouver le portier.

— D'où venait cette communication ? demanda-t-il.

— De Paris, Excellence ! C'était l'inter...

— Merci.

D'un pas qu'il avait réussi à raffermir, il regagna la salle à manger mais, en reprenant sa place à table, il entendit Tante Amélie s'inquiéter :

— Que se passe-t-il ? Tu es blême...

D'un geste, Adalbert appela le serveur qui venait d'apporter le café et lui commanda un double cognac qu'il tendit à son ami :

— Bois ! fit-il, visiblement soucieux. C'était qui au téléphone ?

— L'homme qui rit ! répondit Aldo en avalant d'un trait l'alcool ambré qui eut au moins le mérite de lui rendre quelque couleur, après quoi il raconta et conclut :

— Ce salaud semble avoir le don d'ubiquité. Il ne fait aucun doute que je suis suivi. J'avoue que, pour l'instant, je ne sais trop à quel saint me vouer.

— On va trouver ! décréta Adalbert, affichant une assurance qu'il était loin d'éprouver.

— Il serait sage de nous séparer. Toi, il faut que tu continues ta cour auprès de Mme Timmermans. Tante Amélie et Marie-Angéline vont rester pour finir la semaine pascale... Elles ont reçu des invitations, ainsi que nous... au dîner basque du Miramar, le gala de l'œuf de Pâques, ici même. En fait, vous trois, continuez à mener la vie mondaine pour laquelle nous sommes venus officiellement. Moi seul repars pour Paris.

— Qu'y ferez-vous sans nous ? gémit Marie-Angéline.

— Je ne sais pas encore au juste mais je veux détourner l'attention de l'ennemi, puisqu'il a l'air de s'attacher à mes pas. Il trouve que je perds mon temps à Biarritz. Alors laissons-lui cette douce illusion... En outre, je voudrais savoir si Langlois a enfin des nouvelles de New York.

— Ça m'embête ! protesta Adalbert. Je déteste l'idée de nous séparer. D'autant que, cet après-midi, je conduis notre procureur en herbe à l'auberge la plus proche du château d'Urgarrain.

— Et qu'y fera-t-il ? Des sottises comme d'habitude !

— Allons, essaie de ne pas lui en vouloir ! Il est amoureux et ne tient plus en place depuis qu'il a vu sa bien-aimée quitter l'hôtel. Alors il va s'installer dans le patelin. Sous le prétexte d'une étude sur les chemins de Compostelle. Et moi je le dépose et je reviens. Comme tu dis, il faut que je continue ma cour. Si j'aboutis...

— Tu dois aboutir ! appuya Aldo.

— On fera en sorte. Une fois en possession des émeraudes, je te rejoins puisque tu devras passer une annonce dans les journaux. Et on essaiera de préparer à ce tordu la réception qu'il mérite...

Tante Amélie qui écoutait sans ciller jugea qu'il était temps pour elle de faire entendre son point de vue :

— Les garçons ? Je ne voudrais pas troubler votre quiétude mais vous pourriez peut-être me demander ce que j'en pense. Vous décidez pour moi et je ne suis pas d'accord !

— Pardon, Tante Amélie ! Vous savez que je ne vous quitterai pas sans peine mais je ne vois pas ce qu'on pourrait faire d'autre...

— Je refuse de continuer à jouer les marionnettes dans ce cirque, à changer de toilette trois fois par jour, à papoter avec la duchesse de San Lucar, la comtesse Pastrè ou Mme André Citroën qui tient absolument à ce que j'aille prendre le thé à Chiberta au milieu des derniers modèles de Chanel, Patou et autres couturiers...

— Quelle est votre intention alors ?

— Ce que nous avions décidé : rejoindre à Saint-Adour la cousine Prisca, ses vaches et son cercueil aux pommes de terre. Attends, je n'ai pas fini ! Pour rendre la chose plus naturelle vous allez, cher Adalbert – et puisque vous vous rendez dans le coin cet après-midi –, m'envoyer un télégramme posté à Ascain, qui est le village le plus proche du château... comme d'Urgarrain, m'annonçant que la cousine ne va pas fort. Et demain on va s'installer là-bas ! C'est à votre convenance, Plan-Crépin ?

Pour la première fois depuis un moment, la vieille fille s'illumina :

— Entièrement. Je suis reconnaissante que nous ayons si bien compris que je souhaitais surtout me rapprocher de ce maudit château... Il est vital que l'on sache ce qu'il s'y passe.

— Soyez tout de même prudente ! recommanda Aldo. Le coup de téléphone venait de Paris mais cela ne signifie pas qu'il n'y ait pas de danger chez la cousine. Or vous êtes facile à reconnaître !

— Ne vous tourmentez pas ! La vicomtesse de Saint-Adour s'habille en paysan plus souvent qu'en demoiselle et nous sommes à peu près de taille équivalente. Elle me prêtera volontiers ce qu'il me faut...

— Bien, conclut Adalbert. Il n'y a plus qu'à passer à l'action.

Ce soir-là, tandis que Vidal-Pellicorne emmenait dîner Mme Timmermans, Aldo reprenait le Sud-Express à destination de Paris et les deux femmes, le télégramme reçu, faisaient refaire leurs bagages et commandaient une voiture pour le lendemain matin...

A dix heures, elles quittaient l'hôtel du Palais. A peu près à la même heure, Aldo arrivait au Ritz. Il l'avait préféré à la rue Alfred-de-Vigny afin de ne pas imposer un service supplémentaire aux vieux serviteurs de Tante Amélie. En outre, il serait à deux pas du magasin d'antiquités de son pauvre Vauxbrun et l'idée lui souriait assez d'aller bavarder avec Mr Bailey...

TROISIÈME PARTIE

D'UN CHÂTEAU L'AUTRE

10

La chanoinesse en son domaine

— Urgarrain. C'est là-haut, expliqua la vicomtesse en tendant un bras maigre dans une manche de tricot gris en direction de la blanche silhouette d'un grand manoir couronnant l'une des premières collines montant à l'assaut de la Rhune dont les neuf cents mètres servaient de figure de proue à la côte basque.

Une maison forte eût été plus exact, car sous le toit de tuiles roses à quatre pentes, c'était simplement un quadrilatère de pierre cantonné aux angles supérieurs de quatre tourelles carrées en forme d'échauguettes mais l'ensemble, encadré d'arbres et de ce qui semblait être un jardin foisonnant, ne manquait ni d'allure ni de noblesse.

— Je ne vous conseille pas d'aller y voir de plus près ! Contentez-vous de regarder de loin : je vous prêterai une longue-vue.

— Et pourquoi n'irions-nous pas ? demanda Mme de Sommières en rejoignant son hôtesse et Plan-Crépin au bord de la terrasse.

— Ça n'a l'air de rien, mais d'ici ça fait presque trois quarts de lieue (apparemment elle ne s'était pas encore décidée à adopter le système métrique de la République) et je ne vous vois pas vous traîner là-bas avec tous ces frous-frous ! ajouta-t-elle en considérant avec sévérité la longue jupe « princesse » en soie violette de sa cousine d'où dépassaient de fins escarpins de cuir assortis et, parfois, l'éclair blanc d'un jupon. Nous sommes au vingtième siècle, Amélie, que diable ! Le temps des falbalas est révolu ! conclut-elle en tapant sur son pantalon de gros velours côtelé qui, retenu par une ceinture de flanelle rouge drapée autour du ventre, lui donnait l'apparence d'un maçon.

— Je vois, c'est celui des corps de métier ! riposta l'interpellée en riant. Mais, en admettant que je puisse traîner mes falbalas jusque-là, je ne vois pas pourquoi je ne pourrais pas aller y faire un tour ? J'ai toujours adoré les vieilles demeures et j'ai entendu parler de celle-là.

— Parce que c'est mal habité ! Tout ce dont vous risquez d'écoper, c'est de coups de fusil à grenaille !

— Oh ! émit Marie-Angéline la mine offusquée. Et sauriez-vous nous dire, cousine Prisca, qui sont ces gens ?

— Des Mexicains, à ce qu'il paraîtrait. Ils ont acheté le domaine cet automne. Urgarrain a été mis aux enchères en vente publique après la mort du dernier propriétaire, José Yturbide, revenu y rendre l'âme après avoir perdu, outre-Atlantique, la fortune que ses ancêtres avaient tirée de la chasse à la baleine. On l'a enterré dans le cimetière et le notaire s'est occupé de la liquidation des biens. Il y restait de belles choses parce que ceux d'avant avaient du goût et ça a attiré du monde, mais le contenant et le contenu ont été enlevés par un antiquaire de Paris qui l'avait acheté au nom de sa fiancée mexicaine. Mais je n'en sais pas plus ! Moi, les affaires des autres ne me regardent pas et si ces gens veulent vivre cloîtrés, ça les regarde !

— Vous n'êtes pas curieuse, Prisca ! Vous arrive-t-il de lire les journaux ?

— Le moins souvent possible et jamais ceux de Paris ! Les agissements de « leur » République m'indiffèrent ! A présent, je vais vous laisser faire la sieste ou achever votre installation. Faut que j'aille à la ferme rencontrer le vétérinaire. J'ai un taureau qui bat de l'aile...

Elle quitta la terrasse en traînant ses grosses bottes sur le dallage mais se retourna avant de rentrer :

— Si vous avez besoin de quoi que ce soit, adressez-vous à Fauvel. Elle s'entend mieux que moi à la maison...

A l'énoncé de son nom, l'intéressée apparut comme par enchantement. Fauvel, ou plutôt Honorine de Fauvel pour lui donner son nom entier, jouait à Saint-Adour l'équivalent du rôle de Marie-Angéline rue Alfred-de-Vigny. Du même âge que sa cousine et employeuse, la soixantaine sonnée, elle remplissait deux tâches bien différentes : veiller à la bonne marche de la maison où elle régnait pratiquement sur les trois domestiques et dire des prières.

Il faut expliquer que, dans sa jeunesse, Mlle de Saint-Adour, qui n'était pas plus vilaine qu'une autre et possédait une belle fortune, avait obstinément refusé de se marier par crainte de devoir confier à un époux plus ou moins fiable le soin de gérer ses biens. Afin de ne pas être traitée de vieille fille et d'avoir droit au vocable Madame, elle s'était fait recevoir chanoinesse d'un chapitre bavarois où elle ne mit les pieds qu'une fois, la guerre s'étant par la suite chargée de disperser bien des gens. De cette opération, elle avait retenu un document qu'elle appelait son « mari de parchemin », et l'obligation de dire chaque jour l'office du couvent. Comme cet exercice l'assommait, elle avait récupéré Honorine, chargée par elle de s'acquitter de ce devoir en ses lieu et place. Autrement dit, Honorine, tout en aidant la cuisinière à préparer les confitures, récitait à heures fixes les heures canoniales. Pour l'édification de tous, elle accomplissait cette tâche avec beaucoup de dignité. C'était une personne longiligne, assez évanescente pour qu'en la voyant flotter à travers les pièces et se poser parfois sur un fauteuil d'un air exténué, ceux qui ne la connaissaient pas eussent tendance à chercher autour d'eux un éventuel flacon de sels d'alcali. Elle se vêtait de tuniques blanches ou grises selon la saison, descendant jusqu'à ses pieds immenses chaussés immuablement de souliers noirs à bouts carrés et à boucles d'argent comme en mettaient jadis les ecclésiastiques, qui pouvaient la porter à travers la maison à une vitesse étonnante. Quant à ses « frondaisons », selon l'expression de la chanoinesse, elles étaient ramassées en un épais chignon de nattes poivre et sel sévèrement tirées et adoucies seulement sur le front par une frange de petites mèches frisottées dont elle prenait un soin extrême.

Plus grande d'une bonne demi-tête que Mme de Saint-Adour, elle formait avec elle une équipe surprenante mais qui fonctionnait, la chanoinesse assurant tous les devoirs d'un gentilhomme fermier sans cesse sur ses terres, prisant à longueur de journée un tabac qui lui jaunissait les narines, buvant volontiers la « goutte » avec ses métayers et jouant aux cartes avec eux, mais devenue une autorité en matière d'élevage. Elle n'hésitait pas à traverser la moitié de l'Europe pour acheter des bêtes d'une race particulière, afin d'améliorer sa propre production, et jouissait de ce fait du respect de tous. Quant à Honorine, élevée plutôt à la dure dans un couvent gascon, elle en avait retiré une intense soif de confort dont elle faisait profiter la château et le goût d'une cuisine odorante et même raffinée, grâce à la sœur maître queux du couvent qui, le dimanche et les jours de fête, laissait parler un talent hors du commun, se dédommageant ainsi des austérités du quotidien. Honorine en avait rapporté quelques recettes qu'elle partagea généreusement avec Marité, la vieille cuisinière d'une maison devenue, à la surprise de Mme de Sommières, un endroit bien agréable à vivre. A tant de louables qualités, la vieille fille joignait un défaut qui gênait un peu ses relations avec Prisca : elle était peureuse comme une couleuvre.

Le château lui-même se composait de deux pavillons séparés par une terrasse donnant sur les anciennes douves, véritable paradis des grenouilles, et sur la campagne. C'était le royaume des plantes grimpantes : ipomées, glycines, clématites, remplacées sur les deux façades par de vénérables rosiers qui, à la floraison, embaumaient les lieux.

Quant à l'intérieur, il avait bénéficié lui aussi des bonnes idées d'Honorine. Ainsi, les chambres que la marquise jugeait sinistres avaient été nettoyées, rafraîchies par un coup de pinceau ici ou là, quelques étoffes aux coloris gais : avec leurs tapisseries anciennes, leurs tableaux récurés, de jolis objets mis en valeur... et le bouquet de fleurs disposé dans celles des invitées, elles étaient à présent tout à fait acceptables.

— Je n'aurais jamais cru qu'on en arriverait là, remarqua-t-elle tandis que Marie-Angéline défaisait leurs bagages. Prisca a l'air de traiter cette pauvre Honorine en quantité négligeable mais elle lui laisse la bride sur le cou et ce n'est pas plus mal ! Si vous aviez connu Saint-Adour avant la guerre, vous auriez partagé mes préventions. J'en ai encore froid dans le dos !

— Comme quoi, il ne faut jamais désespérer de rien. Et maintenant, quel est notre programme ?

— C'est vous qui avez voulu venir, vous devriez avoir une idée.

— Je pensais d'abord que nous aurions un excellent poste d'observation sans pour autant confier à notre hôtesse les raisons profondes de notre visite afin d'éviter de la déranger. C'est que je ne la connaissais que pour l'avoir rencontrée au mariage de nos cousins La Renaudie, il y a plus de vingt ans. Dans la situation où nous sommes, c'est l'emplacement de ce château qui avait attiré mon attention... Ma mémoire des lieux et de leurs occupants...

— Bon sang, Plan-Crépin, je le sais ! Où voulez-vous en venir ?

— Je crois qu'il faut lui dire la vérité sur notre présence chez elle. Sans doute est-elle trop bien élevée pour poser des questions mais je suis certaine qu'elle doit se demander la raison du soudain intérêt que nous lui portons !

— Sûrement pas ! Dans nos familles - et vous devriez le savoir - on peut rester des dizaines d'années sans se voir et se retrouver, sans état d'âme, quand l'une d'entre nous passe par le quartier d'un autre. C'est normal ! Cela dit, vous enfoncez une porte ouverte : il était dans mon intention de mettre Prisca au courant. Ne fût-ce que pour nous assurer la protection de son habileté au maniement d'un fusil. En outre, ça va beaucoup l'amuser !

— Ah bon ?

— Soyez franche ! En dehors du fait que nous vivons un drame dans lequel Aldo joue trop gros jeu pour ne pas nous inquiéter, est-ce que cette aventure ne vous amuse pas un peu ?

Occupée à ranger de la lingerie dans un tiroir de commode, Marie-Angéline s'activa fébrilement à remettre dans ses plis une combinaison dont le satin s'obstinait à glisser. Finalement, elle avoua :

— Si... et j'en ai honte ! Cela tient à ce que...

— Rien du tout ! Je vous connais suffisamment pour en douter. Et pourtant vous aimez bien la tribu Morosini. Prisca, elle, ne la connaît que par ouï-dire. Croyez-moi, elle va s'amuser au moins autant que vous et c'est normal : elle n'est pas sans vous ressembler.

— Vraiment ?

— Evidemment ! Ses ancêtres aussi ont fait les croisades ! Fraternité d'anciens combattants, sans doute !

Elle avait raison sur toute la ligne. Quand, au dîner, entre un sublime foie gras en brioche et une salade chaude d'écrevisses, Mme de Sommières, luttant courageusement contre une sensation de béatitude, conta ses tribulations à la cousine, celle-ci, une lueur guerrière dans son œil brun, vida d'un trait son verre de jurançon et offrit à ses invitées un large sourire :

— Eh bien, merci de votre confiance, ma chère Amélie. Je me doutais qu'il y avait quelque chose derrière ce désir inattendu de faire « une petite halte à Saint-Adour », comme vous me l'avez écrit et, surtout, ce soudain intérêt manifesté à midi pour les gens d'Urgarrain, mais je me serais bien gardée de vous poser la moindre question.

— Je n'en doute pas un instant. C'est pourquoi je tiens à jouer franc jeu avec vous. Le contraire serait indigne. En fait, conclut-elle en se laissant aller contre le dossier de sa chaise, nous sommes dans la mélasse...

— En ce qui me concerne, je n'en connais pas dont, avec un brin d'obstination, on ne puisse sortir. Que souhaitez-vous ?

Pour le dîner – et comme elle le faisait chaque soir même quand elle était seule – Mme de Saint-Adour avait troqué sa rustique défroque contre une longue robe de soie noire portée avec un triple rang de perles fines et à l'épaule l'emblème et le ruban blanc de son couvent bavarois. Il fallait avouer qu'ainsi vêtue elle ne manquait pas d'allure. Impressionnée malgré elle, Marie-Angéline répondit :

— D'abord, savoir qui il y a exactement dans cette maison. Doña Luisa, la vieille dame, et Isabel, sa petite-fille, ont été seules à l'hôtel du Palais jusqu'à la veille de leur départ où Miguel... le beau cousin, est venu les rejoindre et, le lendemain, les a emmenées en voiture jusqu'ici. Comme nous n'avons pas vu le vieux Don Pedro, on peut supposer qu'il les avait précédés et que la famille est réunie à Urgarrain. Quelqu'un aurait-il aperçu l'un ou l'autre... ou pourquoi pas les quatre ?

— Ça, ma petite, je crois bien que personne n'en sait rien. Dans notre coin, tout au moins. Le bruit nous est venu que les téméraires qui tentaient d'approcher le château étaient accueillis à coups de fusil...

— Et les coups de fusil en question n'ont pas éveillé l'intérêt de la gendarmerie ? s'étonna Mme de Sommières. Il me surprendrait que vous n'en ayez pas au moins une ?

Le rire de la chanoinesse fit tinter les pendeloques de cristal du lustre :

— On en a... mais on ne la voit pas souvent. En revanche, on voit quantité de douaniers. C'est leur terrain de chasse, l'Espagne étant juste de l'autre côté. Quant aux coups de feu, on en entend de jour comme de nuit. Des chasseurs... ou autre chose ! Alors, que les occupants d'Urgarrain se défendent comme ils l'entendent, on n'y voit pas tellement d'inconvénients. Ce qui ne veut pas dire que votre histoire ne m'intéresse pas, ajouta-t-elle en voyant s'allonger les figures de ses cousines. Au contraire, je commence à éprouver une envie dévorante d'en savoir davantage. Allez, du nerf ! On va se mettre à l'ouvrage.

— Que proposez-vous ? demanda Plan-Crépin.

— Premier point : observer attentivement pour essayer de connaître leurs habitudes ! Votre chambre, Amélie, étant l'endroit idéal pour ce faire, je vais installer chez vous la longue-vue sur pied de cuivre de mon grand-père, l'amiral, et pendant deux ou trois jours, nous nous y relaierons en permanence...

— J'accepte volontiers, mais la nuit ?

— Sérions les questions ! D'abord la vie quotidienne. Il faut savoir qui entre, qui sort pour le ravitaillement ou pour toute autre raison...

— Les Mexicaines sont pieuses en général, avança Marie-Angéline, et ce magnifique pays aussi. Les femmes vont peut-être à la messe ? J'y vais moi-même régulièrement et jusqu'à présent je n'ai remarqué personne.

— Où est votre mémoire, Plan-Crépin ? Souvenez-vous de ce que m'a dit Doña Luisa le jour de ma visite : elles sont filles du soleil ! Un culte dont je n'ai pas la moindre idée et que, logiquement, on ne doit guère pratiquer au pays.

— Si l'on étudiait de près nos anciennes traditions, on pourrait avoir des surprises, remarqua la cousine. Certaines croyances, à l'exemple de notre langue, ont leurs racines dans la nuit des temps, bien avant que l'étoile des bergers ne brille sur l'étable de Bethléem. Mais laissons cela ! En résumé, nous pouvons déduire de nos investigations qu'elles ne fréquentent pas l'église.

Durant les trois jours qui suivirent, les tours de veille se succédèrent, depuis l'aube jusqu'à la nuit close. L'instrument d'optique du défunt amiral était d'une qualité rare et permettait de distinguer le château dans ses détails ainsi que la grille d'entrée du vaste jardin clos d'un mur de pierre. Or, on ne put remarquer le moindre mouvement signalant une présence, sinon, par moments, l'une ou l'autre des fenêtres ouverte par une main invisible, preuve qu'à l'évidence il y avait quelqu'un, mais aucune silhouette humaine ne se montra. Personne n'entra, personne ne sortit, fût-ce pour un simple tour dans le parc. Il est vrai que le temps radieux de Pâques laissait place à une période pluvieuse, plus froide aussi, donc peu propice aux promenades. En revanche, les cheminées fumaient paisiblement contre le ciel devenu gris...

— Nous perdons notre temps, conclut dame Prisca. Ils doivent sortir la nuit ! Ne serait-ce que pour vivre. Ce qui m'intrigue, c'est que les commerces du village ferment le soir... Par conséquent, il va falloir aller voir de plus près...

— Et pourquoi pas franchir le mur d'enceinte ? proposa Marie-Angéline dont les narines frémissaient d'excitation. Personnellement je me sens capable de les escalader. Ils ne sont pas si élevés... Et si cousine Prisca avait la gentillesse de me prêter de quoi m'habiller en homme ?

— Tant que vous voudrez ! Mais vous ne pouvez pas y aller seule, on ira ensemble. Vous savez monter à bicyclette, je suppose ?

Un haussement d'épaules lui répondit. Cependant Mme de Sommières émettait une autre idée :

— Comment se fait-il que, depuis que nous avons commencé nos observations, nous n'ayons pas aperçu le jeune Faugier-Lassagne ? Le jour du départ d'Aldo, Adalbert l'a conduit à l'auberge du village en lui recommandant une discrétion absolue mais il a dû au moins aller reconnaître les lieux et un passant inconnu sur une route ne tire pas à conséquence...

— De qui parlez-vous ?

— Du fils naturel du regretté Vauxbrun, qui n'a rien trouvé de mieux que tomber amoureux d'Isabel, lui aussi...

— Comment se fait-il, Amélie, que vous ne me l'ayez pas mentionné et Marie-Angéline non plus ?

— J'avoue qu'au début, j'ai omis sciemment de vous en parler, sachant à quel point vous abominez ce qui touche de près ou de loin à la République...

— Et il est quoi dans la vie ? Député ? Ministre ?

— Bien trop jeune pour cela. Il est substitut du procureur au parquet de Lyon.

Le nez de Mme de Saint-Adour se pinça :

— Quelle horreur ! Un pourvoyeur d'échafaud ! Un héritier de l'infâme Fouquier-Tinville !

— N'exagérons pas ! Vous me semblez retarder quelque peu, ma chère Prisca ! Il s'agit seulement d'un charmant garçon, parfaitement bien élevé par une mère appartenant à la meilleure société lyonnaise, et il est loin d'être un buveur de sang ! Je vous en parle parce que, étant arrivé dans le pays avant nous, il a peut-être du nouveau à nous apprendre. Rien ne vaut un amoureux pour rechercher tous les moyens d'approcher la belle de ses pensées !

— Possible ! Et vous voulez que je l'invite ?

— Ce serait la dernière chose à faire, car ce serait désigner Saint-Adour à l'attention de l'ennemi, mais Plan-Crépin pourrait vous emprunter la plus anonyme des bicyclettes et se rendre à l'auberge voir ce qu'il devient. Elle-même déclarerait séjourner chez des amis près d'Urrugne.

— Et qu'est-ce qu'un apprenti procureur lyonnais peut fabriquer seul et en cette saison dans une auberge de campagne ?

— Pour un village aussi joli, il n'y a pas de saison. En outre il... il se documente sur les anciens sanctuaires jalonnant les chemins de Compostelle ! Une passion !

Cette fois, Prisca ne put s'empêcher de rire :

— N'importe quoi ! Mais la bicyclette est à vous, Marie-Angéline !

Le lendemain matin, Plan-Crépin, emballée jusqu'aux ouïes dans un vaste imperméable, une sorte de suroît de terre-neuvas enfoncé sur la tête, pédalait avec énergie en direction d'Ascain, plus pour se réchauffer que pour battre un record. En effet, le temps était épouvantable. Pluie et vent mêlés, et la température avait chu d'au moins cinq degrés...

Près du fronton de pelote basque, elle n'eut aucune peine à trouver l'auberge, belle vieille bâtisse à poutres apparentes sous un grand toit à deux pentes. L'intérieur fleurant bon la cire et le feu de bois était tout aussi séduisant avec ses cuivres étincelants et son imposante cheminée de pierre où se détachait, sculptée, la croix navarraise. Dégoulinante d'eau, elle y fit une entrée impétueuse et s'ébroua sous l'œil compréhensif d'une avenante femme d'une quarantaine d'années qui devait être la patronne et qui la salua aimablement, en l'invitant à ôter ses toiles cirées ruisselantes pour s'approcher du feu.

— Quelque chose de chaud vous ferait plaisir, Madame ? proposa-t-elle en voyant l'arrivante éternuer.

— Oh, oui ! Un café très fort s'il vous plaît ! Quel fichu temps !

— Ça, c'est bien vrai ! Et c'est dommage aussi : il faisait si beau !

Elle s'éclipsa, revint presque aussitôt avec une tasse de café qu'elle donna à Marie-Angéline :

— Est-ce que je peux faire quelque chose d'autre, Madame ?

Occupée par le liquide brûlant, celle-ci se contenta d'agiter la tête puis, quand la tasse fut à moitié vide, déclara qu'elle était venue voir un de ses jeunes cousins qui devait être descendu à l'auberge cette semaine pour étudier, sur le terrain, l'histoire de la région.

— Après son départ, j'ai retrouvé deux ou trois ouvrages qui devraient lui être utiles, ajouta-t-elle en tendant la main vers son sac où, à toutes fins utiles, elle avait mis un bouquin emprunté à la bibliothèque de Saint-Adour.

Mais elle retint son geste en voyant son hôtesse joindre les mains devant sa figure soudain attristée :

— Mon Dieu ! Vous êtes de sa famille ?

— Oui... Pourquoi ?

— Parce que justement nous ne savons plus que faire, mon époux et moi, et, si vous n'étiez pas venue ce matin, nous pensions prévenir les gendarmes... Quoiqu'on... n'aime pas beaucoup ça ! Finalement, le client est roi et fait ce qu'il veut...

— Abrégez ! Il n'est pas là ?

— Non. Il est arrivé mercredi dernier, en voiture, avec un ami, et il s'est installé. Oh, c'est un homme comme il faut ! Il a bavardé avec mon mari. Il le questionnait sur les vieux chemins. Le lendemain, il a dû faire une longue promenade parce qu'il a été parti toute la journée. Il faut dire qu'il m'avait demandé des sandwiches et une gourde de vin. Quand il est rentré, il était fatigué mais il avait l'air content. C'était donc jeudi. Vendredi matin, il est resté pour voir le marché mais l'après-midi il est reparti. Seulement, cette fois, il n'est pas revenu !

— Pas revenu ? répéta Plan-Crépin qui se sentait pâlir.

— Non. On ne l'a pas revu... et nous sommes lundi. Il a dû lui arriver un malheur parce que ses affaires sont dans sa chambre. Et c'est pourquoi je suis soulagée de vous voir, Madame. Qu'est-ce que nous devons faire ? Prévenir la gendarmerie ?

En face d'une situation aussi imprévue, la descendante des croisés s'efforça de penser à toute vitesse.

— Non, dit-elle enfin. Non, c'est... un peu tôt.

— Comment « un peu tôt » ?

— Je veux dire que... que ce n'est pas la première fois que ça lui arrive ! Tenez, l'an passé, il faisait ses recherches à l'autre bout des Pyrénées, du côté de... Salses. Un matin, il est parti dans la montagne et l'hôtel où il s'était installé ne l'a revu que huit jours après. Il est resté tout ce temps, d'abord avec des bergers puis dans je ne sais quel monastère dont il est revenu enchanté, sans avoir conscience que son hôtelier pouvait se poser des questions. Celui-ci avait au préalable alerté la maréchaussée, ce qui a fort mécontenté mon cousin. Il n'en a pas moins dû s'excuser du dérangement et il a fait un don au bénéfice des orphelins de la gendarmerie...

— Ah bon ? Il a déjà... ?

— Oh, j'en suis persuadée ! On aurait pu penser que l'affaire de Salses lui aurait servi de leçon, apparemment non. Et au fond cela ne m'étonne pas de lui ! C'est un tel original ! Alors le mieux est de prendre patience !

Cette fois, Marie-Angéline avait plutôt trop chaud. Sous la concentration, des gouttes de sueur perlaient à la racine de ses cheveux jaunes mais elle avait atteint son but et l'aubergiste se rassurait à vue d'œil. Aussi jugea-t-elle qu'il était temps de prendre le chemin du retour. Elle paya son café et réendossa ses toiles cirées. Mais une difficulté se présenta, lorsque l'aubergiste lui demanda où elle pourrait l'atteindre quand son cousin referait surface. Elle commença par donner son nom, ce qui ne tirait pas à conséquence ! Mais, avec un art consommé, elle s'interrompit au moment de donner son adresse...

— Non... Il est préférable que vous ne bougiez pas. Cela pourrait exciter sa colère... et puis là où je suis, il n'y a pas le téléphone. Le mieux est que je revienne... la semaine prochaine, par exemple ? Et surtout ne lui parlez pas de ma visite ! Il dirait encore que je le surveille !

Peu de temps après, elle pédalait à nouveau sous la pluie mais au lieu de reprendre le chemin par lequel elle était venue, elle fit un détour afin de faire croire qu'elle était arrivée de la direction opposée.

La nouvelle qu'elle apportait eut l'effet d'une bombe sur les habitantes de Saint-Adour. Pour elles, il ne fit aucun doute que le jeune Faugier-Lassagne avait dû commettre une imprudence qu'il payait peut-être beaucoup plus cher qu'elle ne le méritait.

— Vous avez eu raison d'éviter que l'on alerte la gendarmerie, approuva Mme de Sommières, néanmoins soucieuse. Cependant, il faudra s'y résoudre s'il ne se retrouve pas.

— Et que ferait-elle de plus ? Même si nous sommes persuadées que ce garçon a dû s'approcher d'Urgarrain plus qu'il ne faudrait, nous n'avons aucune preuve à fournir parce que aucune accusation à formuler contre ces gens, remarqua la chanoinesse. Si l'on va frapper à leur porte, ils diront qu'ils ne sont pas au courant et refermeront sans qu'on puisse les obliger à rouvrir...

— Sauf si un juge quelconque nous délivrait une commission rogatoire ! Sacrebleu, Prisca, vous ne me ferez pas croire que vous n'avez aucune relation avec la magistrature de ce pays ? Un éleveur – ce que vous êtes ! – est soumis à des lois, qu'elles lui plaisent ou non, et ne peut pas passer une vie entière sans s'y trouver confronté un jour ou l'autre et avoir à en discuter ?

— Eh bien si, justement ! Je n'ai jamais eu de problèmes de bornage, ou de vols d'animaux ! Aucune vache ne s'est jamais enfuie de chez moi pour se faire conter fleurette par un bestiau voisin et je n'ai jamais eu à déposer la moindre plainte ni à en répondre

— Bravo ! L'âge d'or ou quelque chose qui y ressemble ! constata la marquise, exaspérée. Seulement, avec cette tribu mexicaine, je redoute que le serpent se soit introduit dans votre éden et n'y fasse des siennes. Alors il n'est pas question de laisser le jeune Faugier-Lassagne disparaître dans la nature sans bouger un doigt pour le retrouver ! Si seulement Aldo était là !

— A défaut, on pourrait appeler Adalbert ? proposa Marie-Angéline. Il l'a amené à l'auberge et il n'est qu'à quelques kilomètres.

— Il faut espérer qu'il ne soit pas reparti pour Paris s'il a trouvé ce qu'il cherchait.

— Pas sans nous prévenir. On le saurait ! Nous sommes vraiment pessimiste, aujourd'hui ?

— On fait ce qu'on peut avec ce qu'on a ! Dépêchez-vous de lui téléphoner ! Par ce temps-là, il ne doit pas être en train de se promener avec la reine du chocolat ! Je me demande même ce qu'il peut bien faire ?

A cette minute précise, il déjeunait avec Mme Timmermans au charmant restaurant des Fleurs du casino Bellevue, en attendant de disputer une partie de bridge chez une amie de la dame. Depuis le départ massif de la « famille », il s'ennuyait comme un rat mort. Ce n'était pourtant pas faute d'activités ! Ravie de son acquisition, Louise Timmermans l'emmenait partout, le promenant tel un trophée, voire un animal savant débitant des discours passionnants sur l'Egypte ancienne dès l'instant où on l'en priait. Partout, oui... mais pas chez elle !

— Tant que ma fille est à la clinique, je ne peux décemment vous recevoir qu'au milieu d'autres invités. Autrement, on pourrait jaser !

De quoi, mon Dieu ? Louise Timmermans était charmante mais elle comptait vingt bonnes années de plus que lui. En outre, il lui suffisait de se regarder dans un miroir pour s'assurer qu'il ne possédait aucun point commun avec ces jolis sigisbées – petits cousins ou secrétaires très particuliers ! – que traînaient derrière elles certaines dames d'âge mûr de la haute société à Biarritz comme à Cannes, Monte-Carlo ou Deauville. Trop élevées au-dessus du commun des mortels pour avoir souci du qu'en-dira-t-on, mais ce n'était pas le cas de la veuve du chocolatier. N'ayant rien à se reprocher, elle refusait de s'en donner les apparences. On ne pouvait lui en vouloir pour ça ! Livré à ses seules forces, Vidal-Pellicorne se mettait la cervelle à la torture pour trouver un moyen de passer quelques instants en tête à tête avec l'éventail de plumes et son coffret. Se sachant capable de faire aboutir ce projet, il commençait à envisager l'idée d'un cambriolage pur et simple avec les risques inhérents à l'absence d'aide extérieure et au fait qu'il faudrait opérer en pleine nuit dans la chambre même de la dame endormie quand, rentrant à l'hôtel pour se changer après un bridge où, distrait, il avait perdu tout ce qu'il voulait, on lui remit un billet. Il avait reçu un coup de téléphone de Mlle du Plan-Crépin avec le numéro d'appel correspondant. Qu'il se hâta de demander...

La disparition du jeune Faugier-Lassagne lui fit l'effet d'un révulsif. Depuis le départ d'Aldo, il s'était concentré sur le trésor supposé de la Villa Amanda, oubliant les gens de l'arrière-pays. Marie-Angéline le ramenait sans douceur à une réalité singulièrement plus inquiétante qu'il ne l'aurait imaginé.

— J'arrive, fit-il sobrement, assez content, au fond, d'échapper au dîner de gala sur les bords du lac Chiberta où il devait accompagner Louise Timmermans.

Naturellement il se devait en priorité de s'excuser auprès d'elle : à son immense regret, il lui fallait rejoindre d'urgence un ami qui venait d'être victime d'un accident à quelques kilomètres de Biarritz...

Hélas ! Il n'eut même pas le temps de parfaire son mensonge :

— Mais vous ne pouvez pas m'infliger cela, cher ami ! Songez à l'importance de cette soirée que présideront le roi et la reine d'Espagne !

— Sans doute, et je vous prie de croire que, s'il ne s'agissait d'une circonstance exceptionnelle, je ne serais pas en train de vous demander de m'excuser... Vous avez de nombreux amis qui seront trop heureux de vous escorter et qui d'ailleurs doivent m'accuser de vous accaparer.

— Peut-être, mais je ne m'amuse jamais autant qu'avec vous, Adalbert !

— Pour une fois vous vous amuserez moins, ce n'est pas dramatique et nous rattraperons ce retard quand je serai rassuré...

— Ecoutez, il me vient une idée ! Vous venez de dire que l'accident s'est produit à... quelques kilomètres ! Eh bien, ce n'est pas difficile ! Je passe vous prendre avec ma voiture, je vous accompagne là-bas où vous constatez que ce n'est pas si grave. Je suis persuadée que nous rentrerons à temps pour la fête. Elle ne commence pas avant dix heures du soir et il n'est que sept heures... C'est décidé : j'accours !

S'il y avait une chose qu'Adalbert détestait, c'étaient les gens envahissants. Celle-là, sous ses airs insouciants, aimables et compréhensifs, se révélait aussi « collante » que sa fille l'avait été avec Aldo. Grâce au Ciel, aucun mari jaloux ne risquait de venir compléter le tableau mais il était temps de tirer les freins.

— Je vous supplie de n'en rien faire ! dit-il sèchement. Je dois y aller et y aller seul ! Nous avons, il me semble, noué des liens suffisamment amicaux pour que vous compreniez sans qu'il me soit nécessaire d'insister !

— Mais enfin ? Justement, puisque nous sommes de grands amis... Et d'abord où est-ce ?

— Si vous voulez vraiment que nous restions amis, Louise, ne me posez plus de questions ! Je vous donnerai des nouvelles dès que je le pourrai. Je vous souhaite une excellente soirée et je vous baise les mains...

— Mais...

Il raccrocha avant d'en entendre davantage, prévint la réception qu'il s'absentait pour une durée indéterminée, se précipita dehors, sauta dans la voiture et démarra sur les chapeaux de roues. Il n'aurait plus manqué qu'elle vienne l'attendre afin de le suivre discrètement pour voir où il se rendait ! S'efforçant de sortir Mme Timmermans de son esprit, il se consacra à la route où la circulation était relativement dense, s'aperçut qu'un de ses phares ne fonctionnait pas et donna libre cours à sa mauvaise humeur, sacrant et jurant pendant dix bonnes minutes en mélangeant les voitures de location – jamais sa chère petite Amilcar qu'Aldo jugeait trop bruyante ne lui aurait joué ce tour ! –, les veuves de chocolatier envahissantes et les substituts de procureur incapables de se conduire convenablement. Finalement, il faisait nuit noire quand son phare solitaire lui révéla la grille de Saint-Adour...

Marie-Angéline l'attendait, le nez collé aux petits carreaux de la porte du vestibule, et, naturellement, se précipita à sa rencontre :

— Ce que je suis heureuse de vous voir ! s'exclama-t-elle. J'avais si peur que vous ne puissiez venir !

— Ça a tenu à un cheveu et j'ai eu un mal de chien à me débarrasser de dame Timmermans ! Elle tenait absolument à m'emmener dîner avec le roi d'Espagne !

— Vous êtes brouillés ?

— Pas vraiment mais elle n'est pas contente.

— Avez-vous au moins réussi à approcher le fameux éventail ?

— Même pas ! Tant que sa fille est hospitalisée, elle ne donne ni dîners ni réceptions et elle refuse de me recevoir seule sous prétexte qu'on pourrait jaser.

Ce qui fit pouffer la vieille fille :

— Vous ne devez pas savoir vous y prendre ! Je n'aurais pas cru...

— Laissons, voulez-vous ! Alors notre apprenti procureur a disparu ? Heureusement que je lui avais recommandé de se faire minuscule comme l'exigeait son rôle de chercheur de sites sacrés !

— Il a sans doute préféré celui d'amoureux bêlant. Mais qu'est-ce qu'ils ont donc, les Vauxbrun, à devenir idiots à la seule vue de cette Isabel ?

— Elle ressuscite le mythe de Circé, voilà tout ! Si vous me présentiez à présent ?

Marie-Angéline l'introduisit dans le salon où depuis des siècles les Saint-Adour attendaient l'heure du dîner. La vue de la chanoinesse, de sa robe noire, de son ruban et de ses perles impressionna mais il fut vite évident que le nouveau venu lui plaisait et que l'on regrettait de moins en moins la visite des cousines. La vie grâce à elles prenait un tour passionnant, auquel l'adjonction d'un égyptologue ajoutait une touche de mystère... follement captivant ! Mais, bien sûr, Prisca s'efforçait de cacher son plaisir en face de ce qui était un drame.

Terminées les politesses de la porte, on passa à table et ce fut au tour d'Adalbert d'être agréablement surpris. Il s'attendait à un repas marqué au coin d'une austérité conventuelle. Le saumon sauce verte et les ris de veau à la Mareschale suivis d'une tarte meringuée lui remontèrent le moral et lui apportèrent une détente équivalente à celle qu'il eût goûtée rue Alfred-de-Vigny. Durant le repas, Mme de Sommières s'attacha à faire briller le visiteur afin que Prisca pût l'apprécier à sa juste valeur. On parla d'Aldo pour regretter son absence et enfin il fallut bien en venir à ce qui avait motivé l'appel au secours de Marie-Angéline : où était passé François Faugier-Lassagne ?

— Etes-vous sûre que l'aubergiste vous a dit tout ce qu'elle savait ?

— Elle n'avait aucune raison de dissimuler quoi que ce soit. Vous auriez préféré que je la laisse prévenir les gendarmes ?

— Dans l'état actuel des choses, non ! Il aurait fallu donner trop d'explications. Evidemment, s'agissant d'un magistrat, cela les aurait peut-être stimulés, mais qu'auraient-ils fait ? Enquêter à travers le pays, interrogeant les habitants de chaque maison et sans résultat ? Les Basques sont les gens les plus méfiants de la terre quand ils voient surgir un képi, et on n'aurait rien appris, en admettant que quelqu'un se rappelle – ou veuille admettre ! – l'avoir vu dans les parages. Il a dû commettre une bêtise comme s'approcher de trop près du château. Peut-être même essayer d'y entrer, surtout s'il avait pu apercevoir l'objet de sa flamme. J'ai été stupide de l'amener ici !

— Pourquoi vous y êtes-vous risqué, dans ce cas ?

— Pour qu'il se tienne tranquille. Les instructions que je lui avais données étaient formelles : il devait jusqu'à nouvel ordre se contenter d'observer le plus discrètement possible Urgarrain et ses habitants, découvrir leurs habitudes, leurs sorties...

— Le malheur, dit Mme de Sommières, c'est qu'il n'y a rien à observer, nous ne faisons que cela depuis des jours et on ne voit personne, ni dans le jardin, ni derrière une fenêtre quand l'une d'elles s'ouvre. Personne n'entre, personne ne sort. Si les cheminées ne fumaient pas et si, de temps à autre, on ne remarquait une fenêtre ouverte, on pourrait penser que cette maison est déserte. Et la nuit, il ne brille aucune lumière. Ah, j'allais oublier ! Si on ne lâchait pas des coups de fusil à grenaille sur les imprudents qui se permettent de sonner à la grille...

— Pour le coup, cela relève de la gendarmerie ! Avez-vous tenté l'aventure ?

— Vous êtes gracieux, vous ! s'indigna Plan-Crépin. Si c'est à moi que vous faites allusion, je vous rappelle que je ne suis pas une inconnue pour eux, pas plus que notre marquise. Recevoir de la grenaille de plomb est presque aussi désagréable que des balles. Nous sommes confrontées à une véritable forteresse.

— Je n'en doute pas. Et si vous me montriez votre poste d'observation ?

On se leva de table et les dames réintégrèrent le salon où elles trouvèrent Honorine occupée à lire l'office du soir. En effet, elle ne participait aux repas que lorsqu'il n'y avait pas jeûne ou abstinence. De son côté, Marie-Angéline conduisit Adalbert dans la chambre de Mme de Sommières où la longue-vue de l'amiral arracha à celui-ci un sifflement admiratif :

— Vous êtes outillées, on dirait ?

— Oui, mais ça ne nous avance pas à grand-chose.

Pendant de longues minutes, Adalbert examina le château ennemi. La chance était avec lui car, pendant le dîner, un fort vent d'ouest s'était levé, balayant les nuages de pluie, nettoyant la nuit redevenue claire. Il ne put que vérifier ce qu'on lui avait dit : aucune lumière à aucune des fenêtres dont l'opacité annonçait des volets intérieurs. Aucun signe de vie. Même au-dessus des cheminées où ne se montrait aucune fumée...

— On jurerait que cette baraque est vide ! J'ai bien envie d'y aller voir !

— Maintenant ?

— Pourquoi pas ? Je laisserai la voiture dans le bosquet que l'on aperçoit sur la droite. Et les murs n'ont pas l'air tellement hauts.

— Alors je vais avec vous. Et inutile de perdre du temps à discuter ! Il vous faut quelqu'un pour faire le guet.

Adalbert connaissait suffisamment Plan-Crépin pour savoir qu'il se fatiguerait à discuter. Quelques minutes plus tard, équipée d'une des « tenues de campagne » de Prisca, un béret noir cachant ses cheveux, munie d'un fusil et sa vaste poche lestée d'une poignée de cartouches, elle prenait place dans la voiture en compagnie d'Adalbert.

La distance était courte entre Saint-Adour et le petit bois repéré par Adalbert. On y cacha l'automobile puis on se mit en marche. Plan-Crépin le fusil à l'épaule et Adalbert nanti d'un rouleau de corde, ils atteignirent rapidement le mur d'enceinte d'Urgarrain et entreprirent d'en faire le tour afin de s'assurer qu'il n'existait pas d'autre ouverture que la grille d'entrée. Mais il n'y en avait aucune. Pas même une porte dérobée qui n'eût guère opposé de difficultés aux doigts agiles de l'archéologue.

— On va être obligés d'escalader ! chuchota-t-il. Ce gros chêne dont les branches débordent me semble le moyen adéquat. Je vais vous hisser sur mes épaules et là-haut vous attacherez la corde à l'arbre, de façon qu'un bout retombe de chaque côté. Je... je commence à manquer d'entraînement.

La nuit cacha le sourire goguenard de Marie-Angéline qui se garda prudemment de demander de quand datait sa dernière escalade de pyramide.

— Bah, fit-elle, bonne fille, ça ne s'oublie pas si facilement !

— A condition de ne pas avoir de kilos en trop.

— Allons donc ! Vous êtes mince comme un saule !

— Et en plus elle se f... de moi !

Kilos ou pas, ils se retrouvèrent rapidement assis côte à côte sur le faîte du mur, heureusement dépourvu de ces horreurs du genre tessons de bouteilles ou griffes de fer dont les gens particulièrement méfiants ornent leurs clôtures. De ce perchoir, leurs yeux s'étant accoutumés à l'obscurité, ils eurent, au-delà d'un mince rideau d'arbres, une vue d'ensemble du château posé comme un défi au sommet d'une pente herbue, où celui qui s'aventurait devait être visible de n'importe quel endroit. Pas le moindre bosquet, pas le moindre buisson permettant une tentative d'approche à couvert.

— Aucun moyen d'avancer sans risquer d'être repéré, grogna Adalbert.

— De qui ? On jurerait qu'il n'y a pas un chat. Tout est bouclé, cadenassé sans doute. Quant aux ouvertures, à l'exception des étroites fenêtres des échauguettes, il n'y en a pas sur cette façade latérale. Elles sont toutes sur le devant ou l'arrière. Mais je pense qu'on doit pouvoir atteindre la maison en piquant droit sur ce flanc gauche. Ce serait bien le diable s'il y avait des yeux dans chacune de ces tourelles. Arrivés là, on peut en rasant les murs et en se baissant à l'endroit des fenêtres faire le tour afin d'examiner l'entrée – celle des cuisines j'imagine – qui ne peut manquer d'exister...

— Et une fois à destination, on fait quoi ? demanda Adalbert, sarcastique. On force la serrure, on entre et on dit « bonsoir la compagnie » ?

— Vous me décevez, Adalbert. Je vous croyais plus imaginatif. Dans le matériel de campagne que vous emportez généralement avec vous, y aurait-il un morceau de cire ?

— C'est vrai, j'en ai toujours un !

— Alors c'est le moment ou jamais de l'employer : on cherche l'entrée des cuisines, on prend une empreinte de la serrure... et on revient un soir prochain !

— Limpide ! On va essayer !

Il se laissa tomber du mur sans se servir de la corde, puis tendit les bras à sa compagne pour l'aider à descendre, mais elle venait à peine de toucher terre quand une sorte de ronflement se fit entendre et, aussitôt, deux énormes chiens noirs surgirent de derrière le château et se ruèrent vers les deux imprudents en aboyant furieusement.

— Grimpez ! ordonna Adalbert en saisissant Marie-Angéline par la taille pour qu'elle attrape la corde le plus haut possible.

Elle fit preuve d'une célérité remarquable et Adalbert la suivit. Il était plus que temps : les deux dogues étaient déjà sur eux et Vidal-Pellicorne laissa un morceau de son pantalon dans la gueule de l'un d'eux, mais en un clin d'œil ils furent de l'autre côté du mur en prenant soin de récupérer la corde. Sans s'attarder à regarder derrière eux, ils se précipitèrent dans le bois. Encore un instant et ils retrouvaient la petite route qu'ils dévalèrent, moteur éteint, freins desserrés jusqu'au village, hors de portée des regards des occupants d'Urgarrain. En dépit de la rapidité de leur fuite, ils avaient perçu les deux coups de fusil tirés dans leur direction.

— Une maison vide, hein ? ragea Marie-Angéline.

— Ce n'était qu'une impression... Et puis il n'est pas défendu de rêver !

Ils restèrent un long moment, assis dans la voiture, à écouter décroître les battements de leurs cœurs. Finalement, elle soupira :

— On ferait mieux de rentrer. Nos dames ont dû entendre les détonations et se font certainement du souci.

Pour seule réponse, Adalbert mit la voiture en marche et l'on rentra à Saint-Adour. Comme prévu, on les attendait dans l'anxiété. Craignant que l'un d'eux ne fût blessé et que celui-là fût Vidal-Pellicorne, Prisca avait fait préparer une chambre :

— Vous n'allez pas rentrer cette nuit à Biarritz ! déclara-t-elle. Ainsi vous aurez la récompense de voir ce damné château au grand jour.

Fatigué, il accepta et l'on se retrouva dans la cuisine pour une tournée de vin chaud aux herbes de la montagne dont Honorine conservait jalousement le secret.

— C'est à la fois apaisant et réconfortant, annonça-t-elle.

— De toute façon c'est très bon ! apprécia Mme de Sommières, qui cependant ne buvait jamais que du champagne. Au fait, Adalbert, avez-vous eu des nouvelles d'Aldo depuis son départ ?

— Aucune. Et vous pas davantage à ce qu'il semble ?

— Aucune non plus mais il ne comptait pas en donner puisqu'il est rentré uniquement pour détourner de nous l'attention des bandits et que vous puissiez mener à bien votre projet. Avez-vous réussi à visiter la maison de la dame belge ?

— Eh non ! ragea-t-il. Voilà des jours que je la promène dans tous les restaurants élégants et j'attends encore son invitation. Qui n'est pas près de venir, à mon avis.

— Pourquoi ?

— Elle prétexte que la bienséance s'oppose à ce qu'elle reçoive un homme seul tant que sa fille est à la clinique. Et la délicieuse Agathe ne souhaite pas en sortir de sitôt afin d'être à l'abri des voies de fait du baron Waldhaus. *Idem* pour les réceptions. D'autre part, ne connaissant pas la configuration intérieure de la Villa Amanda, je me vois mal m'y introduire. Surtout sans protection extérieure, et Aldo est à Paris... Alors je tourne en rond !

— Adalbert, mon ami, vous êtes un âne ! affirma soudain Plan-Crépin après avoir siroté son vin jusqu'à la dernière goutte avec une évidente satisfaction.

— Oh, s'insurgea sa patronne. Vous perdez la tête, ma parole ? Comment osez-vous l'apostropher de la sorte ? Un peu de respect, que diable ! Ce n'est pas parce que vous venez de courir une aventure ensemble que vous pouvez vous permettre...

— Aurions-nous préféré que je lui dise qu'il s'engourdit dans le chocolat ? Que ses facultés ne sont plus ce qu'elles étaient ou qu'il vieillit ?

Trop suffoquée pour réagir, Mme de Sommières ne trouva rien à répondre. Quant à Adalbert, plus vexé que peiné, il répliqua :

— Eh bien, merci, Marie-Angéline ! Au moins me voilà fixé sur ce que vous pensez de moi !

Elle lui adressa un sourire bourré de malice.

— N'en croyez rien. Ce n'est vraiment pas ce que je pense de vous, à la seule exception que le divin chocolat Timmermans me paraît devenu le philtre magique d'une Yseut frisant la septantaine ! Je me demande si elle n'aurait pas dans l'idée de vous épouser ? D'où ce souci des convenances. Voyez Marie Tudor et Philippe II d'Espagne.

— Je n'ai rien d'un Habsbourg et elle n'est pas laide !

— Nous nous égarons ! coupa la marquise. Où voulez-vous en venir, Plan-Crépin ?

— Ne cherchez pas, marquise, Mlle du Plan-Crépin doit penser qu'elle serait plus habile que moi !

— Seule, non ! Mais à nous deux, oui. Cent fois oui ! affirma-t-elle avec aplomb. Pour le plan auquel je pense, j'ai seulement besoin de deux renseignements. D'abord, combien y a-t-il de domestiques à la Villa Amanda ?

— Trois. Un maître d'hôtel qui sert aussi de chauffeur, une cuisinière qui habite en ville et une femme de chambre. Et après ?

— Le jour de sortie de la femme de chambre. Vous voyez que ce n'est pas compliqué ? ajouta-t-elle avec un large sourire.

— Admettons ! Et alors ?

— Voilà ce que nous allons faire...

11

Où Plan-Crépin prend le pouvoir

Rentré à Biarritz dans la matinée, Adalbert se précipita chez le fleuriste le plus proche de l'hôtel du Palais et y fit l'emplette d'une magnifique corbeille de fleurs qu'il fit porter à la Villa Amanda avec une lettre de repentance, qui lui avait bien demandé une demi-heure de réflexion. Il y exprimait à Mme Timmermans ses regrets d'avoir été contraint de l'abandonner au seuil d'une fête dont elle se promettait tant de plaisir pour voler au secours d'un « Parrain » âgé et très cher qui offrait cette particularité de n'appeler la médecine à son secours que lorsqu'il allait mieux. Grâce à Dieu, l'accident dont il avait été victime était moins grave qu'on ne l'avait cru et l'on en était quitte pour la peur. Rassuré donc, il se hâtait de revenir pour renouer le fil détendu d'une amitié qui lui était devenue précieuse, etc. Il terminait ce chef-d'œuvre d'hypocrisie en proposant de venir chercher son amie pour l'emmener dîner où il lui plairait...

Son pensum achevé, il s'accorda un de ses plaisirs favoris en se plongeant dans un bain où il resta près d'une heure et demie – en ajoutant de l'eau chaude de temps en temps et en fumant un de ces cigares de La Havane « Rey del Mondo » qui représentaient pour lui l'un des sommets de la volupté. Il se trouva même si bien qu'il finit par s'endormir.

Ce fut le téléphone qui le réveilla et le sortit plus vite que prévu d'une eau devenue à peine tiède sur laquelle le havane aux trois quarts consumé flottait à la dérive...

Jurant comme un templier, il se bâcha hâtivement d'un peignoir en tissu éponge et se rua sur le téléphone qu'il atteignit alors qu'il venait de sonner pour la septième fois. Il bénit la patience des standardistes de l'hôtel quand il reconnut la voix et le léger accent belge de Mme Timmermans.

— Vos fleurs sont magnifiques, dit-elle, mais vous ne me deviez aucune compensation. Je suis allée finalement au dîner de Chiberta. Il eût été stupide de laisser perdre les deux couverts que vous aviez retenus et, en arrivant au club-house, j'ai rencontré un vieil ami, le général de Palay, qui cherchait vainement à se procurer une place. Je l'ai tout bonnement invité et nous avons passé une soirée charmante. Leurs Majestés espagnoles étaient superbes et le roi Alphonse...

— Vous me raconterez en détail ce soir. Où voulez-vous que nous dînions ?

— Oh, je suis désolée mais ce soir je ne suis pas libre, le cher général tient absolument à me rendre mon invitation d'hier soir. C'est bien naturel, n'est-ce pas ?

Mécontent, Adalbert pensa qu'il eût été encore plus naturel qu'on le conviât, lui, puisqu'il avait payé pour la soirée de charité...

— Mais comment donc ? Puis-je demander des nouvelles de la baronne ?

— Oh, elle est en voie de guérison mais ne veut pas lâcher sa clinique tant que les marques de ce qu'elle a subi n'auront pas complètement disparu.

— On peut la comprendre : une jolie femme a de ces délicatesses. Eh bien... puis-je vous retenir pour après-demain ?

— Je ne sais pas encore mais nous pourrions boire un verre au Bar Basque vers midi...

— Demain ?

— Non, jeudi. Demain, institut de beauté ! Je consacre la journée à ma remise en forme !

— Comme si vous en aviez besoin ! fit-il d'un ton platement courtisan qui l'écœura lui-même. Enfin, va pour le Bar Basque mais faites-moi la grâce de me retenir votre soirée. Je vais devoir rentrer bientôt à Paris...

— Déjà ?

— Eh oui, la semaine de Pâques est finie et j'ai des obligations auxquelles je ne peux me dérober...

— Vous préparez une campagne de fouilles, peut-être ?

— C'est possible et cela demande une longue et minutieuse préparation, comme vous devez le penser !

— Passionnant, et quel site avez-vous choisi ?

— Ce sont des choses, chère amie, que l'on ne dit pas au téléphone. Vous n'avez pas idée de l'espionnage qui règne dans notre petit monde. Une parole de trop et, lorsque vous arrivez sur place, vous trouvez un concurrent installé depuis la veille ! Ah, veuillez m'excuser un instant : on frappe... Entrez ! cria-t-il.

Un groom rouge noir et or parut portant une lettre sur un petit plateau. Il la remit, empocha le pourboire que lui octroyait Adalbert, salua et disparut tandis que ce dernier ouvrait l'enveloppe où s'étalait la grande écriture baroque de Marie-Angéline. Quelques mots seulement à l'intérieur : « La femme de chambre sort le jeudi. Débrouillez-vous, sinon cela fait une semaine de plus à attendre ! »

Adalbert ne s'attarda pas à se demander d'où Plan-Crépin avait pu sortir ce renseignement si rapidement. Il glissa le message dans la poche du peignoir et revint au téléphone.

— Que vous disais-je, ma chère amie ? On vient de m'apporter une lettre du Louvre. Je dois être impérativement à Paris samedi matin. Je prendrai donc le train vendredi soir... et ce sera avec le regret infini de quitter Biarritz sans vous avoir revue, sinon pour un verre à la sauvette au milieu d'une foule de snobs !

— Vous avez raison. Oubliez le Bar Basque et passons ensemble la soirée de jeudi !

— Vous êtes adorable ! Où voulez-vous dîner ?

— Vous savez que j'ai une préférence pour les Fleurs.

— Mille mercis pour cette joie ! Je serai devant chez vous à neuf heures.

Il reposa le combiné sur son support, poussa un soupir de soulagement et se laissa tomber sur son lit pour récupérer. Il avait craint un moment que

Mme Timmermans ne lui batte froid et c'était apparemment son intention. Cette façon de retarder de jour en jour un rendez-vous était révélatrice : on entendait le punir en lui tenant la dragée haute ! Et du temps, on commençait à en manquer singulièrement. Lui tout au moins ! Il n'avait pas beaucoup menti en disant qu'il était pressé de rentrer à Paris pour savoir où en était Aldo. Celui-là n'avait pas donné signe de vie depuis son départ. Pas même à Tante Amélie, et Adalbert se posait des questions...

Il rédigea un court message à l'intention de Marie-Angéline et, du pas paisible d'un flâneur en vacances, alla le déposer à l'adresse qu'elle lui avait indiquée puis revint au Palais. Il était convenu entre eux de ne pas se rencontrer avant d'entrer en action...

Cela représentait près de quarante-huit heures à patienter. Une éternité, même pour une patience d'archéologue, et celle d'Adalbert n'était pas des plus performantes. Afin d'en venir à bout, il se rendit chez un libraire, acheta les derniers romans policiers parus d'Edgar Wallace, de Stanislas-André Steeman et d'Agatha Christie, puis rentra s'enfermer dans sa chambre avec l'intention de faire monter ses repas et de n'en bouger qu'une fois venue l'heure d'aller chercher son invitée pour l'emmener dîner aux Fleurs. C'était la meilleure manière de ne manquer aucune communication s'il en arrivait, mais rien ne vint troubler la paix de sa retraite, sinon les crises d'impatience qui le prenaient parfois et qu'il apaisait en courant à vive allure jusqu'à la pointe Saint-Martin où il s'asseyait sur un rocher, le dos au phare, pour contempler l'océan, houleux ces jours-ci, mais dont le tumulte lui plaisait. Puis, sur le même rythme, il rentrait dans son trou, prenait une douche, faisait le compte des heures de solitude qui lui restaient, sonnait pour son dîner ou son déjeuner et se replongeait dans son bouquin...

Enfin vint l'heure bienheureuse où il put enfiler son smoking et demander sa voiture. Tandis qu'il attendait, il ne pouvait s'empêcher de tapoter, par intermittence, la poche dans laquelle il cachait certaine petite fiole représentant la contribution de Prisca de Saint-Adour à une entreprise bizarre, pour ne pas dire louche, mais qu'elle élevait au niveau d'une œuvre pie :

« Avec le double, lui avait-elle dit, on endort un taureau en cinq minutes. Ce devrait être amplement suffisant. D'autre part, ça n'a aucun goût : j'ai essayé ! »

Lui aussi, évidemment. Ce qui l'avait rassuré. Pas complètement, parce qu'il s'agissait d'une femme et qu'il n'aurait jamais eu l'idée de briguer le poste d'empoisonneur en chef chez les Borgia.

Quand la voiture s'arrêta devant la Villa Amanda, il n'eut pas à attendre. Ramon le guettait et Louise Timmermans apparut presque aussitôt, extrêmement élégante dans une robe de satin noir signée Chanel dont le seul ornement était une mince écharpe de satin blanc fixée sur l'épaule par deux camélias. Une cape assortie, doublée du même satin blanc, la réchauffait. Des diamants aux oreilles, deux bracelets et un magnifique solitaire à l'annulaire droit achevaient une parure dont il lui fit un sincère compliment. Elle était radieuse ce soir et il eut un peu honte de l'espèce de traquenard qu'il lui réservait. Après tout, elle n'aurait à souffrir en rien, passerait une bonne soirée, dormirait peut-être un peu plus longtemps que d'habitude et ignorerait certainement toujours qu'elle avait possédé des émeraudes exceptionnelles... en admettant qu'elles soient vraiment sous l'éventail de plumes. Pour la première fois de sa vie, Adalbert se prenait à douter...

Le dîner fut charmant. Ce nouveau restaurant des Fleurs, avec ses larges baies donnant sur la mer et sa décoration au luxe mesuré, était une réussite. Les lumières agréablement tamisées se révélaient flatteuses pour la beauté des femmes et, ce soir, Louise retrouvait ses vingt ans...

Adalbert avait choisi une table voisine de l'un des vitrages mais plutôt au fond de la salle, afin de ne pas se retrouver entouré de dîneurs sur tous les côtés. On commença par des huîtres à la gelée de sauternes suivies de petits rougets de roche au beurre blanc et de pigeonneaux aux morilles. Pour faire plaisir à son invitée, Adalbert commanda du champagne rosé en accompagnement des deux premiers plats mais, pour les volailles, choisit un bordeaux respectable, un château-la-lagune 1909 pour lequel il avait un faible... et dans lequel la mixture de la chanoinesse se fondrait encore mieux que dans les bulles champenoises.

Au début, Louise se sentait légèrement encline à la mélancolie :

— Il faut vraiment que vous partiez demain ?

— Impératif ! Je peux vous confier qu'il s'agit d'ouvrir un nouveau chantier de fouilles sur le site d'Assouan et si les renseignements que nous avons reçus se confirmaient, il s'agirait de quelque chose d'important. Bien sûr, c'est infiniment agréable d'être auprès de vous dans ce pays enchanteur, mais vous n'ignorez pas combien j'aime mon métier...

— Ne vous en défendez pas ! C'est grâce à lui que nous avons lié connaissance... et puis notre amitié ne s'arrêtera pas là. Je suis, grâce à Dieu, libre de mon temps et des amis m'ont déjà vanté les charmes d'Assouan. Il y a, paraît-il, un hôtel divin...

— L'Old Cataract ? Une réputation méritée, en effet. Seulement il est très couru et il faut retenir longtemps à l'avance. Surtout en hiver...

Adalbert avait conscience d'enfiler des mots dont il n'était pas persuadé qu'ils eussent un sens mais le principal était de ne pas laisser tomber la conversation. L'heure fatidique approchait. Plan-Crépin et lui étaient convenus que celle-ci interviendrait à onze heures et il était moins le quart. Encore quelques minutes et on passerait à l'action...

Le hasard le favorisa au-delà de ses espérances. Soudain, alors que le sommelier venait de servir le bordeaux, Mme Timmermans s'aperçut avec horreur qu'une minuscule tache de sauce étoilait sa robe et aussitôt se leva :

— Il faut que j'aille nettoyer cela !

— On ne voit rien, fit Adalbert avec une totale hypocrisie.

— Moi, je le vois et je ne supporte pas...

Elle s'envola en direction des toilettes, laissant son compagnon aux prises avec ses ténébreuses intentions. Un coup d'œil circulaire lui ayant apprit que personne ne s'intéressait à lui, il fit adroitement tomber ses lunettes posées sur la table, se leva pour les récupérer en s'arrangeant pour être face à la fenêtre et opposer la largeur de son dos entre les autres dîneurs et ce qu'il faisait, puis vida adroitement le contenu du flacon dans le vin...

Quand Louise revint, il promenait délicatement la tulipe de cristal sous son nez en humant, les yeux mi-clos, ce nectar des dieux qu'il remuait doucement. Il se leva pour le retour de sa compagne mais sans reposer le verre :

— Goûtez, ma chère amie, c'est une pure merveille !

Elle l'imita et, pendant quelques instants, ils s'accordèrent le plaisir d'une dégustation silencieuse telle que savent l'apprécier les vrais amateurs, puis ils revinrent à leurs pigeons aux morilles dont le fumet apportait une dernière note à leur symphonie gourmande... Soudain, les yeux d'Adalbert s'arrondirent et il manqua s'étrangler avec un innocent champignon : il était onze heures tapantes et une quêteuse de l'Armée du Salut effectuait son entrée. Or, aucun doute n'était possible : c'était le long nez de Marie-Angéline qui dépassait du chapeau cabriolet de paille noire. La quête dans les restaurants de luxe était une pratique courante et personne ne s'étonna de la voir circuler entre les tables. A l'exception d'Adalbert qui ne s'y attendait pas et qu'un fou rire menaçait. Ce n'était certes pas le moment et il eut recours à son verre pour en venir à bout, cependant que sa compagne s'étonnait :

— Vous ne vous sentez pas bien, cher ami ?

Ce furent ses dernières paroles. Pour ce soir-là tout au moins. Elle vacilla légèrement, ses yeux se fermèrent et elle se fût effondrée dans son assiette si Adalbert, se penchant en avant, ne l'avait maintenue :

— Mon Dieu, Louise, mais qu'avez-vous ?

Il se hâta de mouiller sa serviette à l'aide d'une carafe d'eau et d'en baigner ses tempes sans obtenir le moindre résultat : renversée dans son fauteuil, Louise n'ouvrit pas l'œil. Autour d'eux, naturellement, un remous s'était formé. Une dame offrit un flacon de sels qu'elle promena sous le nez de Louise, ce qui la fit éternuer mais sans autre amélioration.

— Il faut appeler un médecin, dit quelqu'un, et c'est alors que Plan-Crépin intervint :

— Si vous permettez, dit-elle avec autorité, je suis secouriste diplômée.

On lui fit place et elle se livra à un bref examen, soulevant une paupière, écoutant le cœur, tâtant le pouls :

— Ne pourriez-vous, Monsieur, la porter hors d'ici que l'on puisse l'étendre ? Il y a trop de monde et cela gêne sa respiration.

— Vous avez raison !

Il souleva Mme Timmermans. Son inquiétude était évidente et personne ne s'étonna qu'un faux mouvement lui fit renverser l'un des deux verres de vin, déjà plus qu'à moitié vide. Le directeur les conduisit dans un petit salon où Louise fut étendue sur un canapé, la tête soutenue par des coussins. Elle parut s'y trouver bien et se mit en chien de fusil, un vague sourire aux lèvres. Ce que ne put que constater le médecin du casino appelé d'urgence :

— C'est incroyable, constata-t-il, mais elle fonctionne parfaitement. Simplement, elle dort !

— Comment ça, elle dort ? s'étonna Adalbert, jouant le jeu.

— Constatez vous-même !

Adalbert lui appliqua des tapes qui n'obtinrent d'autre résultat qu'un léger ronflement.

— A-t-elle bu ou mangé autre chose que vous ? demanda-t-il à Adalbert. Elle sent l'alcool.

— Ici, non. Quand je suis allé la chercher, je sais qu'elle venait d'assister à un cocktail...

Parfaitement imaginaire mais qui faisait joli dans le tableau.

Le médecin leva des épaules impuissantes :

— Le mieux est de la laisser dormir. Ramenez-la chez elle, Monsieur, et confiez-la à sa femme de chambre qui, au besoin, appellera son médecin traitant, ce que je n'ai pas l'honneur d'être, ajouta-t-il avec un sourire indiquant qu'il savait à qui il avait affaire.

Adalbert reprit alors la parole :

— Malheureusement c'est le jour de sortie de sa camériste...

— Si vous le souhaitez, je peux vous accompagner ? proposa aussitôt Marie-Angéline.

— Je vous en serais reconnaissant, Madame ! Pourriez-vous, Monsieur le directeur, prier le portier d'avancer ma voiture, dit-il en rendant le numéro qu'on lui avait donné. En outre, faites-moi apporter ma note.

Ce fut vite expédié. Quelques minutes plus tard, tous trois prenaient la direction de la Villa Amanda mais les deux complices se gardèrent de parler, dans l'ignorance de la profondeur du sommeil de leur victime.

Enfin la voiture s'arrêta devant la maison obscure.

— Je suppose qu'elle a sa clef, fit Plan-Crépin en s'emparant du sac de soirée en satin brodé.

— D'abord sonner ! Il y a le maître d'hôtel... Il s'appelle Ramon.

Un moment s'écoula avant qu'il ne parût à l'une des fenêtres du premier étage, visiblement réveillé de frais.

— Qu'est-ce que c'est ?

— M. Vidal-Pellicorne et une demoiselle de l'Armée du Salut. Nous ramenons Mme Timmermans qui a eu un malaise...

— Je viens ! Mais elle a sa clef, vous savez ?

Encore un qui n'aime pas être tiré de ses couvertures en pleine nuit ! songea Adalbert. Il serait certainement ravi d'y retourner.

Cinq minutes après, les deux hommes portaient Louise à travers la maison, suivis de l'imperturbable salutiste qui suggéra :

— Il faudrait peut-être prévenir sa femme de chambre ?

— C'est son jour de sortie : elle ne sera là que demain matin et la cuisinière n'habite pas la villa... Faut-il appeler un docteur ?

— Celui du casino Bellevue vient de l'examiner. Il dit que le mieux est de la laisser dormir. Je ne voudrais pas médire... mais elle a dû boire un petit peu trop. Vous verrez demain si elle exprime le désir de le consulter...

Ramon eut un soupir de soulagement :

— Ah, je préfère ! Si vous avez l'obligeance de continuer à m'aider, Monsieur, nous pourrions la porter dans sa chambre où Mademoiselle acceptera peut-être de la mettre au lit.

— Bien volontiers !

Tandis que l'on montait Mme Timmermans, le cœur d'Adalbert battait la chamade. Celui de Marie-Angéline, à l'unisson, en dépit de la froide dignité de son maintien. Allaient-ils enfin être payés de leur peine ou l'éventail qu'ils cherchaient n'était-il qu'une illusion de plus ?

L'appartement de la reine du chocolat ressemblait à une bonbonnière. Ce n'étaient que mousselines blanches, satins brochés roses, coussins, et, en dehors du lit drapé desdites mousselines, quelques jolis meubles Louis XVI bien choisis et parfaitement authentiques. Sur la coiffeuse nappée de dentelles de Malines, des flacons de cristal gravé d'or, plusieurs parfums différents, une collection de brosses et de peignes, sans compter nombre de petits pots de crèmes de beauté. Quelques gravures d'un goût sûr ornaient les murs.

Une fois Louise déposée sur son lit – la couverture était faite et une chemise de nuit de crêpe de

Chine blanche disposée sur l'oreiller –, les deux hommes se retirèrent. Adalbert ayant annoncé qu'il attendrait la sœur salutiste pour la rapatrier, Ramon se hâta de lui proposer quelque chose à boire et il accepta un whisky.

— Il y a le nécessaire dans le salon à côté de l'entrée, à main droite. Le meuble sur lequel sont posés les flacons est un réfrigérateur, le renseigna cet homme qui, à l'évidence, brûlait d'envie de regagner son lit.

Adalbert l'y encouragea :

— Inutile que vous perdiez votre nuit entière. En repartant, je jetterai les clefs dans la boîte aux lettres...

— Oh ! Je remercie mille fois Monsieur ! J'ai eu une lourde journée de nettoyage, Madame étant très stricte sur le moindre grain de poussière.

— Le contraire m'eût étonné ! Dormez bien, mon ami !

N'étant encore jamais entré dans la maison, Adalbert, un verre en main, commença par visiter le rez-de-chaussée pour calmer son énervement croissant. Il était impatient de monter voir ce que faisait Marie-Angéline. Au bout d'un moment qui lui parut durer un siècle, il n'y tint plus, grimpa l'escalier – couvert d'un large chemin en moquette bleue – sans faire le moindre bruit et alla gratter discrètement à la porte. Ne recevant pas de réponse, il recommença, puis une troisième fois et, inquiet finalement, se décida à ouvrir. Mme Timmermans reposait paisiblement dans sa chemise blanche et dans son lit rose, une veilleuse allumée à son chevet... mais Marie-Angéline était invisible...

Il referma précautionneusement la porte, s'avança dans la chambre, appela de nouveau... et cette fois sa complice lui apparut dans l'encadrement d'une porte donnant sur la pièce voisine qui devait être un boudoir. Elle était pâle comme une morte mais, entre ses mains, elle tenait le coffret de cuir bleu frappé de la couronne et du chiffre impériaux :

— Vous l'avez trouvé ? fit-il joyeusement, *sotto voce*.

— Oui... mais je n'ose pas l'ouvrir. L'émotion, je pense !

— Donnez-le-moi !

Il posa l'objet sur un guéridon, l'ouvrit en tira l'éventail qu'il tendit à sa comparse puis examina le fond. Si les émeraudes avaient une chance de se trouver quelque part, c'était là, mais la boîte était gainée de velours blanc et il semblait difficile de l'ouvrir sans découper le tissu. Le travail avait été exécuté à la perfection et, à moins d'être au courant, personne n'aurait eu l'idée d'aller regarder là-dessous...

— Comment allez-vous faire ? chuchota Marie-Angéline

— Il va falloir couper à l'endroit le moins visible...

En vue d'une opération de ce genre, il s'était muni d'un scalpel de chirurgien et choisit de l'enfoncer dans le côté de l'ouverture. Le velours se trancha net, ce qui permit à Adalbert de constater qu'il était collé au fond et non simplement tendu. A cet instant, Louise s'agita dans son lit, balbutiant quelques mots incompréhensibles. Le cœur battant, Plan-Crépin se précipita, tâta le front de la dormeuse, ce qui dut la gêner car elle se tourna de l'autre côté...

Pendant ce temps, Adalbert avait incisé une infime partie des parois latérales, suffisamment pour pouvoir glisser ses doigts agiles dans l'ouverture. Soudain il se redressa :

— Regardez !

Accrochées à sa main droite légèrement tremblante, les cinq émeraudes captèrent la lumière qui anima aussitôt les profondeurs d'une merveilleuse teinte d'un vert aussi changeant que celui de l'océan. Sous le choc de la découverte, Marie-Angéline tomba à genoux !

— Le collier sacré ! Mon Dieu !

— A cela près que, comme je le pensais, les ornements d'or qui séparaient chaque pierre ont été remplacés par une simple chaîne d'or. Maintenant il s'agit de tout remettre en ordre.

Il prit dans sa poche cinq cailloux, satisfait de constater qu'il avait visé juste et qu'ils étaient d'une grosseur à peu près égale aux émeraudes, et, avec une infinie délicatesse, il les introduisit dans la cachette, remit la charpie de tissu destinée à empêcher les pierres de rouler, ce qui n'eût pas manqué d'attirer l'attention. La baronne Reichenberg avait décidément fait preuve d'un art achevé. Il peaufina son ouvrage, lissa les minuscules poils du velours recouvrant le fond, cachant ainsi les traits du scalpel, replaça l'éventail, referma le coffret et le rendit à Marie-Angéline.

— Allez le ranger, souffla-t-il, plus épuisé que s'il avait escaladé la Grande Pyramide.

En même temps, il faisait disparaître le collier dans sa poche avec un extraordinaire soulagement. Quand Plan-Crépin revint, les yeux embués de larmes de joie, ils tombèrent dans les bras l'un de l'autre :

— Ouf ! exhala Marie-Angéline. J'ai eu la plus belle frousse de ma vie ! Mais enfin on l'a !

— Allons boire un verre en bas et filons !

Avant de quitter la chambre, elle jeta un dernier coup d'œil à Mme Timmermans qui continuait de dormir d'un sommeil paisible, voire heureux.

— Je me demande si le résultat est le même avec les taureaux de la cousine Prisca ?

— En tout cas, c'est miraculeux et vous avez eu une idée géniale alors que je pataugeais comme un débutant !

En passant par le salon, ils trinquèrent à leur succès puis abandonnèrent la maison en n'oubliant pas de glisser les clefs dans la boîte aux lettres. Adalbert en profita pour poser la question qui le travaillait depuis un moment :

— Dites-moi, Marie-Angéline, où vous avez déniché ce costume ? Tout de même pas chez la chanoinesse ?

— Simplement chez un loueur de costumes. Il y en a un ici et, avec les nombreuses fêtes qui se donnent chez les particuliers et aux deux casinos, il ne manque pas de demandeurs. A l'origine je voulais un habit de religieuse, Saint-Vincent-de-Paul ou autre, et on m'a proposé celui-là pour son originalité. Il n'est pas absolument fidèle au modèle : les broderies du col sont dorées au lieu d'être rouges. Mais ça a fait l'affaire. Quelle est la suite du programme, à présent ?

— Pas compliqué ! Vous rentrez en taxi chez Mme de Saint-Adour et moi je prends le premier train pour rejoindre Aldo. Nous avons à préparer le dernier acte et, avec l'ennemi que nous avons en face de nous, je crains que ce ne soit pas le plus facile.

— Voulez-vous que nous rentrions aussi, notre marquise et moi ?

— Pas jusqu'à nouvel ordre. A Saint-Adour, vous serez plus en sécurité que nulle part ailleurs... A condition de ne pas vous lancer inconsidérément à la recherche du jeune Faugier-Lassagne...

— Et si pourtant je trouvais un indice ?

— Parlez-en avec vos dames et, au besoin, téléphonez chez moi !

Le train Hendaye-Paris s'arrêtait en gare de Biarritz à huit heures du matin. Quand Adalbert y grimpa, il avait la conscience tranquille. Avant de quitter l'hôtel, il avait fait envoyer à la chère Louise une brassée de roses accompagnée d'une lettre où il regrettait de ne pouvoir rester plus longtemps mais l'assurait qu'il prendrait prochainement de ses nouvelles. Une fois installé dans son compartiment, il déplia le journal du matin, alluma une cigarette et n'y pensa plus. Il était tellement heureux en imaginant la joie d'Aldo quand il lui mettrait le collier dans les mains que cela lui tint compagnie tout le temps du voyage.

Arrivé en gare d'Austerlitz, il sauta dans un taxi et rentra chez lui, rue Jouffroy, pour se débarrasser des bagages. Un bonjour à un Théobald d'autant plus ravi de le revoir qu'il avait trouvé les heures longues et Adalbert se ruait sur le téléphone pour appeler le Ritz. Le standardiste de service lui répondit que le prince Morosini n'était pas dans sa chambre, après quoi il demanda Duroy, le réceptionniste qu'il connaissait et qui le reçut avec un soulagement évident.

— Je suis content de vous entendre, Monsieur Vidal-Pellicorne, car, à ne rien vous cacher, nous sommes un peu en peine de Son Excellence.

— Vous voulez dire qu'il a quitté l'hôtel ?

— Non. Ses bagages sont toujours dans sa chambre mais lui n'est pas revenu depuis bientôt deux jours...

— Et vous n'avez pas appelé la police ?

— Nnnnnon ! Le prince est assez coutumier de ces absences impromptues et pendant ces deux jours nous ne nous sommes pas inquiétés mais à présent nous nous interrogeons...

— Eh bien, cessez de vous interroger, brama Adalbert. Je vais la voir de ce pas, la police !

La brutalité avec laquelle il raccrocha le téléphone faillit être fatale à l'appareil mais Adalbert, assailli par la peur, ne se contrôlait plus... Suivant de si près la joie de posséder enfin les émeraudes, cette disparition lui semblait plus qu'inquiétante. Son absurdité lui glaçait le sang. Pourquoi enlever Morosini alors que le délai n'était pas atteint ? A moins qu'il n'y eût, sur l'affaire, une autre bande que celle des Mexicains ? Mais dans ce cas d'où pouvait-elle sortir ?

— On dirait que Monsieur n'est pas dans son assiette ? hasarda Théobald qui l'observait depuis la porte du cabinet de travail.

— Il y a de quoi ! Morosini a quitté l'hôtel avant-hier et n'y est pas encore revenu. Qu'est-ce que ça signifie pour toi ?

— C'est que... je n'ose même pas me le demander, Monsieur. Il faudrait...

— Il n'y a qu'une chose à faire : foncer au quai des Orfèvres et voir ce qu'en pensera le commissaire Langlois. Morosini avait du reste l'intention de le rencontrer...

— C'est qu'il est près de neuf heures, et les bureaux de la police judiciaire...

— S'ils sont fermés on les fera ouvrir et si Langlois est absent, j'irai chez lui mais je veux lui parler dès ce soir. On n'a perdu que trop de temps dans cette histoire !

A peine cinq minutes plus tard, Adalbert, au volant de sa bruyante Amilcar rouge, fonçait à travers Paris telle une bombe sans accorder la moindre importance aux coups de sifflet qui, de loin en loin, accompagnaient sa course vengeresse. Jamais encore il n'avait conduit à pareille allure mais les images que lui montrait son imagination le mettaient au-delà de tout raisonnement.

Ses freins protestèrent quand il stoppa son engin à un mètre de l'agent de police posté en sentinelle, sauta en voltige et se rua sur la porte d'entrée.

— Hé là, vous ! Où prétendez-vous aller comme ça ?

— Voir le commissaire principal Langlois, et dare-dare !

— Il vous faut d'abord un rendez-vous !

— Pas le temps ! C'est urgent. Et si vous prétendez m'en empêcher, j'aurai le regret de vous boxer ! Vous êtes jeune et pas vilain, alors prenez-vous en considération...

Sans attendre la réponse, il aborda l'escalier qu'il escalada quatre à quatre en appelant Langlois à tous les échos, ameutant par la même occasion le reste du personnel. Mais ce fut efficace : quand il arriva sur le palier du second étage, le commissaire en personne lui barrait le passage. Aucunement surpris de cette arrivée tonitruante :

— Ah, c'est vous ? J'aurais dû m'en douter ! Vous n'êtes pas un peu malade de brailler de la sorte ?

Sans trop de ménagements, il l'avait attrapé par le bras pour le diriger vers son bureau où il le propulsa sur une chaise.

— Morosini a disparu, se rebiffa Adalbert en essayant de retrouver son souffle, et je veux qu'on me le récupère au plus vite !

— Cessez donc de hurler ! Il n'y a pas le feu...

— Pour moi si... et qu'est-ce que c'est que ça ?

Son regard venait de tomber sur le bureau du policier et les quelques objets qui s'y trouvaient. Il désigna d'un doigt tremblant un mince portefeuille en crocodile noir timbré d'une couronne et des boutons de manchettes en or qu'il ne reconnaissait que trop... et les larmes lui jaillirent des yeux qu'il cacha aussitôt sous sa main.

Langlois alla prendre dans un classeur une bouteille de cognac et deux verres, en emplit un qu'il mit dans la main libre d'Adalbert :

— Buvez ! Et rassurez-vous ! Ces babioles ne viennent pas de la morgue !

— D'où, alors ?

— Des poches d'un clochard ivre à faire pâlir d'envie la Pologne et qui espérait convertir les boutons en un océan de pinard à son bistrot favori. En le servant, le patron lui a posé des questions et en a eu des réponses plutôt vaseuses, aussi, pendant ce temps-là, sa femme alertait le plus proche commissariat, celui du IVe arrondissement. Naturellement on a dessaoulé le bonhomme, on l'a questionné à nouveau et on a fini par lui sortir les vers du nez : il avait fait ses trouvailles sous le pont Marie, côté île Saint-Louis, sur un type qui devait être encore plus pété que lui car il s'était laissé faire sans broncher. Le portefeuille était à quelques pas, vide naturellement. Le commissaire n'a pas hésité. Il a envoyé une patrouille et on l'a effectivement trouvé sans connaissance en raison d'une blessure qu'il portait à la tête. En outre, il avait été dépouillé de son pardessus et de ses chaussures. Une chance que les boutons de manchettes aient échappé au pillage... Le voleur n'a pas dû les voir...

— Mais lui, il n'est pas...

— Je vous l'aurais déjà dit. Ce n'est pas dans mes habitudes de distiller les mauvaises nouvelles. On l'a transporté à l'Hôtel-Dieu et c'est là que mon collègue Séverin a su l'identité de son client. Le médecin-chef lui a pratiquement sauté à la figure en lui disant que ce n'était pas du gibier pour l'hôpital des indigents et que la clinique du Pr Dieulafoy serait plus appropriée. Ils l'ont tout de même gardé [1].

— Qu'est-ce qu'il a ?

— Une bosse écorchée et une bonne bronchite. C'est seulement hier matin qu'on l'a récupéré. Grâce à Dieu, son crâne est solide et le coup a seulement entamé le cuir chevelu.

— Il est trop tard pour y aller ?

Langlois consulta sa montre :

— Avec moi, non. Venez !

On remonta le quai jusqu'au parvis de Notre-Dame que l'on traversa en diagonale pour atteindre l'ancêtre des hôpitaux parisiens dont la voûte d'entrée restait éclairée toute la nuit. Le gardien salua le commissaire principal en habitué et l'informa que le Dr Organ était encore là.

Ils le trouvèrent dans le bureau de l'infirmière en chef en train de fumer tranquillement une cigarette. En les voyant arriver, il ricana :

— Si vous venez chercher votre précieux patient, vous ne pourriez pas attendre qu'il fasse jour ? Cette manie des enlèvements nocturnes a un côté théâtral qui m'agace !

— Ne vous agitez pas, toubib, on ne vient pas le chercher ! Simplement, M. Vidal-Pellicorne que voici voudrait lui parler.

— Eh bien, c'est dommage parce que c'est le patient le plus remuant que j'aie jamais vu. Il ne cesse de réclamer un taxi pour rentrer chez lui en répétant qu'il n'a pas de temps à perdre...

1. Voir *La Perle de l'Empereur*.

— Vous pensez le garder longtemps ?

— Deux ou trois jours pour être certain qu'il est en état de marche et je vous le rendrai avec plaisir.

Durant leur conversation, ils avaient suivi un long corridor vitré au bout duquel s'ouvraient trois portes. Organ choisit celle de gauche : elle donnait sur une petite chambre dont le lit occupait la majeure partie. Elle était éclairée et ils purent voir Aldo assis dans ce lit, les bras autour des genoux, fumant tristement une cigarette. Vêtu d'un pyjama en pilou rayé gris et blanc, il avait l'aspect d'un bagnard. La vue d'Adalbert lui arracha une exclamation de joie :

— Enfin une tête connue ! Qui t'a prévenu ?

— Personne ! En rentrant de Biarritz ce soir, j'ai appris que tu avais disparu du Ritz depuis deux jours. Je suis aussitôt venu demander de l'aide à notre cher commissaire et me voilà ! Mais dis-moi ce que tu faisais en pleine nuit sous le pont Marie ?

— Je n'y suis pas allé. On a dû m'y traîner. Je m'étais rendu quai Bourbon passer la soirée chez un ami et c'est en sortant que j'ai été attaqué. Pour le reste, je n'en sais pas plus que toi...

— Un ami ? Quai Bourbon ? Tu ne m'en as jamais parlé ?

— Parce que ça ne m'était pas venu à l'idée ! répondit Aldo avec une désinvolture qui ne sonnait pas très juste. (Et il se dépêcha d'ajouter :) Mais toi-même, que viens-tu faire ? Préparer ton mariage avec la reine du chocolat ?

— Je ne pense pas la revoir de sitôt. D'ailleurs, je ne vois pas pourquoi je poursuivrais des relations autres qu'épisodiques.

L'œil d'Aldo s'alluma :

— Tu as... réussi ?

— Ce n'est pas moi qui ai réussi l'exploit : c'est Marie-Angéline. Je te raconterai plus tard. Quand tu seras redevenu valide !

— Mais je suis valide ! Je me tue à clamer que je veux rentrer chez moi. Qu'on me rende mes vêtements, qu'on me donne la facture et qu'on m'appelle un taxi !

— Ce serait plutôt difficile, mon pauvre vieux. En fait de vêtements, tu n'as plus qu'un pantalon de smoking et une chemise sale. Point de vue finances, tu n'as plus un radis ! Et je te rappelle que s'il nous a discrètement laissés seuls, le bon Langlois est à côté en train de papoter avec un toubib qui te considère comme un danger public ! Alors du calme ! Tu vas gentiment te coucher – ce pyjama est un rêve ! –, tâcher de faire une bonne nuit et demain je t'embarque après être passé au Ritz régler la facture et reprendre tes bagages. Tu vas t'installer chez moi pour te retaper et attendre la suite des opérations.

Docilement, Aldo se recoucha et permit même à Adalbert de le border :

— Il nous reste combien de temps ?

— Quinze jours, tu vois qu'on est dans les délais...

— C'est pourquoi je comprends mal l'agression de l'autre nuit...

— Ça n'a sûrement rien à voir avec notre affaire ! Nos adversaires ne sont pas les seuls truands sur la planète, tant s'en faut, et les nôtres n'auraient aucun profit à te faire disparaître bêtement sous un pont. Ils t'auraient gentiment abattu et point final ! Maintenant roupille ! On parlera demain !

Aldo remonta ses draps jusqu'à son menton en poussant un soupir de soulagement. Adalbert s'apprêtait à sortir, il le retint :

— C'est bien vrai, au moins ? Tu les as ?

— Dors tranquille, elles sont dans mon coffre...

Aldo eut une quinte de toux, but un peu d'eau, se roula en boule et ferma les yeux :

— C'est un miracle ! Un éblouissant miracle !...

— Si tu as des relations avec le Vatican, on pourrait envisager de faire canoniser Plan-Crépin ! Je la verrais volontiers nimbée d'une auréole !

Rendu à lui-même par les bienfaits conjugués d'une salle de bains moderne, de ses propres vêtements et de la savoureuse cuisine de Théobald, Morosini pouvait maintenant contempler à loisir les cinq émeraudes de Montezuma et ne cachait pas son admiration :

— Des pierres exceptionnelles ! Tant par leur grosseur que par leur eau et leur éclat. On peut comprendre que l'épouse de Charles Quint les ait convoitées et Cortés aurait bien mieux fait de les lui offrir au lieu d'en faire sottement présent à sa femme...

— Sa jeune femme, mon bon, et cela explique tout ! Je te ferai remarquer qu'elle a été plus intelligente que lui puisqu'elle les lui a rendues.

— Parce qu'elles lui faisaient peur. C'est alors qu'elles auraient dû rejoindre le trésor royal. Cortés y aurait gagné la paix du cœur et une fin de carrière plus agréable.

— Ce que je me demande, moi, en te regardant, c'est si tu vas trouver, toi, le courage de t'en séparer ? Il y a longtemps que je ne t'avais vu cette expression. Tu as l'air fasciné !

— Je l'avoue, et cela va être d'autant plus dur que nous savons parfaitement, toi et moi, qu'on ne nous rendra plus Gilles Vauxbrun. C'est donc par conséquent un marché de dupes..., dit Aldo pensivement en faisait passer le collier d'une main dans l'autre.

— On va pourtant être obligés de s'y soumettre parce que, si tu veux mon avis, plus vite on s'en débarrassera et mieux cela vaudra pour tout le monde. Demain, j'expédierai Théobald porter aux journaux le texte de l'annonce. Qu'est-ce que c'est, au fait ?

— Une histoire d'enfant prodigue. Je l'ai dans ma trousse de toilette.

Le lendemain, en effet, trois quotidiens parisiens, *Le Figaro*, *L'Intransigeant* et *Le Matin*, publiaient l'annonce exigée par les assassins de l'antiquaire.

— Il ne reste plus qu'à attendre la réponse, soupira Adalbert en repliant le journal qu'il jeta sur son bureau. Je suppose qu'on va devoir explorer une fois de plus le bois de Boulogne, la forêt de Sénart ou une baraque isolée perdue dans la campagne. Ce qui ne nous laisse pas beaucoup de chances d'en sortir vivants...

— Où que ce soit, nos chances seront minces. Je me demande si le rendez-vous n'aura pas lieu tout simplement rue de Lille, chez Gilles. Ce serait l'endroit idéal pour ce qui devrait être un échange, quel que soit l'état de la seconde clause du marché.

— Il se pourrait que ce jeune imbécile de Faugier-Lassagne prenne la place de son père, je suis à peu près sûr qu'il est en leur pouvoir.

— Moi aussi, mais il ne faut pas rêver. Je crois que nous allons avoir à jouer l'une des parties les plus difficiles de notre association.

Les quotidiens des trois jours suivants n'apportèrent aucune réponse. Ce fut seulement le quatrième que, sur le plateau du courrier apporté par Théobald à l'heure du petit déjeuner, apparut une enveloppe très ordinaire, adressée à M. Vidal-Pellicorne, qui attira l'attention du destinataire. Elle n'avait rien de particulier cependant. Elle était tapée à la machine et le papier en était commun mais l'archéologue possédait un flair de chien de chasse et il la choisit sans hésitation parmi les autres. Il ne se trompait pas. A l'intérieur, il y avait une feuille pliée en quatre portant : « A l'attention du prince Morosini ». Sans la déplier il la tendit à son ami.

— Serait-ce ce que nous attendons ?

Il ne se trompait pas. On y lisait six lignes, toujours aussi impersonnelles :

« Puisque vous aimez tant voyager, soyez mardi soir 12 mai à l'hôtel de l'Infante à Saint-Jean-de-Luz où vous attendrez d'autres instructions. Seul, bien entendu, et sous l'identité jointe (il y avait en effet une carte de presse). Vidal-Pellicorne restera à Paris, sous surveillance... »

— Et il entend me surveiller comment, cet olibrius ? grogna l'intéressé.

— Il te suffira de regarder autour de toi pour t'en rendre compte et tu verras !

— Je ne verrai rien... Tu paries que je suis à Saint-Jean-de-Luz avant toi ?

— Je ne parie rien. Tu es capable de tout...

Une heure plus tard, M. Vidal-Pellicorne, de l'Institut, élégamment vêtu d'alpaga noir sous un chapeau à bord roulé, un long parapluie à la main, faisait venir un taxi devant sa porte et se faisait conduire au musée du Louvre, porte Vivant-Denon, donnant sur la place du Carrousel... Salué par tout ce qu'il rencontra comme personnel, il gagna d'un pas tranquille le département des antiquités égyptiennes qu'il traversa en habitué, tapotant ici les fesses de basalte d'un sphinx et là les genoux de la Dame Tyi, avant de disparaître dans la partie réservée à l'administration. Il n'en ressortit que le soir venu, après que le public se fut retiré, constata qu'il faisait un temps pourri, releva le col de son pardessus et, ouvrant son vaste parapluie, se mit en marche courageusement vers la station de taxis du Palais-Royal. Il arriva chez lui juste à point pour voir démarrer une autre voiture de place emmenant Aldo Morosini prendre en gare d'Austerlitz son train pour le Pays basque...

Lors du retour à Paris de Morosini, Alcide Truchon, de l'agence « L'œil écoute... », avait espéré sincèrement, l'ayant vu descendre au Ritz, qu'il n'effectuait là qu'un bref passage avant de rentrer à Venise retrouver femme, enfants et pantoufles. Or il s'était agité plus que jamais. Deux jours de tranquillité puis sortie un soir en smoking, petit voyage quai Bourbon et disparition totale. Il faut dire qu'encouragé par une conduite aussi normale, par la respectabilité de ce quartier aristocratique... et le mauvais temps, Alcide Truchon s'était offert un dîner confortable, voire raffiné, dans certain restaurant de la rue Saint-Louis-en-l'Ile. Grâce à Dieu, son agence était généreuse, son client riche et notre homme pensait qu'il méritait, parfois, quelques gâteries. Malheureusement, il n'avait pas revu son gibier ce soir-là. Et il lui avait fallu près de trois jours et une sévère engueulade de son patron pour que les choses reprennent leur cours habituel. Enfin, si l'on pouvait dire, parce que la tenue de sport et la mallette laissaient supposer qu'on allait encore voir du pays !

Ce en quoi Alcide ne se trompait pas. Arrivé à Austerlitz, Morosini se dirigea droit sur le Paris-Hendaye-San Sebastian qui ne partait que dans vingt minutes et montra son billet à un préposé chargé d'un wagon de couchettes de 1re classe. Alcide Truchon se rua sur le téléphone le plus proche et appela son client :

— Il s'apprête à partir pour Saint-Jean-de-Luz.

— Vous êtes sûr ?

— Absolument, et de plus sous un faux nom : Michel Morlière, journaliste...

— Qu'est-ce que ça signifie ?

— Je n'en ai pas la moindre idée.... Qu'est-ce que je dois faire ?

— Le suivre ! Evidemment ! Le train n'est pas encore parti ?

— Non. Dans dix minutes seulement.

— Alors vous êtes prié de vous dépêcher.

Et l'on raccrocha ! Avec un soupir à fendre l'âme, Alcide Truchon s'en alla prendre son billet... en se demandant combien de temps il allait devoir se traîner à la suite de ce Vénitien impossible.

Si l'on n'avait approché de la fin – certainement très difficile ! – d'une partie dans laquelle il avait joué plus souvent le rôle du gibier que celui du chasseur, Morosini eût mieux apprécié le charme indéniable de Saint-Jean-de-Luz. Au contraire de Biarritz, où grands hôtels, villas et lieux de plaisir avaient absorbé le petit port, sa voisine, préservant jalousement son patrimoine historique, avait permis à la modernité – et encore modérée ! – de s'installer uniquement en dehors de son port baleinier. Durant les quelques jours du mariage de Louis XIV avec l'infante Marie-Thérèse, ne s'était-elle pas haussée au rang de capitale de la France ?

L'hôtel de l'Infante, à quelques pas de la maison du même nom, était un établissement de taille modeste mais accueillant et sympathique, tenu par un couple d'une cinquantaine d'années dont le mari arborait une tête de contrebandier à l'œil singulièrement vif et la femme, qui avait l'air sortie du dernier acte de *Carmen*, se distinguait par un râtelier éclatant qui la faisait zozoter. Aldo était attendu et fut reçu avec l'amabilité due à chaque client convenable, mâtinée d'une pointe de curiosité.

— Vous êtes journaliste ? demanda Madame avec un intérêt non dissimulé. Quel beau métier ! Et pour quel journal ?

— Ne pose pas tant de questions ! grogna le mari. C'est indiscret.

— C'est sans importance, l'apaisa Aldo en illuminant son plus beau sourire. Je pourrais répondre pour tous et pour chacun. Je suis ce que l'on appelle *free-lance*. Je fais un reportage sur un sujet qui m'intéresse et je le vends au plus offrant. En ce moment, c'est la grande pêche : celle à la baleine !

Il avait trouvé le chemin du cœur de ses hôtes qui se montrèrent passionnés et lui promirent de faire de leur mieux pour qu'il soit content de son séjour. Madame lui montrait sa chambre à l'instant précis où Alcide Truchon, décidé à suivre son homme au plus près, faisait son entrée pour demander un logement mais, apparemment, il ne bénéficiait pas du même charisme car l'œil de Bixente Laralde, le patron, se fit inquisiteur :

— Qu'est-ce qui vous amène par ici en cette saison ? Le tourisme ?

— Oh, non ! Le travail ! Je suis journaliste !

— Tiens donc ! Et vous vous intéressez à quoi ? La pelote basque ?

Alcide prit un air rêveur :

— Plus tard peut-être ? Pour l'heure ce serait plutôt la pêche à la baleine !

— Ben, vous voyez, fit Laralde en frappant sa paume de son poing fermé, je l'aurais juré !

— Ah bon ? Pourquoi ?

— Vous avez la tête de l'emploi ! Votre chambre est au second étage : le 23.

En rejoignant sa femme, l'hôtelier lui confia :

— Celui-là, il va falloir s'en méfier ! Quelque chose me dit que c'est un espion...

Ce en quoi il ne se trompait pas beaucoup...

Le rendez-vous n'étant que pour le soir, Aldo passa la journée dans sa chambre à se reposer et à réfléchir. L'humeur était sombre. D'abord parce que, habitué des sleepings, il avait mal dormi dans la couchette que lui avait royalement allouée le salopard qui tirait les ficelles de sa vie. Il n'y était pas seul, et les ronflements sonores de ses deux compagnons – par chance, l'une des couchettes était inoccupée – l'avaient propulsé dans le couloir au moins autant que l'odeur de transpiration, d'autant plus pénible à supporter que, partisans du huis clos, les voyageurs en question s'étaient fermement opposés à l'ouverture même modeste de la fenêtre. C'est seulement après l'arrêt de Bordeaux où pas mal de monde descendait qu'il avait eu la chance de trouver un compartiment vide où il s'était réfugié avec béatitude. Aussi, après l'excellent déjeuner d'Arranxa Laralde composé de charcuteries locales, d'une énorme tranche de thon à la basquaise et d'un gâteau maison, arrosés d'irroulégui, éprouva-t-il le besoin d'une petite sieste. Au contraire d'Adalbert qui tenait le repos méridien pour l'un des beaux-arts et s'endormait à volonté n'importe où et dans n'importe quelle position, il détestait cette coupure dont il assurait qu'on en sortait l'œil vitreux et la bouche épaisse. Mais cette fois il y sacrifia sans peine en pensant avec sagesse qu'il allait avoir besoin de toutes ses forces.

Il en émergea deux heures plus tard frais comme un gardon et décida d'aller faire un tour en ville pour voir de plus près les belles demeures anciennes, dire une prière à l'église Saint-Jean-Baptiste où, près de trois siècles auparavant, le jeune Louis XIV en habit de drap d'or voilé d'une fine dentelle noire avait épousé une petite infante blonde en robe de satin blanc brodée de fleurs de lis d'or comme son lourd manteau de pourpre. Deux robes impressionnantes les entouraient, celle, noire, de la reine mère Anne d'Autriche et la simarre amarante du cardinal Mazarin qui signait là son chef-d'œuvre avant de s'en aller vers sa fin...

Saisi par l'ambiance, Aldo s'attarda dans la magnifique église au fameux retable doré dû au sculpteur Martin de Bidache, à la nef unique entourée de trois rangs de galeries en bois sculpté où, le dimanche, les hommes accédaient par un étroit escalier pour chanter la gloire du Seigneur avec des voix de bronze. Et, surtout, il pria longtemps, avec ferveur, pour que d'autres que lui n'eussent pas à pâtir de la dangereuse aventure à laquelle on l'avait contraint. La tentation était grande de téléphoner à Saint-Adour pour retrouver la voix chaleureuse de Tante Amélie ou celle de Plan-Crépin. Les savoir si proches était une tentation à laquelle il fallait surtout se garder de céder : elle risquait de déclencher une catastrophe. Grâce à Dieu, il avait pu, avant de quitter Paris, avoir Lisa au téléphone. Rien à signaler à Vienne, sauf les jumeaux qui commençaient à réclamer de plus vastes espaces que le jardin intérieur étriqué du palais grand-maternel...

Ayant accordé à son âme le réconfort de cette halte dans la maison de Dieu, Aldo gagna la place Louis-XIV pour s'y réchauffer le corps à l'aide d'un café mais ne s'attarda pas. Le soir allait bientôt tomber et, ne sachant trop quand l'ennemi prendrait contact avec lui, il tenait à se trouver à pied d'œuvre.

Col relevé et les mains au fond des poches de son manteau pour se préserver de la fraîcheur qui venait, il reprenait le chemin de son hôtel et marchait le long du quai lorsqu'un cycliste le dépassa :

— Tout va bien, Monsieur Morlière ? lança-t-il sans se retourner.

En dépit de ses soucis, Aldo ne put retenir un sourire qui acheva de le détendre : cet inconnu, empaqueté d'un caban de marin et d'un ample béret basque, qui s'éloignait en abandonnant ses pédales pour écarter les jambes et les reprendre à la manière d'un joyeux drille en goguette, l'avait salué avec la voix d'Adalbert...

Sans se demander comment ce diable d'homme avait réussi à le rejoindre, Aldo sentit qu'il respirait mieux.

12

Le spectre d'un démon

La lettre – convocation serait plus juste ! – attendait Aldo dans le casier de l'hôtel. Elle le prévenait qu'à vingt-trois heures une voiture l'attendrait derrière la maison tous feux éteints. Il n'eut aucune peine à l'identifier : c'était celle-là même qui l'avait emmené un certain soir au bois de Boulogne. Le même chauffeur apparemment, et cette fois encore, les rideaux étaient tirés. A la limite, c'était plutôt réconfortant : si l'on ne voulait pas qu'il puisse reconnaître le chemin, c'est que l'on avait l'intention de le ramener. Donc qu'il avait une chance d'en sortir vivant, ce qui jusqu'à présent ne lui paraissait pas évident.

Humide et brumeuse, la nuit était obscure à souhait. Les bruits en étaient étouffés. En mer, le mugissement lugubre d'une corne de brume se faisait entendre par intermittence. Les phares de la voiture s'efforçaient de percer un tunnel laiteux dans lequel parfois passaient des ombres mais le chauffeur était habile et, s'il roula au ralenti tant que l'on fut dans la ville, il reprit une allure plus normale une fois en campagne, en homme qui connaît bien son chemin. On se dirigeait vers l'est et bientôt le passager fut renseigné sur sa destination définitive : on l'emmenait à Urgarrain ou dans les environs... Cela acquis, il s'enfonça plus confortablement dans son coin et s'offrit même le luxe de fermer les yeux un moment. Il avait plongé sa main dans sa poche de poitrine où il avait glissé le collier aux cinq émeraudes dans un sachet de daim noir.

En dépit de la fascination qu'elles avaient exercé sur lui quand il les avait tenues en main, il éprouvait à présent une sorte de hâte d'en être débarrassé, semblable à celle qu'Adalbert et lui ressentirent en restituant au Pectoral du Grand Prêtre chacune des pierres que le temps et la rapacité des hommes lui avaient soustraites. Trop de sang sur ces merveilles dont, en des circonstances différentes, il eût cherché par tous les moyens à s'assurer la propriété...

On roula, approximativement, une demi-heure sur une route asphaltée mais, à la sortie d'un village qu'il supposa être Ascain à cause de l'animation relative qui y régnait la nuit, on emprunta un chemin juste empierré dont la pente allait s'accentuant. Quelque part dans la campagne, le clocher d'une église sonna la demie de onze heures. Son timbre bien particulier indiqua au passager de la voiture noire que c'était celui d'Urrugne et il ne put retenir un frisson. Comme beaucoup de sanctuaires campagnards du pays, Urrugne possédait un cadran solaire orné d'une devise. La sienne était : *Vulnerant omnes, ultima necat* [1], et en bon

1. « Toutes [les heures] blessent, la dernière tue. »

Vénitien un brin superstitieux, Aldo fit la grimace. La coïncidence avec ce qu'il vivait pesait sur lui. Il ne pouvait s'empêcher de penser que sa dernière heure, à lui, pouvait être plus proche qu'il ne le pensait au départ. Mais il était fermement décidé à vendre chèrement sa peau. En dépit des injonctions de son tourmenteur – venir seul et sans armes ! –, il avait suivi les conseils avisés d'Adalbert qui consistaient à glisser un petit calibre dans une chaussette et porter, sous ses manchettes, liée à l'avant-bras droit, côté interne, une gaine de cuir contenant un mince poignard effilé dont le manche sur une simple secousse glissait dans la paume de la main. Cela ne serait sans doute qu'un baroud d'honneur en raison du nombre d'ennemis qu'il aurait à affronter – les Mexicains et la bande du bois de Boulogne, sans compter ceux qu'il ignorait – mais c'était malgré tout un sérieux réconfort...

Le chemin devenait plus cahoteux, avant sans doute de se réduire à un sentier herbu indécis ponctué de roches affleurantes. L'auto, par déduction, était au bout de sa course et, le nez tourné vers une grille noire, attendait qu'on la lui ouvre, ce qui se fit sans le moindre bruit. Au-delà il y avait un jardin, cela se sentait à l'odeur de plantes mouillées, et Aldo ne douta plus qu'on fût à Urgarrain, ce qu'il percevait correspondant point par point à la description d'Adalbert. La voiture s'engagea dans une allée sablée. Enfin elle s'arrêta et la portière s'ouvrit mais le passager ne descendit pas : un homme masqué le rejoignit qui lui banda les yeux puis boucla une paire de menottes entre son propre poignet et celui de Morosini.

— Descendez et pas de bêtises, hein ! intima-t-il en américain teinté d'un fort accent du Bronx, qui rajeunit Aldo de plusieurs années !

— La dernière recommandation est superflue ! répliqua-t-il en haussant les épaules et dans la même langue, moins l'accent. Ne voyant rien, j'imagine mal ce que je pourrais faire !

— Je sais c'que j'dis ! grogna l'autre. On vous connaît !

— Allons, tant mieux !

Guidé par l'homme il descendit, sentit le sable sous ses pieds.

— Rentrez vite ! pressa quelqu'un – cette fois en espagnol –, on dirait qu'il y a du monde dans la montagne !

— Des contrebandiers ! renseigna le chauffeur. Je les ai aperçus après la sortie du village. Ils ont d'autres chats à fouetter que s'occuper de gens qui rentrent chez eux un peu tard ! Et maintenant, grouillez-vous ! Le patron doit être déjà d'une humeur de dogue !

On entraîna donc Aldo à l'intérieur. Il sentit qu'il gravissait des marches puis sous ses pieds les dalles qu'un tapis couvrait par endroits. Il devait y avoir du feu dans la cheminée car il perçut la chaleur et le crépitement du bois sec. Un peu de lumière filtrait au bas du bandeau dont on avait couvert ses yeux et, quand on l'eut détaché de son mentor – mais pour boucler autour de son poignet gauche la menotte ainsi libérée –, il éprouva soudain l'impression d'être seul au milieu d'un espace vide. Alors, venant d'au-dessus de sa tête, il entendit le rire, le petit rire aigu, sinistre et cruel qui était revenu hanter trop souvent ses nuits. Puis une voix, celle du propriétaire dudit rire, qui ordonnait :

— Otez-lui le bandeau, qu'il puisse admirer notre demeure !... Et aussi les menottes ! Elles sont inutiles !

Libérés, ses yeux clignèrent afin de s'accoutumer à la vive clarté qui emplissait la pièce mais en accommodant il constata qu'en effet il était seul au milieu d'une vaste salle à l'ancienne autour de laquelle, à hauteur d'étage, courait une splendide galerie de bois sculpté sur laquelle devaient donner des chambres ou d'autres pièces. La cheminée de grès, rose comme les dalles du sol, rejoignait à six ou sept mètres de haut le plafond de lourdes solives peintes, dorées et sculptées, comme l'âtre lui-même, aux emblèmes du Pays basque : cœurs, croix à virgules, croix discoïdales ou croix de Malte mêlées, sur le manteau, de fleurs et d'oiseaux évoquant une offrande autour d'un blason aux couleurs effacées que soulignaient des épées entrecroisées.

Les meubles, XVIIe et XVIIIe siècle, étaient de qualité comme le vieux banc seigneurial à haut dossier garni de coussins de velours pourpre posé devant la cheminée. La salle, de dimensions imposantes, contenait des fauteuils, des tables, des meubles d'appui... dont une paire de consoles Régence venue en droite ligne de la rue de Lille en compagnie d'une collection de porcelaines céladon chinoises... et des deux Guardi offerts en cadeau de mariage. Partout, candélabres et chandeliers disposés ici ou là prodiguaient l'éclairage harmonieux de leurs longues bougies de cire blanche... Mais au milieu de cette profusion – au fond, cela faisait un peu magasin d'antiquaire ! – pas la moindre silhouette humaine. En revanche, répartis sur la galerie, cinq ou six hommes gardaient leurs armes posées sur la balustrade, interdisant à Aldo le moindre geste suspect.

Après les avoir détaillés tour à tour, Aldo remarqua, goguenard :

— Quel accueil touchant ! Avec lequel d'entre vous, Messieurs, suis-je censé discuter ? Si toutefois discussion il y a ? Il serait si simple d'en finir rapidement...

— Simple mais fichtrement moins amusant ! Un vrai gâchis alors que j'entends savourer chacune des minutes à venir !

Lentement, marche après marche, l'homme achevait de descendre l'escalier mais ne prit plus soin de déguiser sa voix. Ni sa personne... Aldo vit venir à lui, une main au fond d'une poche et l'autre tenant une cigarette allumée, un grand jeune homme – pas plus de vingt-cinq ans ! – dont les courts cheveux d'un blond presque blanc contrastaient avec des yeux qui ressemblaient à des diamants noirs profondément enfoncés sous des sourcils en surplomb. La bouche eût été belle sans le pli cruel qui en marquait le coin. De même, les traits fins et relativement agréables au repos perdaient leur charme dès que le visage s'animait, tant il exprimait un orgueil à la limite de la fatuité et un universel mépris pour le reste du genre humain. Un visage surprenant ! Pourtant Aldo aurait juré qu'il lui rappelait quelque chose... ou plutôt quelqu'un, mais qui ?

Lorsque l'inconnu eut achevé une descente d'escalier digne d'une prima donna et s'avança dans la lumière cependant flatteuse des chandelles, Aldo eut un instinctif mouvement de recul, comme si un serpent venait de surgir sur son chemin. Et cette fois le petit rire méchant frôla ses oreilles :

— Me feriez-vous l'honneur d'avoir peur de moi ?

— Disons que je suis... seulement surpris ! Vous n'avez rien d'un Mexicain.

— Devrais-je l'être ?

— Cela coulerait de source puisque durant ces semaines écoulées j'ai dû rechercher un joyau aztèque pour des indigènes du pays qui, après s'être emparés, au moyen d'une habile escroquerie au mariage, des biens de Gilles Vauxbrun, m'ont contraint à travailler à leur profit afin de récupérer des émeraudes séculaires volées chez eux depuis environ un demi-siècle. Quand nous nous sommes rencontrés au bois de Boulogne, j'ai pensé que vous étiez à leur solde mais, ne voyant aucun d'entre eux dans ce château qui cependant leur appartient, j'avoue qu'un doute m'effleure...

— Penseriez-vous que je n'ai travaillé que pour moi-même ?

— C'est un peu ça...

A ce moment, la porte de la salle s'ouvrit brusquement et un colosse typiquement yankee, depuis les santiags jusqu'au chewing-gum qu'il mâchait, propulsa aux pieds de son chef un homme recroquevillé, entre deux âges, dont les signes particuliers consistaient à n'en avoir aucun : c'était Monsieur Tout-le-Monde dans toute sa grisaille. L'inconnu n'en eut pas moins une exclamation de colère.

— Que signifie ? D'où le sors-tu ?

— De l'emplacement de la malle arrière sur la voiture. Ce type a dû s'y accrocher en profitant du brouillard quand on a chargé le prisonnier à Saint-Jean et il a essayé de se cacher dans le parc mais Slim l'a vu et l'a alpagué...

Les yeux trop brillants du malfrat tournèrent dans la direction d'Aldo :

— C'est à vous ? Ce... cet avorton ?

— Jamais vu ! lâcha celui-ci qui venait de noter au passage son statut de prisonnier !

— Comme c'est facile à croire !

Mais « l'avorton » était loin d'être à bout de ressources et se relevait en s'époussetant de son mieux :

— Monsieur Morosini dit la vérité : il ne m'a jamais vu. Ce qui est tout à mon honneur et prouve que je fais bien mon métier !

— Et c'est quoi, ce métier ?

— Je suis détective privé. Alcide Truchon, de l'agence « L'œil écoute », de Paris. Et aussi de Bruxelles où nous avons une succursale. Voyez plutôt !

Et, d'une poche de sa poitrine, Alcide Truchon tira deux cartes dont il tendit l'une à l'inconnu et l'autre à Morosini qui ne cachait pas sa stupéfaction.

— Puis-je savoir pour le compte de qui vous me suiviez depuis...

— ... plus de deux mois... et il nous est interdit de révéler le nom de nos clients, précisa le détective en s'efforçant de retrouver sa dignité.

L'inconnu sortit un revolver de son veston et le braqua sur lui :

— Ou tu parles illico ou tu te tairas pour l'éternité ! fit-il d'un ton las.

— Bon. Le baron Waldhaus, de Vienne, a requis nos services pour surveiller les agissements du prince Morosini ici présent dont il soupçonnait la liaison avec sa femme, la baronne Agathe, née Timmermans.

— Encore cette histoire ! protesta Aldo. Mais je la croyais enterrée depuis ce duel ridicule auquel j'ai été contraint ?

— Monsieur le baron ne la considérait pas comme une affaire enterrée. Il est plus persuadé que jamais, au contraire, qu'on lui a joué une habile comédie dont s'est mêlée sa belle-mère, Mme Timmermans. J'ai donc reçu des instructions pour m'attacher aux pas du prince et ne le perdre de vue que le moins possible. Ce que j'ai fait !

— Mais c'est de la démence ! s'emporta Aldo. Et si je rentrais chez moi, à Venise, vous seriez prêt à passer des semaines, des mois, voire des années à surveiller ma maison et les miens ?

— Uniquement vous mais le temps qu'il faudra !

— Est-ce qu'il ne serait pas plus aisé... et surtout moins onéreux de suivre la baronne Agathe ?

— Que croyez-vous ? Elle est surveillée, elle aussi ! Comme elle a demandé le divorce, le baron tient à rassembler le maximum de preuves pour avoir barre sur elle et, éventuellement, éviter une séparation qui lui est pénible !

— C'est une histoire de fous !

— Que ce soit ce que ça veut, coupa l'inconnu qui donnait des signes d'agacement depuis quelques instants, cela ne nous intéresse pas ! Désolé, Alcide Truchon de l'agence « L'œil écoute », mais vous allez être séparé de votre précieux gibier sans grand espoir de le revoir. Emmenez-le, ajouta-t-il à l'intention de ses hommes qui avaient apporté le détective.

— On en fait quoi ?

— Mettez-le avec les autres ! On s'occupera de lui après !

— Les autres ? Quels autres ? demanda Aldo qui pensait au jeune Faugier-Lassagne.

— Je ne pense pas que ce soit vos oignons ! Allez ! Emmenez-le ! Nous avons à traiter d'affaires plus importantes que ces sottises....

Il fallut pourtant patienter encore un moment : fort de son bon droit et de sa conscience pure, Alcide Truchon fournit une défense honorable qui réquisitionna trois hommes. On réussit finalement à l'emporter, mais tellement glapissant et fulminant qu'on dut en venir à le bâillonner. Tant qu'il se fit entendre, le chef se tint la tête comme si ces cris lui faisaient mal.

— Je ne supporte pas d'entendre hurler, admit-il quand l'organe perçant du détective se fut éteint... A présent, à nous deux ! Vous avez le collier ?

— Vous avez Gilles Vauxbrun ?

— Il n'est pas ici !
— Où est-il ?
— Je vous le dirai plus tard !
— Pourquoi, alors, ce rendez-vous à l'autre bout de la France quand nous étions convenus de Paris ?
— Rien n'était convenu...
— Sinon que l'on me remettrait Vauxbrun en échange des émeraudes. Je les ai ! Rendez-moi Vauxbrun !
— C'est impossible ! il n'a pas supporté sa captivité et...
— Enfermé dans une caisse au fond de sa propre cave, qui aurait survécu à pareil traitement ?

Les yeux de l'autre s'agrandirent :

— Vous le saviez ?
— C'est moi qui l'ai découvert.
— Vous le saviez et pourtant vous êtes venu avec le collier ? Ou est-ce un coup de bluff ?
— Ce n'est pas la première fois que je traite avec des gens malhonnêtes...
— Ce qui signifie que vous m'avez trompé, que vous n'avez pas les émeraudes et que vous espériez me prendre au piège...
— Enlevez-moi ces menottes, vous verrez bien !

Sur un signe impératif, l'un des sbires délivra les poignets d'Aldo qui sortit alors de la poche à fermeture Eclair ménagée dans la doublure de sa veste en whipcord le sachet de daim noir dont il fit glisser le contenu sur le brocart ancien recouvrant le guéridon voisin :

— Les voici !

Il y eut un silence total. Chacun des hommes présents retint son souffle. Sous les feux du chandelier à dix branches posé près d'elles, les émeraudes de Montezuma se mirent à irradier d'une incomparable lumière verte. Un instant, le bandit lui-même parut changé en statue tendis que se dilataient ses sombres prunelles. Et la main qu'il tendait vers les pierres tremblait d'excitation. Mais Aldo fut plus rapide : en un tournemain il escamota les joyaux puis recula jusqu'à s'appuyer à la cheminée.

— Un moment ! Elles ne sont pas faites pour des pattes sacrilèges. N'oubliez pas qu'il s'agit de pierres sacrées... Avant de poursuivre d'ailleurs et puisque vous avez tué Vauxbrun, je veux savoir quelque chose.

— Quoi ?

— Ce qui s'est exactement passé le jour du mariage et l'explication de l'incroyable comportement de Vauxbrun.

L'autre haussa les épaules :

— L'explication est facile dès l'instant où la drogue entre en jeu, et surtout avec un homme quasi prosterné devant sa fiancée. Quand on l'a rejoint, rue de Poitiers, il n'y a eu qu'à lui dire que Don Pedro acceptait, pour l'aider, de lui prêter le collier mais qu'il fallait passer le prendre au Ritz. On serait juste un peu en retard à l'église, mais il ferait patienter. Une fois en sa possession, nous avons exécuté notre plan et il s'est retrouvé prisonnier.

— Vous êtes de fieffés misérables ! Et la chaussure retrouvée près de la Mare-aux-Fées ?

— Un petit plus pour la police ! On avait d'ailleurs jeté la deuxième de l'autre côté de la route dans un buisson. Amusant, non ?

— Je ne trouve pas. Mais, pour en revenir aux émeraudes, sachez que vous n'êtes pour moi que de simples intermédiaires.

— D'où tenez-vous cette fable ?

— De ce que j'ai appris de la bouche du véritable propriétaire, Don Pedro Olmedo de Quiroga. Et comme cette maison appartient à sa tante Doña Luisa de Vargas y Villahermosa où je suppose qu'il se trouve en famille, je vous serais obligé d'aller le chercher. C'est à lui seul que j'entends remettre ces émeraudes...

Un sourire que l'on pourrait qualifier de diabolique changea l'expression d'un visage qui, au repos, était loin d'être laid :

— Etes-vous vraiment naïf à ce point ?

— Comment ?

— Je veux dire : après notre entrevue du bois de Boulogne, avez-vous cru réellement travailler pour cette tribu mexicaine ?

— Dans mon esprit, il n'a jamais été question d'autre chose. Et si j'ai déploré les moyens employés pour rentrer en possession d'un trésor plusieurs fois centenaire, j'ai fini par comprendre, à défaut d'admettre. Cela dit, je voudrais au moins savoir où se trouvent celle qui est toujours Mme Vauxbrun et les siens ?

— Chevaleresque, hein ?

— N'exagérons rien. Sachez que j'aime savoir où je mets les pieds.

— Alors je vais vous rassurer : cette maison reste la propriété de l'affreuse Doña Luisa et de la ravissante Doña Isabel. Vous pourrez même les saluer tout à l'heure avant de...

— Avant de quoi ?

— Rien. Nous en parlerons l'heure venue...

— Il n'en demeure pas moins que je veux voir Don Pedro, fit Morosini en appuyant sur chaque syllabe. Sinon...

— Sinon, quoi ? Vous n'êtes guère en état de poser des conditions.

— En êtes-vous sûr ? Disons que je pourrais laisser tomber le collier dans le feu...

— Imbécile !

Le geste ébauché par l'inconnu en vue de lancer deux de ses hommes sur Aldo se figea net. Le poing soudain armé du prince qui venait de se baisser rapidement était pointé vers sa tempe.

— Si l'un de vous bouge, je tire ! prévint-il. Et maintenant j'exige de voir Don Pedro !

— V's auriez du mal, inervint l'un des truands en faisant passer son chewing-gum d'une joue à l'autre. L'a eu la mauvaise idée d'vouloir faire un tour en bateau pour admirer les vagues d'plus près ! Ça lui a rien valu !

— Vous voulez dire qu'il s'est noyé ?... Ou plutôt qu'on l'a noyé ?

— Y a d'ça ! Faut dire qu'il dev'nait encombrant !

— Ça suffit ! Tu parleras quand je te le dirai et... si je te le dis !

— Voilà bien des paroles pour une sordide réalité, coupa Morosini. Vous avez assassiné Don Pedro ! Point final ! Dieu ait son âme. Mais à défaut, je me contenterai de son héritier direct. Faites venir Don Miguel !

— Il n'est pas là !

— Non plus ? Envoyez-le chercher ! Je ne fatigue jamais lorsque je tiens en joue un malfaiteur. Ce que vous êtes indubitablement, Monsieur l'inconnu...

Sans plus se soucier de l'arme braquée sur lui, le jeune homme alla s'étendre à demi sur le banc aux coussins de velours rouge, une jambe négligemment passée sur l'accoudoir. Il eut même pour Aldo un sourire moqueur :

— C'est vrai, pourtant, que l'on ne nous a jamais présentés ? Je ne vois d'ailleurs pas qui aurait pu s'en charger. Pour tous ceux d'ici je suis Gregory Ollierik, mais je crois le moment venu de révéler ma véritable identité. Je vous dois bien ça... mon cousin !

— Cousin ? Qu'allez-vous encore inventer ?

— Rien qui ne soit l'expression exacte de la réalité. Mais si cousin vous déplaît, nous pourrions dire... beau-frère ? Qu'en pensez-vous ?

— Que vous êtes fou !

Le petit rire cruel qu'Aldo avait appris à redouter retentit. A cet instant, il fut saisi d'une envie brutale d'appuyer sur la détente et d'effacer à jamais ce garçon du nombre des vivants, mais c'eût été donner le signal de sa propre mort. Ils étaient cinq sur la galerie dont les armes n'avaient pas bougé. Lentement, il laissa retomber sa main. Cependant, son cerveau travaillait à toute vitesse pour trouver une logique à cette histoire. Il savait que des personnages qui avaient été ses plus impitoyables ennemis, aucun ne subsistait. Cela relevait de l'impossible ! Pourtant il entendit :

— Je m'appelle Gregory Solmanski !

Le rire d'Aldo résonna à travers la maison avec une stridence inhabituelle parce que c'était un rire forcé d'où toute gaieté était absente, remplacée par une angoisse dont Aldo constata avec rage qu'il n'était pas le maître. Il chercha du secours dans l'insolence :

— Un Solmanski surgi du néant ? Bravo !... Cependant n'est-ce pas un peu trop facile, quand une famille est éteinte, de s'emparer du nom et de se l'appliquer... comme un faux nez ?

— Ça l'est encore davantage quand on peut produire les actes en faisant foi. Je conçois que ça vous contrarie. Vous étiez intimement persuadé d'en avoir fini avec ma famille puisque vous avez tué mon père, mon frère et fait assassiner ma sœur par votre cuisinière. Pourtant le fait est là : je suis bel et bien le dernier Solmanski, né à Locarno, le 9 mars 1908, fête de saint Grégoire de Nysse, des amours – brèves mais intenses ! – du comte Roman Solmanski avec la comtesse Adriana Orseolo, votre cousine... qu'entre parenthèses vous avez fait disparaître aussi. D'où ce cousinage qui semble vous chiffonner, ce qui est ridicule puisque, je vous l'ai dit, je me trouve être également votre beau-frère ! Satisfait ?

Aldo serra les dents. Une sueur froide perla à ses tempes en face de ce rejet inattendu vomi par l'enfer. Il lui fallait à tout prix gagner du temps pour se ressaisir. Cherchant une cigarette dans son étui, il réussit à l'allumer d'une main assurée mais il fit un geste maladroit et laissa tomber l'arme sur laquelle fondit le colosse. Cependant il remarquait :

— Intéressante famille ! Votre père était responsable de véritables massacres, votre sœur avait facilement deux morts sur la conscience en attendant d'y ajouter une troisième : la mienne. Quant à votre mère, elle avait assassiné la mienne qui, cependant, la traitait comme sa fille... Mais à présent, j'aimerais savoir comment vous avez pu vivre dans la tribu Solmanski sans que l'on vous voie jamais sur le devant de la scène ?

— Pourtant, un soir, c'est moi qui ai joué le principal rôle. C'était à Zurich pendant la fête que Moritz Kledermann, votre beau-père, donnait pour l'anniversaire de sa femme. C'est moi qui ai eu l'honneur de descendre la sublime Dianora d'un seul coup de pistolet. Un coup magnifique qui m'a valu les félicitations de mon père avant qu'il ne me renvoie aussitôt après en Amérique me mettre à l'abri des flics helvétiques...

Luttant cette fois contre une nausée insidieuse, Aldo aspira deux ou trois bouffées. Il était évident qu'il avait affaire à un maniaque du crime.

— Bel exploit ! Une femme innocente abattue alors qu'elle riait et buvait une coupe de champagne entourée de son époux et de ses amis ! Mais, je répète, comment se fait-il que je ne vous aie jamais remarqué dans le clan Solmanski ?

— Cela tient à ce que je m'y suis intégré tardivement. Dès ma naissance, j'ai été laissé par mon père à une nourrice de Locarno où je suis resté jusqu'à l'âge de huit ans. Après, on m'a mis en pension dans l'un de ces collèges chic dont la Suisse a le secret et j'y ai été élevé sous le nom de mon père puisqu'il m'avait reconnu, tandis que celui de ma mère restait anonyme.

— Vous est-il arrivé de la voir ? Je veux dire, votre mère ?

— A plusieurs reprises quand j'étais petit. Ensuite, non. Au sortir de l'affaire Ferrals [1], on m'a emmené en Amérique. D'abord sous le pseudonyme d'Ollierik pour tâter le terrain et voir comment le reste de la famille m'accueillerait. Mais je me suis tout de suite entendu à merveille avec Sigismond, mon frère plus âgé, et le nom d'emprunt a disparu jusqu'à ce que je le reprenne pour les besoins de mes occupations. Malheureusement, si Sigismond m'appréciait, ce n'était pas le cas pour Anielka, mais elle n'aimait pratiquement personne, vous, elle vous haïssait tellement que nous avons fini par tomber d'accord sur ce point. Après leur disparition massive, j'ai repris à mon compte la bande de Sigismond et j'ai pu réussir quelques opérations... intéressantes. C'est au cours de l'une d'elles que j'ai fait la connaissance de Miguel Olmedo puis de sa famille et, surtout, j'ai eu vent de ces fameuses émeraudes envolées dont la perte plongeait le pauvre vieux Pedro dans le désespoir... Ce qui a été pour moi une sorte de... révélation ! En dehors du fait que ce collier valait plus qu'une fortune, c'était l'occasion inespérée de vous obliger à travailler pour moi et, par conséquent, de venger les miens lorsque enfin je vous tiendrais à ma merci ! Ce qui, ce soir, se réalise ! Vous êtes coincé. En « mon » pouvoir et vous êtes fait comme un rat !

1. Voir *L'Etoile bleue* et *Le Diamant du Téméraire*.

— On n'est pas plus clair ! Vous avez l'intention de me tuer ! constata Aldo aussi calmement que si l'on venait de l'inviter à dîner.

— Sans doute... mais on ne va pas se presser ! J'ai une envie folle, mon cher prince, de m'amuser avec vous. Vous tuer d'un coup de feu serait trop bête, trop rapide. Vous voir souffrir... longuement, voilà ce qui sera délicieux, digne des Solmanski !...

— Que vous n'êtes pas plus que vos prédécesseurs. Nom, titre et palais ont été volés par un Russe nommé Ortschakoff, un spécialiste des pogroms et autres massacres d'innocents !

— Qu'est-ce qui importe, à présent que j'ai mis la main sur vous ?... Maintenant, donnez-moi les émeraudes !

— N'en faites rien !

La voix qui s'exprimait avec une telle autorité appartenait à Doña Luisa. Vêtue de noir à son habitude mais avec davantage d'austérité parce que aucun bijou – à l'exception de l'alliance d'or qui ne quittait sans doute pas son annulaire – n'éclairait un deuil aggravé, au contraire, par le voile de crêpe couvrant à demi ses cheveux gris haut relevés par un peigne d'ébène.

Sortant de derrière une colonne, la vieille dame s'avançait avec une majesté qui frappa Aldo tandis qu'elle s'approchait de lui. Il s'inclina même lorsqu'elle demanda :

— Est-ce réellement, cette fois, le collier sacré ?

— Sur ma foi, il n'existe aucune raison d'en douter, répondit-il en faisant glisser de nouveau les pierres sur le brocart pourpre.

A leur vue, une flamme s'alluma dans le regard couleur de granit et, comme une masse, Doña Luisa se laissa tomber à genoux devant les émeraudes où elle posa des mains tremblantes :

— Pardonnez-moi d'avoir douté de vous, prince Morosini, car ceci est un miracle. Où étaient les pierres sacrées ?

— Cachées parmi les objets précieux rapportés du Mexique par l'impératrice Charlotte qui a toujours ignoré qu'elle les possédait.

— Qui les avait mises là ?

— Une femme qui la haïssait et qui, connaissant la malédiction attachée à ces émeraudes, voulait qu'elles causent sa perte.

— Elles n'y ont pas manqué puisqu'elle est morte folle mais désormais les « quetzalitzli » du Serpent à Plumes ne seront plus touchées que par des mains pures et ces mains les rapporteront à la terre des ancêtres dont la gloire et la renommée renaîtront ! Loué soit Uitzilopochtli, dieu des dieux, pour ce beau jour qui nous rend l'espérance !

Et, toujours à genoux, Doña Luisa entama une mélopée bouche fermée, à la fois lente et lugubre, mais traversée d'éclats de voix qui ressemblaient à des cris de victoire. Tous l'écoutèrent sans songer à l'interrompre, tant ce chant venu du fond des âges était émouvant.

Ce fut seulement quand elle se tut, courbée et assise sur ses talons en élevant au bout de ses bras les émeraudes au-dessus de sa tête qu'éclata le bruit le plus incongru : un applaudissement qui ne généra aucun écho.

L'auteur en était évidemment le dernier des Solmanski :

— Bravo ! Quelle réussite et qui pourrait avoir du succès au music-hall mais, ici, il est temps de passer aux affaires sérieuses, on a suffisamment rigolé !

Et, d'un geste vif, il arracha le collier à Doña Luisa et le fit miroiter entre ses doigts avant de le fourrer tranquillement dans sa poche.

A demi étouffée d'indignation, la vieille dame émit un cri de colère et voulut se relever maladroitement, ce qui eût aggravé son cas si la poigne solide d'Aldo n'était venue à son secours pour la remettre debout. Elle l'en remercia d'un coup d'œil mais protesta :

— Vous perdez la raison, je pense ! Que vous osiez seulement toucher les pierres sacrées n'était pas dans nos conventions !

Il haussa les épaules avec un vilain sourire :

— Nos conventions ? J'ai l'impression qu'elles n'ont existé que dans votre esprit, ma bonne dame, et dans celui de ce pauvre Don Pedro. Moi, je n'ai jamais travaillé que pour moi...

— Allons donc ! Quand Miguel vous a amené chez nous à New York ?

— ... Ah ! ça, j'admets avoir fait ce qu'il fallait pour vous séduire et entrer dans votre jeu quand j'ai compris qu'avec votre histoire de trésor familial disparu, vous m'apportiez exactement ce dont je rêvais : l'occasion de faire une belle fortune en tirant une éclatante vengeance d'un homme que j'exècre...

— Ne cherchez pas, Doña Luisa, c'est de moi qu'il s'agit ! fit Aldo. Ce triste personnage estime que je suis en dette envers lui...

— Ne mélangeons pas. On réglera ça comme je l'ai décidé. Pour l'heure, il n'y a place que pour les joies du triomphe, et le mien est complet.

— Parce que vous détenez les émeraudes ? laissa tomber Aldo, dédaigneux. Vous ne devriez pas perdre de vue la malédiction qui pèse sur elles. Qu'est-ce qui peut vous faire croire qu'elle vous épargnera ?

— La bonne raison que je n'ai pas l'intention de les garder mais de les vendre... une somme astronomique ! Je connais l'acquéreur qui m'en donnera ce que je voudrai. Et si vous ajoutez l'héritage Vauxbrun...

— Vous n'y avez aucun droit, que je sache !

— Moi, non, j'en conviens, mais sa veuve, si. Ce qui nous a permis de vivre agréablement en vendant certaines babioles ici ou là... Le reste va suivre. Et ça fait un paquet !

— Ça va faire surtout un paquet de désillusions pour vous. Tant que Vauxbrun n'était que disparu, sa femme pouvait agir à sa guise. Désormais, elle va être officiellement veuve, donc la succession va être ouverte...

— Et alors ? Ouverte ou fermée, c'est du pareil au même. Tout lui revient !

— C'est là que vous faites erreur... En dehors de la part réservataire prévue par la loi, elle n'a droit à rien.

— N'essayez pas de me raconter des fariboles. Ce n'est quand même pas l'Etat qui va ramasser ?

— Non. C'est l'héritier. Figurez-vous qu'il y en a un, dûment reconnu et couché sur le testament déposé en l'étude de Maître Baud, notaire. Vauxbrun était célibataire mais il avait un fils naturel qu'il a reconnu !

— Ce n'est pas grave : on attaquera le testament. J'imagine sans peine quel genre de gamin facile à intimider nous aurons en face de nous...

— Il est procureur de la République !

Intérieurement, Aldo priait désespérément pour que ce soit toujours la réalité, ce dont personne ne pouvait être certain depuis la disparition inexplicable du jeune magistrat. Peut-être même faisait-il partie de ces « autres » évoqués tout à l'heure par Gregory laissant entendre la présence de prisonniers dans cette maison, mais il n'avait pu résister au plaisir pervers de voir le visage de son ennemi se convulser de rage. En vérité, ce fruit des amours clandestines de Roman Solmanski et d'Adriana Orseolo manquait de cette classe qui n'avait jamais fait défaut à ses géniteurs !

Celui-ci, cependant, arrivait à la parade :

— Bah ! Ça n'en fait qu'un de plus à éliminer !

— Tuer est votre spécialité, n'est-ce pas ? Si j'étais vous, je prendrais la précaution de tenir compte de la police française et, surtout, je considérerais que la mort de l'héritier ne changerait rien pour Mme Vauxbrun. Car la succession qui s'ouvrirait alors serait celle de votre nouvelle victime. Vous n'y gagneriez qu'une chance de plus de porter à l'échafaud une tête ô combien antipathique !

— Ne vous faites pas de bile ! Je suis américain !

— La chaise électrique ne doit pas être plus agréable. Surtout, c'est plus long ! Mais pas d'illusions, ce sera ou l'une ou l'autre. Le chef de la police métropolitaine de New York, Phil Anderson, se fera une joie de demander votre extradition...

Le tout sur un ton paisible qui exacerba la fureur du dénommé Solmanski. Il se mit à hurler, ordonnant en plusieurs langues que l'on réduise son prisonnier, qu'on le ligote et qu'on le bâillonne. Ce qui fut exécuté avec dextérité, après quoi on l'expédia à terre tel un paquet. Le hasard voulut qu'il tombe aux pieds de Doña Luisa, effondrée dans un fauteuil, qui pleurait en silence sans songer à essuyer ses larmes. Là, à quelques pas, Gregory avait ressorti le collier et le maniait dans la lumière des bougies, ayant momentanément oublié ceux qui le regardaient. La vieille dame se pencha sur Morosini :

— Pourquoi l'avoir poussé à bout ? chuchota-t-elle. Il va vous tuer et tout sera dit.

Il hocha légèrement la tête, accompagnant son geste d'un regard souriant... Il n'avait pas d'autre moyen de lui faire comprendre qu'il avait agi sciemment dans l'espoir qu'on l'enverrait rejoindre ces autres qui le tracassaient tant. Il serait peut-être possible de tenter une action puisqu'il avait gardé son couteau. Quant à être abattu sur place, il n'y croyait pas. Gregory ne lui avait-il pas promis une douloureuse agonie ? Cela avait au moins l'avantage de laisser du temps. Il aurait seulement préféré savoir ce qu'Adalbert faisait pendant ce temps-là !

Cependant, un autre personnage faisait son apparition. Suivie par les regards admiratifs de ces hommes frustes, Doña Isabel descendait l'escalier, lente, gracieuse, hiératique et apparemment insensible, elle semblait glisser dans sa longue robe d'intérieur en velours noir, parée du seul éclat de sa peau révélé par le profond décolleté en pointe... Du fond de son inconfortable position, Aldo ne put s'empêcher d'admirer sa beauté sans cesser de déplorer qu'elle fût à ce point dépourvue de vie.

Mais d'un seul coup la statue s'anima : elle venait d'apercevoir les émeraudes entre les mains de Gregory et, se précipitant vers lui, elle les lui arracha avec une fureur inattendue :

— Les quetzalitzli sacrées ! Comment osez-vous seulement les toucher ? C'est un sacrilège !

Trop surpris par la soudaine transformation de la jeune femme, Gregory ne réagit pas et se laissa enlever les pierres sans rien faire pour les retenir. Isabel l'oubliait déjà. Comme Doña Luisa précédemment, elle éleva les pierres vers les lumières d'un candélabre puis, les bras toujours tendus, plia le genou en baissant la tête comme l'eût fait une chrétienne devant l'hostie, se redressa et revint vers l'escalier qu'elle s'apprêtait à remonter sans que quiconque fît un geste pour l'interrompre tant elle était transfigurée.

Mais le fils de Roman Solmanski n'était pas de ceux qu'un sortilège peut retenir captif longtemps. En trois sauts il eut rejoint la jeune femme :

— Hé là ! Où prétendez-vous aller ?

— Chez moi où le joyau de Quetzalcóatl recevra de mes mains consacrées les rites purificateurs en attendant d'être conduit au navire qui nous ramènera au pays des ancêtres.

D'un mouvement instinctif de protection, elle avait plaqué le collier contre sa gorge tandis que Gregory l'obligeait à revenir vers la cheminée. Sans brutalité excessive : il semblait plus surpris que mécontent :

— Les rites purificateurs ? Le pays des ancêtres ? Qu'est-ce que ce charabia ? Vous avez vraiment cru que je me décarcassais uniquement pour vous remettre le collier et vous conduire au bateau en vous souhaitant bon voyage ? Allons donc ! Revenez sur terre, ma belle, et n'essayez pas de me faire avaler que vous êtes aussi bornée que votre oncle. J'avoue que je l'ai pensé un moment, vous étiez tellement absente, si obstinément muette, que je vous prenais pour une jolie poupée bien dressée et sans plus de cervelle.

— Mon oncle vous a fait confiance et il a disparu. Mon cousin Miguel aussi, je suppose ?

— Exact ! L'un prétendait régenter tout le monde, moi y compris. Quant à Miguel, après s'être acquitté de sa tâche avec le zèle qui convenait, il est devenu beaucoup trop gourmand. Et vous, il est largement temps que je vous fasse part de mes projets... où vous n'avez pas la plus mauvaise part, sachez-le !

— Vous n'avez rien à me réserver, lui rétorqua-t-elle avec un dédain écrasant. Dès l'enfance, j'ai été vouée aux dieux de mes pères et personne n'y peut plus rien changer. Pas même moi, en admettant que je le veuille !

— Ce qui signifie ?

La voix profonde de Doña Luisa se fit entendre :

— Vierge elle est et vierge elle restera !

En dépit de la gravité du ton, Gregory s'esclaffa :

— A d'autres, la vieille ! Et le mariage à grand spectacle avec cet imbécile de Vauxbrun ? Il n'avait pas l'intention de la laisser pure et sans tache. Sans les... incidents que nous avons créés, elle passait bel et bien à la casserole, votre poulette !

Elle le toisa avec un indicible dégoût :

— Dieu que vous êtes vulgaire ! Cela aussi, vous nous l'aviez caché !

— Cela soulage de se détendre, mais pour en revenir à ce dont nous parlions...

— Seul le mariage civil devait avoir lieu pour nous procurer l'argent nécessaire à notre mission et à aucun prix cet homme ne devait toucher Isabel ! Et ne venez pas prétendre que vous ne le saviez pas !

— Je le savais, c'est exact, mais je pensais que l'interdit ne concernait que le seul Vauxbrun, étant donné la différence d'âge. Aussi ai-je conçu d'autres projets. Il en va de cette belle enfant comme du collier : j'avais décidé de les garder pour moi. Aussi, avec ou sans votre permission, je récupère les émeraudes (il joignit le geste à la parole en les remettant dans sa poche) et la ravissante dont je brûle, depuis des semaines, de faire une femme normale. Il est salutaire que cette maison revienne à une saine réalité ! Venez, ma douce !

— Vous n'allez pas commettre ce sacrilège ? gémit la vieille dame.

— Oh, mais si ! Et sur-le-champ !

Isabel se défendant avec plus de force que l'on n'aurait pu imaginer, il appela :

— Bill, Max et Fred, emmenez-la et attachez-la sur le lit par les quatre membres. Je n'ai pas envie qu'elle me crève un œil avec ses griffes !

— On vous la déshabille, patron ? proposa l'un des séides.

— Pas question. C'est un plaisir que je me réserve. Avec un couteau, ce sera vite expédié...

Doña Luisa éclata en sanglots :

— Je vous en supplie, si vous êtes né d'une mère...

— Evidemment, je suis né d'une mère. Je crains cependant que sa vertu n'ait pas été des plus solides... A tout à l'heure ! Et si vous entendez crier, ne vous affolez pas ! J'adore violenter une fille.

Il allait disparaître à la suite de ses hommes quand deux coups de feu éclatèrent à l'extérieur :

— Qu'est-ce que c'est ? fulmina-t-il. Voyez ça !

Au même instant, la porte donnant sur le jardin s'ouvrit. Deux hommes entrèrent, remorquant chacun par un bras Adalbert Vidal-Pellicorne, aussi souriant que s'il rejoignait une réunion mondaine.

— Bonsoir, la compagnie ! fit-il aimablement. Oh, je vois que nous avons ici belle et nombreuse société ! Je suis, croyez-le bien, absolument ravi de me trouver parmi vous.

N'en croyant ni ses yeux ni ses oreilles, Aldo – que Doña Luisa s'efforçait discrètement de libérer de son bâillon – se demanda si son ami n'était pas devenu fou. Qu'espérait-il tenter, seul, dans cette maison bourrée à craquer de monde où il ne pouvait que se faire abattre ? Et apparemment Gregory se posait la même question :

— D'où l'avez-vous extirpé, celui-là ?

— Du parc, expliqua l'un de ses gardiens. Il avait sauté le mur et il distribuait des morceaux de viande aux chiens. Quand il nous a vus il s'est mis à courir dans tous les sens et il a fallu se mettre à six pour en venir à bout. Il vous glisse dans les doigts comme une anguille !

— Il devrait être dans son appartement de Paris où on le surveillait jour et nuit ! Bande d'incapables ! hurla-t-il, furieux. Quand j'en aurai fini, il y aura des comptes à régler.

— Faut pas leur en vouloir, plaida Adalbert, lénifiant. Ils ont fait une simple erreur sur la personne... Vos sbires m'ont consciencieusement suivi jusqu'au musée du Louvre, l'autre matin, et ils n'y ont pas manqué quand j'en suis ressorti, à cette différence près que ce n'était pas moi mais le frère jumeau de mon valet de chambre sous mes vêtements. Ce qui m'a permis, sous les siens, de m'embarquer tranquillement dans le taxi qui m'attendait sur la berge de la Seine – il faut dire qu'au Louvre, nous avons nos petits secrets ! C'est un vieux palais, vous savez, avec plein de recoins, et je le connais comme ma poche ! Au fait, je n'ai pas l'honneur de vous connaître ?

Fou de rage, Gregory le gifla à la volée en allers et retours répétés :

— Avant peu, tu regretteras de m'avoir rencontré ! Qu'on le ligote, lui aussi !

Ce fut fait en un rien de temps et Adalbert se retrouva couché à côté d'Aldo que Doña Luisa avait réussi à délivrer de son bâillon.

— Qu'est-ce qui t'a pris de faire cette entrée théâtrale ? chuchota celui-ci. C'était vraiment utile de te faire prendre si bêtement ?

— C'est, mon cher, ce qu'en tactique militaire on appelle une diversion. Ils ont dû se mettre à quatre ou cinq pour m'attraper. Ecoute plutôt ! Pendant qu'on s'occupait de moi, des sympathisants franchissaient le mur... Tu les entends ?

Dans le jardin, indubitablement, des coups de feu se succédaient, parfois suivis d'un cri de douleur. Gregory s'était avancé jusqu'à la porte et regardait... Soudain, il recula, prit un poignard arabe dans un trophée mural et, saisissant Doña Luisa par les cheveux, lui mit la lame sous la gorge. Il avait constaté que ses hommes reculaient devant le tir nourri :

— Je ne sais pas combien vous êtes ! hurla-t-il, mais si l'un de vous franchit ce seuil, je saigne la vieille ! Et qu'on ferme cette porte ! Elle est solide !

Quatre hommes réussirent à claquer le lourd vantail au nez des assaillants et à le barricader, ce qui leur permit de souffler... Aldo aurait aimé demander des explications supplémentaires mais l'un des pieds de son ennemi se posait sur sa poitrine tandis que celui-ci attachait les longs cheveux dénoués de Doña Luisa aux sculptures du haut dossier de son fauteuil, en tirant suffisamment pour l'empêcher de bouger. Des larmes montèrent aux yeux de sa victime :

— Vous êtes vraiment un monstre ! Vous ne gagnerez pas éternellement...

— Oh, que si, répondit-il avec son rire sinistre. Combien sont-ils dehors ? répéta-t-il en glapissant à l'adresse de celui qu'il appelait Slim.

— Difficile à savoir tant qu'il fait nuit ! M'est avis que ce ne sont que des paysans. Leur chef est un petit vieux teigneux qui sait drôlement bien se servir d'un fusil.

— On va savoir ! Hé, toi, l'archéologue, dis-nous un peu qui sont tes copains ?

— Des contrebandiers, à ma connaissance. Il paraît que, depuis que vous occupez cette maison, vous gênez leur commerce !

— Tiens, c'est nouveau ? Mais c'est une bonne garantie contre les gendarmes. On les voit mal s'associer...

— Peut-être, reprit Slim. Mais qu'est-ce qu'on fait ?

— Nous, rien ! Avec trois otages, sans compter Isabel à l'étage, on n'a pas grand-chose à craindre. Hé, vous autres, là-haut ! ajouta-t-il à l'adresse des cinq hommes qui gardaient toujours la salle sous la menace de leurs armes. (Ils étaient dressés à l'obéissance aveugle et, n'ayant pas reçu de nouvelle consigne, ils n'avaient pas bougé d'un iota.) Que trois d'entre vous aillent se poster aux fenêtres de façade et tirent sur tout ce qui bouge.

Quelques secondes plus tard, deux hurlements de douleur lui apprirent qu'il avait vu juste et il se remit à rire :

— Bravo ! On va réussir à en venir à bout !... Si ça se gâtait trop, on profitera de l'obscurité et on filera par la rivière en emportant les femmes et quelques bricoles. Maintenant qu'on a les émeraudes...

— Et ces deux-là ? demanda celui que l'on appelait Max.

— On ne pourra faire autrement que les tuer mais on pourrait s'arranger pour faire durer l'agonie. Et avant de quitter l'Europe, je m'accorderai le loisir de m'occuper de la famille Morosini, conclut le malfrat en allongeant un coup de pied dans les côtes d'Aldo qui retint un gémissement de douleur.

— Le plus simple, approuva ledit Max, qui n'avait pas écouté la fin de la phrase, ce serait de mettre le feu à la baraque avant de déguerpir...

Un silence régna, semblable à ceux qui s'établissent quand on retient son souffle. C'était le cas d'Aldo et d'Adalbert, inquiets beaucoup moins pour eux que pour la jeune femme qui attendait dans la chambre qu'une brute vienne la violer... Pour l'heure, Gregory, plongé dans ses réflexions, semblait l'avoir oubliée. Il se versait verre sur verre en écoutant les bruits provenant de l'extérieur. Une ou deux fois, une détonation se fit entendre et, quand Max avait tenté de mettre le nez dehors, la balle qui s'était enfoncée dans le bois du chambranle l'avait manqué de peu...

— Qu'est-ce qu'il a voulu dire par « on filera par la rivière » ? chuchota Aldo qui avait réussi à s'appuyer contre Adalbert et commençait à sortir son couteau de sa gaine. Je n'en vois pas d'autre que la Nivelle, et ce n'est pas la porte à côté.

— Ce pays est bourré de surprises. Tu pourras t'en rendre compte si on en sort vivants... Mais qu'est-ce que tu as à gigoter comme ça ? Reste tranquille !

— J'essaie de saisir mon couteau. Ne me dis pas que tu n'as pas le tien !

— Ben si ! Tout a été tellement vite que je l'ai oublié...

— Et c'est toi qui m'as appris le truc ! C'est malin !

Cependant, le dialogue murmuré entre les deux hommes, pratiquement couchés à ses pieds, avait percé la prostration de Doña Luisa. Un coup d'œil lui suffit pour comprendre :

— Attendez ! Je vais vous aider ! souffla-t-elle.

Le temps d'un éclair, l'instrument était dans sa main et, presque sans bouger de sa position douloureuse et avec une habileté inattendue, elle trancha les liens des prisonniers sans qu'il y paraisse pour un observateur superficiel, de façon qu'ils puissent se libérer facilement. Mais Gregory revenait vers eux et s'adressait à Adalbert après lui avoir décoché un coup de pied :

— Dis-moi un peu, toi ! Ils étaient combien à t'accompagner ?

— Je n'en sais trop rien. Une douzaine, pas plus !

— Parfait ! ricana-t-il d'une voix sur laquelle se faisait déjà sentir le poids de l'alcool. Au jour, je rappellerai les gardiens du souterrain et on fera place nette... En attendant... hic !... Je vais apprendre à la... ravissante Isabel... qui sera... désormais... son maître !

Il allait achever la bouteille qu'il tenait toujours à la main mais, se rendant compte des effets de l'alcool, il la rejeta, se dirigea vers l'escalier d'un pas encore ferme et le monta.

— O dieux de l'Anahuatl ! gémit Doña Luisa en fermant les yeux d'où glissèrent des larmes. Ayez pitié de votre servante !

Les deux hommes partageaient son angoisse. Surtout en se souvenant des derniers mots de Gilles : « Veille sur elle... » Et Aldo était là, impuissant, parce qu'il savait que, si lui ou Adalbert bougeaient, les hommes qui les tenaient en joue tireraient sans hésiter, au risque d'atteindre la vieille dame. Elle le comprit :

— Ne vous occupez pas de moi si vous voulez vous échapper...

La porte venait de claquer derrière Gregory. Ils échangèrent un coup d'œil :

— Je vais essayer, glissa Adalbert à l'oreille d'Aldo. Toi, tu as femme et enfants... Donnez-moi le couteau, Doña Luisa !

— Non ! Ne bougez pas ! Regardez ! reprit Aldo.

A l'abri de la galerie, deux hommes, sortant sans doute des cuisines, s'avançaient à pas de loup sans faire le moindre bruit. L'un avait un pistolet et l'autre une winchester. Ce dernier était un paysan d'une cinquantaine d'années mais son compagnon, celui qui tenait l'arme au poing, n'était autre que le jeune Faugier-Lassagne. Aucun des guetteurs ne les avait aperçus, attentifs qu'ils étaient à surveiller les mouvements des prisonniers. Pourtant il fallait prévenir ce secours envoyé du Ciel... Mais comment ?

C'est alors qu'éclata le cri. Venu de la chambre d'Isabel, il était si aigu, si désespéré qu'il fit tourner la tête à tout le monde. Libéré en un clin d'œil,

Adalbert renversa le lourd fauteuil où était attachée la vieille Mexicaine qui se retrouva les jambes en l'air mais protégée par l'épaisseur du siège en chêne, puis se précipita sous la galerie. L'un des hommes tira et Aldo en profita pour rejoindre son ami.

— La chambre, François ! Isabel y est avec...

Une salve lui coupa la parole, aussitôt suivie d'une seconde. La winchester venait de cracher et l'un des veilleurs gisait à terre. Mais l'attention de ceux qui étaient postés aux fenêtres était détournée et la fusillade devint générale. Par chance, Aldo avait remis la main sur son revolver et Adalbert sorti le sien de sa chaussette. Du renfort arriva des cuisines. La salle s'emplit de fumée sans que l'on pût savoir de quel côté penchait le sort. Le désordre fut à son comble quand quelqu'un sortit un brandon enflammé de la cheminée et mit le feu aux rideaux ainsi qu'à un fauteuil.

— Doña Luisa ! cria Aldo. Il faut la sortir de là !

Le fauteuil renversé où elle était entravée était, en effet, à proximité immédiate du début d'incendie. En outre, les mèches de ses cheveux entortillées dans les sculptures l'empêchaient de bouger. Aldo commença par tirer le pesant meuble derrière une colonne et chercha quelque chose pour la délivrer. Des ciseaux apparurent soudain dans son champ de vision :

— Essayez donc avec ceci, conseilla la chanoinesse de Saint-Adour.

Ne l'ayant encore jamais vue, il la considéra avec stupeur. Cette voix de femme distinguée émanant d'un attirail complet de campagnard avait de quoi désorienter mais il comprit rapidement de qui il s'agissait :

— Veuillez m'excusez, Madame, mais que faites-vous dans ce pandémonium ?

— C'est moi, le chef..., secondée par un de mes amis qui est en train de faire le ménage dans le parc... Et puis laissez-moi opérer ! Vous vous y prenez comme si vous deviez tondre un mouton.

Reprenant les ciseaux, elle coupa soigneusement et avec toute la délicatesse nécessaire les mèches grises coincées dans les sculptures du bois.

— Allez voir ce qui se passe à l'étage, ajouta dame Prisca. On va s'occuper d'elle et la ramener à la maison...

Sans plus chercher à comprendre, Aldo escalada l'escalier et rejoignit Adalbert devant d'une porte ouverte où se tenaient deux hommes coiffés de bérets basques :

— Regarde ! fit l'archéologue. Voilà une image que je ne suis pas près d'oublier !

Aldo non plus. Sur le lit dévasté, Isabel, crucifiée, pleurait dans sa robe déchirée. A terre gisait le corps sans vie du dernier des Solmanski et, debout devant lui, François-Gilles Faugier-Lassagne, substitut du procureur de la République, le contemplait d'un œil vide. Il tenait encore à la main le revolver avec lequel il l'avait tué...

Sans un mot, Adalbert le lui enleva, essuya soigneusement l'arme avec son mouchoir avant d'y imprimer ses propres empreintes :

— Moi, je ne risque pas grand-chose, expliqua-t-il à Aldo. Et j'ai Langlois en arrière-garde. Tandis que ce jeunot, victime de ses sentiments ? Je vois d'ici les gros titres à la une de la presse : « Un procureur de la République abat l'assassin de son père... »

— N'exagérons rien : parrain suffirait !

— Bah, il s'en trouverait bien un pour dénicher la vérité... D'autant qu'il va hériter... et n'importe comment, sa carrière serait fichue. Surtout à Lyon !

— Il va falloir le lui faire avaler. Il a une fâcheuse attirance pour la vérité...

— Ça lui passera. Il n'est pas idiot...

Le temps des explications de cette nuit insensée vint plus tard, après l'obligatoire passage des gendarmes et du juge d'instruction de Bayonne. Après aussi qu'une bonne partie des participants, côté contrebandiers, se fut dissoute dans la nature, ne laissant en ligne que Mme de Saint-Adour et ses « gens » venus spontanément au secours de vieux amis en grand danger. Lequel danger se trouva confirmé par la découverte, dans les caves, du cadavre de Don Miguel Olmedo de Quiroga, de celui d'un gangster new-yorkais dont on ne savait trop ce qu'il faisait là, accompagnés d'un Alcide Truchon, de l'agence « L'œil écoute », devenu à moitié fou de terreur.

Naturellement il y eut d'autres arrestations que celles des trois ou quatre Américains rescapés de la bataille.

Elles vinrent donc un peu plus tard, lesdites explications, autour du café et du grand feu allumé dans le salon de Saint-Adour, après qu'Honorine eut pratiquement bordé dans leurs lits les deux Mexicaines parvenues aux extrémités de leurs forces. La découverte du corps de Miguel dans la cave d'Urgarrain avait été pour elles l'estocade finale et elles avaient accepté avec reconnaissance l'hospitalité que leur offrait celle qui avait été le principal artisan de leur libération. A la stupeur totale d'Aldo – Adalbert avait sur le sujet une longueur d'avance ! –, il venait d'apprendre que le chef des contrebandiers apparus si fort à propos dans la nuit tragique n'était autre que Prisca de Saint-Adour. Elle s'en était expliquée sans détours superflus :

— Le fisc de votre damnée République nous tourmente à longueur d'année, nous autres, agriculteurs. Il faut bien se dédommager quelque part. A l'exception des gendarmes qui préfèrent rester dans leurs pénates que galoper la nuit dans les montagnes et de rares réfractaires trop convenables pour des dénonciateurs, le pays est pour moi.

Tandis que Marie-Angéline, aux anges, s'étranglait de rire, Tante Amélie avait pris la nouvelle sans surprise excessive et même avec amusement. Rien ne l'étonnait plus venant de sa cousine et, à la limite, elle trouvait l'aventure réconfortante :

— On a eu de tout dans la famille : des foudres de guerre, des aventuriers, des grandes cocottes, et une favorite royale. Sans oublier un saint ! Alors, qu'une chanoinesse devienne chef de bande, il n'y a vraiment pas de quoi en faire un fromage !

En fait, c'était Adalbert qui avait été renseigné le premier. Le soir où il était venu dîner, Prisca s'était arrangée pour parler avec lui, exigeant qu'il la tienne au courant de ce qui allait se passer, mais sous le sceau du secret :

« Même vis-à-vis de votre ami Aldo ! Il faut qu'il joue le jeu jusqu'au bout sans se douter de rien. Et, je ne vous le cache pas, mon ami Etchegoyen et moi commencions à observer avec méfiance les nouveaux propriétaires du château. Ce qui s'y passe n'est vraiment pas clair. »

L'ami Etchegoyen en question avait, lui, à son actif le sauvetage de Faugier-Lassagne qui s'était approché trop près d'Urgarrain, s'était fait canarder et, en s'enfuyant, était tombé dans sa fosse à fumier. Il l'avait recueilli, soigné et gardé chez lui, en lui conseillant, pour son bien, de laisser croire à sa disparition. En fait, le Basque était le bras droit de Mme de Saint-Adour. C'était lui qui décidait des expéditions, réunissait les hommes et traçait les plans. En outre, il était le seul parent encore vivant – mais fâché ! – du dernier propriétaire d'Urgarrain qu'il avait souhaité acheter au moment de la vente. La maison, il la connaissait comme sa poche dans le moindre recoin. A commencer par la vieille galerie souterraine creusée depuis le Moyen Age permettant de rejoindre une rive de la Nivelle. Aussi était-il pleinement disposé à exécuter les desseins de la chanoinesse à laquelle le liait une ancienne amitié.

Dès son arrivée à Saint-Jean-de-Luz, Adalbert avait pédalé jusqu'à Saint-Adour, à la suite de quoi Prisca s'était précipitée chez Maxime Etchegoyen qui avait battu le rappel avec la satisfaction que l'on imagine.

Pourtant il n'était pas là ce soir pour fêter la victoire à Saint-Adour. Une fois la cause entendue, la bande s'était dispersée telles les feuilles tombées sous le vent d'automne, emportant les deux blessés de la nuit mais laissant sur le terrain une demi-douzaine de morts. Version officielle : lui et quelques amis s'étaient rendus à Urgarrain à la prière de Mme de Saint-Adour dont un parent venait d'être capturé par les gens du château pour le mettre à rançon... et à mort s'il ne payait pas !

Il n'y avait personne en Pays basque qui ne comprît cela ! On y avait le sens de la famille et le sens de l'honneur !...

Quinze jours plus tard, au Havre, trois hommes, debout sur le quai de la gare maritime, regardaient le paquebot *France* quitter le port escorté par un remorqueur pour gagner la haute mer et, loin au-delà de l'horizon, les gratte-ciel de New York. Aldo, Adalbert et François Faugier-Lassagne venaient de faire leurs adieux à Doña Luisa de Vargas y Villahermosa et à sa petite-fille Isabel qui rejoignaient les Etats-Unis en attendant de préparer leur retour au Mexique.

Elles repartaient blessées, meurtries par leurs deuils mais sereines. Avec elles s'en allait le collier sacré de Montezuma, et c'était leur joie de le ramener au pays. Elles l'avaient exprimée en termes chaleureux à ceux qui s'étaient finalement dévoués pour leur cause.

Quand la sirène du navire eut fait entendre son dernier salut, les trois hommes repartirent vers la ville. A ce moment, le plus jeune dit :

— Je garde une inquiétude : ces maudites émeraudes qui portent sur elles encore plus de sang, ne vont-elles pas leur être néfastes ?

— Sincèrement, je ne le pense pas, répondit Morosini. Elles sont leurs servantes dévouées et leurs mains sont pures, comme l'est, grâce à vous, Isabel, qui leur a voué sa vie. Chassez au moins cette idée de votre esprit. Votre peine est déjà suffisamment lourde à porter.

— C'est vrai. J'aurai du mal à l'oublier... Tellement que je n'aurai sûrement jamais envie de me marier.

— Célibataire comme votre père... ou comme moi ? fit Adalbert. Ce n'est pas le plus mauvais état, croyez-moi ! Evidemment, ce sera peut-être plus difficile dans la haute magistrature lyonnaise où les candidates ne doivent pas vous manquer.

— J'y ai renoncé. Je ne serai jamais procureur de la République...

— Quoi ?

Adalbert s'était exclamé. Aldo, lui, se contenta de sourire tandis que François-Gilles expliquait :

— Même endossé par vous, Adalbert, un meurtre reste un meurtre, et c'est de sang-froid que j'ai tiré sur ce misérable qui allait souiller Isabel. Je ne me reconnais plus le droit de requérir contre qui que ce soit !

— Qu'allez-vous faire ?

Cette fois Aldo se chargea de la réponse :

— Continuer la maison Vauxbrun. Il y a longtemps déjà qu'il est séduit par les beaux objets, singulièrement ceux du XVIIIe siècle. Et sous l'égide d'un mentor comme Richard Bailey, il s'en tirera à merveille ! Et la rue de Lille renaîtra.

Après leur avoir serré rapidement la main, le jeune homme courut à la recherche d'un taxi pour rejoindre la gare où ses bagages l'attendaient à la consigne. Avant de monter dans le véhicule, il se retourna et leur adressa un dernier geste d'au revoir...

— Voilà au moins une bonne nouvelle ! fit Adalbert avec satisfaction. J'aime bien ce garçon...

Les deux compères cheminèrent en silence. Ils avaient décidé de passer la nuit au Havre pour tester les talents d'un restaurateur déjà célèbre... La nuit commençait à tomber et un retour nocturne à Paris ne les tentait ni l'un ni l'autre. Inopinément, Adalbert lâcha :

— Je voudrais tout de même savoir ce que tu es allé fabriquer sous le pont Marie ? Pardon ! Quai Bourbon !

— Je te l'ai dit : voir un ami !

— Tu es sûr que ce n'était pas une amie ? Je ne te savais pas aussi cachottier !

— Toi et ta curiosité ! Excuse-moi mais pour une fois tu resteras sur ta faim. Je ne te dirai rien... sinon que ce n'était pas une femme...

Avec détermination, Aldo releva le col de son manteau et enfonça ses deux mains dans ses poches. Il se laisserait couper en morceaux plutôt que d'avouer s'être rendu, comme une midinette amoureuse, chez un voyant renommé dont lui avait parlé le barman du Ritz ! Et encore !

Saint-Mandé, le 20 septembre 2007.

Pour qui veut en savoir plus

Les émeraudes de Cortés ne sont pas le fruit de mon imagination. Je me suis seulement permis de changer la forme de l'une d'elles pour raison poétique, de même que j'ai changé le nom de la jeune épouse du dernier empereur aztèque. Ces pierres magnifiques ont coulé en baie d'Alger dans la nuit du 24 octobre 1541, avec la galère qui portait le conquistador et ses fils. Ceux-ci purent être sauvés mais perdirent leurs biens dont les fameuses émeraudes. Qui sait si, avec nos moyens d'investigation modernes, elles ne referont pas surface un jour ou l'autre !

Remerciements

A S.A.R. le prince Michel de Grèce dont le magistral ouvrage *L'Impératrice des adieux* m'a apporté de précieux détails.

A Vincent Meylan pour *Bijoux de reines*.

A Patrick de Bourgues pour son soutien vivifiant.

A tous ceux qui ont œuvré pour réaliser ce livre.

Un très grand merci !

TABLE

Cet ouvrage a été composé et imprimé par la
SOCIÉTÉ NOUVELLE FIRMIN-DIDOT
Mesnil-sur-l'Estrée
en octobre 2007

Édition exclusivement réservée aux adhérents du Club
Le Grand Livre du Mois
15, rue des Sablons
75116 Paris
réalisée avec l'aimable autorisation des éditions Plon

Imprimé en France
Dépôt légal : novembre 2007
N° d'impression : 87255
ISBN : 978-2-286-03636-2